이 책을 먹으라

IVP(InterVarsity Press)는
캠퍼스와 세상 속의 하나님 나라 운동을 지향하는
IVF(InterVarsity Christian Fellowship)의 출판부로
생각하는 그리스도인을 위한 문서 운동을 실천합니다.

Originally published by Wm. B. Eerdmans Publishing Co.
as *Eat This Book:*
A Conversation In the Art of Spiritual Reading
Copyright ⓒ2006 by Eugene H. Peterson

Korean language edition published by permission of Eugene H. Peterson
c/o the literary agency of Alive Communication, Inc.,
7680 Goddard Street, Suite 200, Colorado Springs, CO 80920, U. S. A.
through the arrangement of rMaeng2, Seoul, Korea.

Korean Edition ⓒ 2018 by Korea InterVarsity Press
156-10 Donggyo-Ro, Mapo-Gu, Seoul 04031, Korea

본 저작물의 한국어판 저작권은 알맹2 에이전시를 통하여
Alive Communication, Inc.와 독점 계약한 IVP에 있습니다.
신 저작권법에 의하여 한국 내에서 보호받는 저작물이므로
무단전재와 무단복제를 금합니다.

이 책을 먹으라

유진 피터슨 | 양혜원 옮김

lvp

…내가 천사에게 나아가 그 작은 두루마리를 달라 한즉 천사가 이르되 "갖다 먹어 버리라. 네 배에는 쓰나 네 입에는 꿀같이 달리라" 하거늘, 내가 천사의 손에서 작은 두루마리를 갖다 먹어 버리니 내 입에는 꿀같이 다나 먹은 후에 내 배에서는 쓰게 되더라.

성 요한

텍스트의 포도원에서 신실한 동반자가 되어 준

존과 셰릴 스타인에게

차례

감사의 말 11
들어가는 글 13

1 _ 험난한 영적 독서 훈련 19

제1부 이 책을 먹으라

2 _ 성경을 먹는 거룩한 공동체 39

3 _ 텍스트로서의 성경: 하나님이 계시하시는 것 배우기 51
계시하시는 그리고 계시된 하나님 | 성삼위일체: 인격성의 유지
텍스트의 비인격화 | 삼위일체의 대체 | 호시아

4 _ 형식으로서의 성경: 예수님의 방식 따르기 73
이야기 | 문장

5 _ 대본으로서의 성경: 성령 안에서 우리의 역할 해내기 109
마음에 들지 않는 성경 | 성경의 거대한 세계
순종 | 예전적으로 성경 읽기 | 거장의 영성

제2부 '렉치오 디비나'

6 _ '독자여, 주의하라'   141

7 _ "주께서 나를 위해 귀를 파셨으니"   155
   '렉치오' | '메디타티오' | '오라티오' | '콘템플라티오'

제3부 한 무리의 번역가들

8 _ 하나님의 비서들   201
   아람어로 번역되다 | 헬라어로 번역되다 | 미국어로 번역되다

9 _ 메시지   227
   옥시린쿠스와 우가리트 | 번역 과정에서 상실되는 것들

부록 _ 영적 독서에 대한 책을 쓴 작가들   293
주   301
인명 색인   315
주제 색인   318
성구 색인   325
저자 인터뷰   329

*본서에서는 scripture와 bible을 '성경'으로 통일하였다.

감사의 말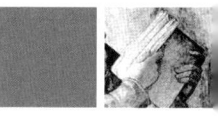

지금은 대폭 수정된 이 자료의 초안은 「십자가」(*Crux*), 「현대 신학」(*Theology Today*) 등의 잡지에 실린 바 있다. 원고의 일부는 밴쿠버의 리젠트 칼리지에서, 루이빌 신학교(Louisville Seminary)의 글렌호우 강연(Glenhoe Lectures)에서, 그리고 스위스의 슐로스-미터실 연구소(Schloss-Mittersill Study Center)에서 강의한 것들이다. 7장에 나오는 비유의 일부 자료는 「네 보물이 있는 곳」(*Where Your Treasure Is*, Eerdmans, 1993)이라는 책에서 가져온 것이다.

리젠트 칼리지의 동료들인 이아인 프로반(Iain Provan) 교수와 스벤 소더런드(Sven Soderlund) 교수는 원고를 꼼꼼하게 읽어 주었다. 그들의 도움은 말할 수 없이 소중했으며, 나 혼자서 해낼 수 있는 것을 능가하는 수준으로 이 글을 개선시켜 주었다. 존과 셰릴 스타인은 하나님의 말씀을 주요리로 하는 식사를 준비하는 끝도 없는 임무에 착실하고 지속적인 동반자가 되어 주었다. 그들에게 이 책을 바친다.

들어가는 글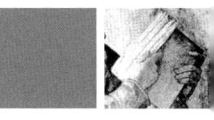

어느 시월의 토요일에 내 아내는 처음 맞는 성찬에 참여하기 위해서 수업을 받고 있는 일곱 살짜리 손자 아이를 데리러 홀리 네이티비티 교회(Holy Nativity Church)로 갔다. 아내와 손자 한스는 함께 차를 타고 어린이를 위한 원석 특별 전시회가 열리고 있는 지역 박물관으로 향했다. 가는 길에 두 사람은 점심을 먹기 위해 시립 공원에 들렀고, 점심을 먹는 내내 한스는 쉴 새 없이 말을 했다. 사실 한스는 교회를 떠날 때부터 쉬지 않고 말을 하고 있었다. 상추와 마요네즈로 자신이 직접 만든("튼튼해지려고 애쓰고 있어요, 할머니") 샌드위치를 다 먹고 난 후에 한스는 할머니로부터 약간 떨어져서 공원을 바라보며 앉았다. 그러고는 책가방에서 조금 전에 목사님께 받은 신약 성경을 꺼내더니 펼

처서 코앞에 들고는, 글자를 따라서 눈동자를 움직이며 경건하게 그리고 평상시와는 달리 침묵 가운데 읽어 나가는 것이 아닌가. 한참 후에 한스는 성경책을 덮고 다시 책가방에 집어넣었다.
"됐어요, 할머니. 이제 가도 돼요. 박물관으로 가요."

할머니는 감동을 받았다. 그리고 한편으로는 우습기도 했다. 왜냐하면 한스는 아직 글을 읽을 줄 모르기 때문이다. 한스는 글을 읽고 싶어한다. 한스의 누나도 글을 읽을 줄 알고 그의 친구들 몇 명도 글을 읽을 줄 알지만, 한스는 글을 읽을 줄 모른다. 그리고 자신이 글을 읽을 줄 모른다는 것을 스스로도 **안다**. 때로는 우리에게 "나는 글을 읽을 줄 모르거든요"라고 말하며 자신의 아쉬움을 우리에게 다시 한 번 인식시키려는 듯한 행동을 하기도 한다.

그런 한스가 그 가을의 어느 토요일에 공원 벤치에 앉아서 신약 성경을 '읽었다'는 것은 도대체 무슨 일인가?

나중에 내 아내가 그 이야기를 들려주었을 때 나 또한 감동을 받았고 또 마찬가지로 우스워했다. 하지만 며칠 후 그 이야기는 내 상상 속에서 하나의 비유로 발전되었다. 당시에 나는 영적 독서 연습에 대한 긴 대화인 이 책을 쓰는 데 몰두하고 있었다. 하지만 어떤 독자를 염두에 두어야 하는지 초점을 맞추기가 매우 어려웠다. 그들의 모습이 자꾸만 특정한 얼굴을 가지지 않은 성경 독자들, 성경을 읽지 않는 사람들, 성경 교사와 설교자들의 무리로 모호하게 흐려졌다. 성경을 집어 들고 그것을 펼칠 때 누구나 공통적으로 경험하는 장애물 혹은 어려움이 있는가? 나는 그렇다고 생각한다. 한스의 이야기는 내가 어디에 초점을 맞추어야 하는지를 분명히 깨닫게 해주었다.

한스와 비슷한 나이였을 때부터 나는 성경을 읽었다. 성경을 읽기 시작한 지 20년이 되었을 때 나는 목사이자 교수가 되었고, 지금까지 50년이 넘는 세월 동안 많은 남녀들이 기독교의 성경을 그들의 생각과 감정, 팔과 다리, 귀와 입으로 받아들이게 하는 일에 부르심을 받아 그 일을 해 왔다. 그런데 그것은 결코 쉬운 일이 아니었다. 왜 쉽지 않은가?

그 이유는 간단하다. 성경은 성경이 제시하는 조건대로, 즉 하나님의 계시로 받아들이고 읽어야 하기 때문이다. 이것은 세상에서 가장 쉬운 일인 것처럼 보인다. 국가가 제공하는 5, 6년 동안의 교육을 받고 나면, 대부분의 사람들은 성경에 쓰여 있는 것은 거의 다 읽을 수 있게 된다. 만약 성경이 없다면 그리고 성경을 살 돈도 없다면, 미국 내에 있는 가까운 호텔이나 모텔 어디든지 가서 성경을 한 권 훔쳐 올 수도 있다. 물론 이런 종류의 도둑질로 체포될 염려는 없다. 이 좋은 나라에서 지금까지 성경을 훔쳤다고 경범죄로 체포된 사람은 한 사람도 없었다.

하지만 현실적으로, 그리스도인으로 살아가는 삶에서 사람들이 가장 소홀히 하는 것 중 하나가 바로 성경을 읽는 것과 연관된 일이다. 이는 그리스도인들이 성경을 가지고 있지 않거나 그것을 읽지 않는다는 말이 아니며, 그리스도인들이 성경을 하나님의 말씀으로 믿지 않는다는 말도 아니다. 바로 성경이 자신을 형성해 가도록, 즉 성경대로 살기 위해서 성경을 읽지 않는다는 뜻이다.

한스는 그 공원 벤치에서 곁에 계신 할머니는 안중에도 없이 성경을 펼쳐서 눈동자를 좌우로 움직이며 '읽었으나' 읽지 않았고, 경건하고 진지했으되 이해하지 못했으며, 이 책을 매우 귀중한 것으로 존중하되 그것이 자신이 이제 막 먹은 상추와 마요네즈 샌드위치 혹은 이제 곧 방문하려고 하는 박물관과 무슨 상관이 있는지 전혀 인식하지 못했다. 성경을 '읽는' 한스…. 이것은 하나의 비유다.

이는 성경이 존경의 대상으로 비인격화되었음을 보여 주는 비유다. 성경이 앞서 일어난 일과 그 일의 결과로부터 분리되었고, 점심 식사와 박물관으로부터 분리되었다. 거리에서의 삶보다 숭고한 것으로 여겨지는 공원에서의 성경. 18륜 경유 자동차의 소음과 매연 냄새를 막아 주는 널찍하게 잘 다듬어진 잔디밭 안에서 그저 존경의 대상이 되어 버린 성경.

그리고 사탄은 한스의 사랑스럽고 순진한 그 행위가 평생에 걸쳐 경건한 무관심을 특징으로 하는 독서로 지속되게 만든다.

그 사탄에 대항해서 내가 하고 싶은 말은 성경을 적절하게 그리고 정확하게 읽기 위해서는 성경을 읽는 동시에 그것을 살아야 한다는 것이다. 성경을 읽기 위한 선행 조건으로서 혹은 성경을 읽고 난 결과로서 그것을 살아야 한다는 것이 아니라, 성경을 읽는 **동시에** 살아야 한다는 것이다. 삶과 독서가 상호적이 되어야 하고, 몸짓과 말 그리고 그것의 상호 작용이 독서를 삶에 동화되게 하고 삶을 독서에 동화되게 해야 한다. 성경을 읽는 것은 복음을 사는 것과 분리된 활동이 아니라 그것에 꼭 필요한 활동이다. 그것은 우리가 말하고 행동하는 모든 것에 대해서 바로 그분이 발언권을 가지게 하는 것이다. 그것은 그처럼 쉬운 일이다. 그리고 그만큼 어려운 일이다.

험난한 영적 독서 훈련

수년 전에 나는 커다란 뼈다귀를 무척 좋아하는 개를 키웠다. 그 녀석으로서는 운 좋게도 우리 가족은 산림이 우거진 몬태나의 산기슭에 살고 있었다. 숲으로 산책을 나갈 때면 그놈은 코요테가 물어 죽인 흰꼬리 사슴의 사체를 발견하는 경우가 종종 있었다. 그러면 녀석은 자신의 전리품(주로 정강이뼈나 갈빗대)을 입에 문 채 혹은 입으로 질질 끌면서 우리 집 앞에 나타났다. 그놈은 체구가 작았기 때문에 자기가 물고 온 뼈다귀가 자기 몸집 만큼이나 클 때가 많았다. 개를 키워 본 사람이라면 그 다음의 과정을 잘 알 것이다. 녀석은 자신의 전리품을 가지고 우리 앞에서 장난스럽게 날뛰면서 꼬리를 흔들고 자신의 횡재를 자랑스러워하며 우리의 칭찬을 요구했다. 물론 우리는 찬사를 쏟아부으면서 잘했다고 말해 주었다. 그러나 잠시 후면 우리의 칭찬도 식상한 듯 녀석은 뼈다귀를 끌고 약 20미터 정도 떨어진 좀더 은밀한 장소로 갔다. 주로 이끼로 뒤덮인 둥근 돌덩이 옆 그늘진 곳이었는데, 그 곳에서 본격적인 작업에 들어갔다. 이제 그 뼈다귀가 가지는 사회적인 의미는 뒷전이었다. 홀로 기쁨을 만끽할 때가 온 것이다. 녀석은 뼈다귀를 뜯으면서 이리 뒤집었다 저리 돌렸다 하며 빨아 대고 물어 대고 했다. 때로 우리는 나지막하게 으르렁거리는 소리를 듣기도 했는데, 고양이로 치면 가르랑거리는 소리쯤 될 것이다. 녀석은 즐거움에 푹 빠져 있었고 전혀 서두르지 않았다. 여유롭게 두 시간 정도 그렇게 뼈를 뜯고 나면 그것을 파묻었고, 그 다음 날 다시 와서 또 작업을 했다. 평균적으로 뼈다귀 하나가 일주일 정도 갔다.

그 녀석의 기쁨에 나도 늘 기뻐했고, 그놈의 장난스런 진지함, '필요한 것 한 가지'에 완전히 빠져 있는 녀석의 천진난만함을 즐거워했다. 그런 내가 어느 날 이사야서를 읽다가, 시인이자 선지자였던 이사야가 나와 비슷한 광경을 관찰하고 기록해 놓은 문장을 만났을 때 그 기쁨이 얼마나 컸겠는지 한번 상상해 보라. 다만 이사야가 관찰한 동물은 개가 아니라 사자였다. "큰 사자나 젊은 사자가 자기의 먹이를 움키고 으르렁거릴 때에…"(사 31:4). 여기에서 '으르렁거리다'라는 단어에 이끌리면서 순간적으로 기쁨이 터져 나왔다. 내 개가 자신의 소중한 뼈다귀를 가지고 나지막하게 그르렁거리며 기쁨에 겨워 자신의 횡재를 물고 즐기고 음미한 그 일을, 이사야서에 나오는 사자가 자신의 먹이를 가지고 그렇게 했던 것이다. 내가 특별히 더 즐거워했던 것은 여기에서 '으르렁거리다'로 번역된 히브리어 단어('하가', *hagah*)가 눈에 들어왔기 때문이다. 이 단어는 시편 1편에서 복 있는 사람을 설명하면서 그들을 "여호와의 율법을 즐거워하여 그의 율법을 주야로 묵상하는도다"(2절)라고 한 것처럼 주로 '묵상하다'(meditate)로 번역되는 단어였다. 혹은 시편 63편의 말씀도 있다. "내가 나의 침상에서 주를 기억하며 밤중에 주를 묵상할 때에"(6절, 개역한글). 그런데 이사야는 내 개가 뼈다귀를 물고 빠는 것처럼 사자가 자신의 먹이를 가지고 으르렁거리는 것을 설명하기 위해서 이 단어를 사용했다.

'하가'는 히브리 선조들이 영혼을 다루는 글을 읽는 행위를 지칭할 때 종종 사용했던 단어다. 그러나 '묵상하다'는 이 단어가 의미하는 바를 표현하기에는 너무도 밋밋한 말이다. '묵상하다'는 제단에 초를 켜 놓고 조용한 예배당에 무릎을 꿇고 앉아서 하는 일에 적합한 단어 같다. 아니면 내 아내가 장미 정원에 앉아서 무릎에 성경을 펼쳐 놓고 하는 일 같기도 하다. 그러나 이사야서의 사자와 내 개가 묵상을 할 때는 이빨과 혀, 위장과 장기들을 사용해서 씹고 삼킨다. 이사야서의 사자는 염소를(만약 그 먹이가 염소였다면), 그리고 내 개는 자신의 뼈다귀를 그렇게 묵상했다. 어떤 글은 이와 같은 독서 방식을 요청한다. 맛보고 음미하고, 그 달콤하고 향긋하며 입에 침이 고이게 하고 영혼에 힘을 불어넣어 주는 단어들을 기대하고 받아 먹으면서 부드럽게 가르랑거리고 나지막하게 으르렁거리게 되는 그런 독서 말이다. "너희는 여호와의 선하심을 맛보아 알지어다"(시 34:8). 이사야는 38장에서도 비둘기의 구구거리는 소리를 묘사하면서 '하가'를 사용한다(14절). 이 본문을 세심하게 읽은 어느 독자는, 이 단어의 정신을 잘 포착해서 '하가'란 사람이 '자신의 종교에 푹 빠져 있는 것'을 의미한다고 말했다.[1] 이것은 바로 내 개가 자기 뼈다귀에 푹 빠져 있었던 것과 똑같다. 프리드리히 폰 위겔 (Friedrich von Hügel) 남작은 이와 같은 독서는 '아주 천천히 녹는 마름모꼴 사탕이 입안에서 우리도 모르는 사이에 녹아 버리는 것'과 같다고 했다.[2]

나는 이와 같은 종류의 독서 방식을 계발하는 데 관심이 있다. 이것은 성경에 기록된 내용에 유일하게 적합한 방식이며, 그저 뇌세포에 정보를 입력하는 것이 아니라 삶을 변화시키는 것을 목적으로 하는 모든 글을 읽는 데 유일하게 적합한 방식이기도 하다. 모든 진지하고 좋은 글은 바로 이와 같은 방식으로 읽어야 한다. 반추하면서 여유롭게, 정보를 게걸스럽게 취하지 않고 단어를 가지고 유희하듯이 놀며 읽는 것이다. 특별히 그 중에서도 하나님의 계시를 히브리어, 아람어 그리고 헬라어 문장으로 씨름하며 옮겨 놓은 성경 저자들(모세, 이사야, 에스겔, 예레미야,

마가, 바울, 누가, 요한, 마태, 다윗 그리고 이름이 알려졌든 알려지지 않았든 여러 시대 속의 수많은 형제자매들)이 쓴 책은 그와 같은 독서가 절대적으로 필요하다. 그들은, 우리 손에 성경을 쥐어 주기 위해서, 그리고 보이든 보이지 않든 우리가 하나님의 실재 및 임재와 계속해서 접촉하고 그것에 반응하게 하기 위해서 성령이 고용한 저자군이다. 이들 모두가 우리를 하나님의 임재 안으로 들어가게 하고 삶을 변화시키는 '말의 능력'(콜리지의 표현)을 깊이 신뢰하였는데, 우리는 이 성경의 저자들과 교제함으로써 말이 가진 계시와 변화의 능력을 존경하는, 아니 존경을 넘어서 경외하는 읽기와 쓰기를 배우게 된다. 그리스도인의 삶을 가르쳐 주는 교과서인 성경의 첫 장은 이 우주 전체와 그 안에 있는 모든 살아 있는 피조물이 말에 의해 존재하게 되었다고 말한다. 성 요한은 기독교 역사에서 계시된 핵심이자 계시하는 주체로서의 핵심 위격인 예수님의 가장 큰 특징을 설명하기 위해서 무엇보다도 '말씀'이라는 단어를 선택해서 사용한다. 구어든 문어든 언어는 존재하는 바로 **그것**, 그리고 하나님의 존재와 하나님이 하시는 일에 우리를 참여시키는 최고의 수단이다. 그러나 이 때의 언어는 특정한 유형의 언어다. 식료품 목록이나 컴퓨터 매뉴얼, 불어 문법, 농구 규칙 등에서 사용하는 것과 같은 우리 삶의 외부에 있는 그런 말이 아니다. 그 말은 직접적으로든 간접적으로든 우리 안으로 파고들어 와서 우리의 영혼을 만지고, 하나님이 창조하신 세상과 그분이 수행하신 구원 그리고 그분이 불러 모으신 공동체에 적합한 삶을 형성하고자 하는 의도를 가진다. 그러한 글은 특정한 독서 방식, 즉 뼈다귀를 가진 개와 같은 방식으로 읽어야 한다.

다른 신앙 전통의 작가들이나 신앙이 없는 작가들도 물론 이러한 수업을 받을 수 있으며 말의 거룩함을 훈련받는 것에서 엄청난 유익을 얻는다. 그러나 '영적'이라는 형용사는 성경을 공동 저술한 저자들이 독자들로 하여금 '그리스도의 마음'을 품게 하기 위해 언어를 사용한 방식을 규정하는 데 쓰이는 단어다. 또한 이 형용사는, 성경 시대 이후에 저자들의 구문과 표현법을 헌신적으로 연구하는 독자들을 위해서 꾸준하게 기사와 논평, 연구서와 묵상집, 이야기와 시를 쓰고 있는 사람들을 설명하는 데도 여전히 유용한 단어다. 그러나 어쨌든 성경은 근원이 되는 문서이며, 권위를 가진 활자의 모음이며, 모든 진정한 영성에 결정적인 역할을 하는 성령의 작품이다.

내가 주장하고자 하는 것은, 영적인 글쓰기, **영성**을 근원으로 하는 글쓰기는 영적인 독서를 요구한다는 것이다. 이 독서는 말을 거룩한 것으로 존중하고, 하나님과 인간 그리고 보이는 것과 보이지 않는 모든 것이 맺는 관계의 복잡한 망을 형성하는 기본적인 수단으로서 말을 존중하는 독서다.

성경에 적합한 독서 방식은 단 하나밖에 없다. 성경은 우리의 삶을 꿰뚫고 진리와 아름다움과 선함을 만들어 내는 말의 능력을 믿는 글이며, 라이너 마리아 릴케(Rainer Maria Rilke)의 표현을

빌리자면 '언제든지 책에만 얼굴을 묻고 있지 않고, 종종 뒤로 기대어서 자신이 다시 읽은 문장을 생각하며 눈을 감으면 그 의미가 혈관으로 퍼지는 것을 느끼는' 독자를 요구하는 글이다.[3] 이런 글을 위한 독서를 우리 선조들은 '렉치오 디비나'(*lectio divina*)라고 불렀는데, 종종 '영적 독서'(spiritual reading)라고 번역되었다. 이 독서는 마치 음식이 우리의 위장으로 들어오듯 우리의 영혼으로 들어와서 혈관으로 퍼져 거룩과 사랑과 지혜가 되는 독서다.

1916년에 스위스의 젊은 목사인 칼 바르트(Karl Barth)는 친구 목사인 에뒤아르 튀르니생이 살고 있는 이웃 마을 로이트빌에서 강연을 했다. 당시 바르트는 서른 살이었고, 사펜빌에서 목회를 한 지 5년이 되었고 이제 막 성경을 제대로 알아 가기 시작할 때였다. 그로부터 몇 킬로미터 떨어진 곳에서는 유럽 전체가 전쟁의 불길에 휩싸여 있었다. 그 전쟁에서는 거짓과 살육이 마구 저질러지고 있었고, 한때 칼 크라우스(Karl Kraus)가 '서구 문명에서 인도적이라고 할 수 있었던 것의 철저한 종식'[4]이라고 표현한 특징이 여실히 드러나고 있었다. 그리고 이후로도 T. S. 엘리엇(Eliot)이 자신의 예언적인 시에서 '황무지'라고 표현했던 그 상태로 이 세상이 어쩔 수 없이 변해 가고 있음을 입증하는 정치적, 문화적, 영적 증거가 세세하게 늘어났다.

살육과 거짓이 한창이던 그 때에 독일과 프랑스의 국경 바로 너머에 있는 중립국 스위스에서 이 젊은 목사가 마치 성경을 처음 보는 사람인 양 성경을 알아 가고 있었다. 성경이 전적으로 독창적인, 전례가 없는 책임을 알게 된 것이다. 유럽 전체가, 그리고 결국에는 전 세계의 영혼과 육체가 침해당하고 있었다. 대륙마다 수백만의 사람들이 '전선'에서 들려오는 소식과 기자들이 보도해 주는 세계적인 지도자들의 연설에 매달리고 있었다. 한편 바르트는 자신의 자그마한 외딴 마을에서 자신이 발견한 것을 글로 쓰고 있었다. 성경에 내포된, 진리를 계시하고 하나님을 증거하고 문화에 도전하는 특이한 실재들에 대한 글이었다. 그로부터 몇 년 후 그는 자신이 발견한 것을 주석서인 「로마서 강해」(*Epistle to the Romans*)로 출판했다. 이 책은, 무너져 가는 것처럼 보이는 이 세상에서 일어나고 있는 일들에 대해서는 정치가나 기자들보다도 성경이 더 진실하고 정확하게 설명하고 있다고 많은 그리스도인들을 설득한 일련의 책들 중 첫 번째 책이었다. 동시에 바르트는 성경이 원래 가지고 있는 변혁적 성격을 그대로 수용하면서 **읽는** 능력을 그리스도인들에게 회복시켜 주어야겠다고 결심했다. 바르트는 너무 오랫동안 너무 많은 사람들에게 케케묵은 학문의 영역으로만 여겨졌던 성경을 세상 밖으로 끄집어내었다. 그는 성경이 얼마나 현실적으로 살아 있으며, 손으로 '다룰 수 있는' 책들과는 얼마나 다른지를 증명해 보였다. 그러한 책들은 해부하고 분석하여 우리가 원하는 대로 사용할 수 있는 것들이다. 그는 정보 중심적이거나 비인격적이지 않고 계시적이며 친밀한 이 '다른' 종류의 글쓰기는, 냉담하거나 효율을 따지는 것과는 다른 수용적이며 여유로운 독서로 반응해야 함을 명확하고 설득력 있게 보여 주었다. 그는 또한 성경적 문체에 몰입해서 꾸준히 그 문체로 글을 쓴 작가들에게 지속적으로 주목하고 그럼으로써 인생을 변화시키는 반응을 하는 독자가 되도록 고무했다. 예를 들어 도스토예프스키는 자신의 소설에서, 인간에 대한 평가를 급진적으로 뒤집는 창세기의 사상을 재현하면서 등장 인물들을 신성한 '그러므로'가 아닌 신성한 '그럼에도 불구하고'라는 주제 아래 그려 나갔다.

훗날 바르트는 로이트빌에서 했던 자신의 강연을 "성경 안에 있는 낯선 신세계"(The Strange New World within the Bible)라는 제목으로 출판했다.[5] 두 세대 동안 학자들이 마치 장의사처럼 성경을 방부 처리해서 묻어 두었던 시대와 문화 속에서 그는 지치지 않고 열정적으로 "이 아이가 죽은 것이 아니라 잔다"고 주장하며 그 아이의 손을 잡고 "일어나라"고 말했다. 그로부터 50년 동안 바르트는 성경의 문장과 이야기에서 뿜어져 나오는 엄청난 활력과 에너지를 증명해 주었고 그 책을 읽는 방법을 보여 주었다.

바르트는 우리가 그 책과 그 책의 영향을 받은 후속 작품들을 읽는 것은, 하나님을 어떻게 하면 우리 인생에 끌어들일 수 있는지, 어떻게 우리 삶에 참여시킬 수 있는지를 알기 위해서가 아니라고 주장한다. 성경을 펼쳐서 한 장씩 넘길 때마다 우리는 생각지도 못했던 곳에서 성경이 우리를 일깨우고, 놀라게 하고, 성경이 내포하는 실재로 우리를 끌어들이는 것을 발견하게 된다. **하나님**이 제시하는 조건대로 하나님께 참여하도록 성경이 우리를 끌어들이는 것이다.

그는 훗날 유명해진 예화 하나를 제시했다. 여기에서 나는 그 예화의 원형은 바르트에게서 빌려오되 워커 퍼시(Walker Percy)[6]의 도움을 조금 받아서 나 자신의 말로 살을 붙여서 설명하겠다. 커다란 창고에 살고 있는 남녀의 무리가 있다고 상상해 보자. 그들은 이 창고에서 태어나고 자랐으며, 자신들이 편안하게 지내는 데 필요한 모든 것이 거기에 있다. 이 건물에는 출구는 없지만 창문은 있다. 그러나 이 창문에는 먼지가 잔뜩 끼어 있고 한 번도 닦은 적이 없어서 아무도 밖을 내다보려 하지 않는다. 그럴 필요가 뭐가 있겠는가? 그 창고는 그들이 알고 있는 전부이고 자신에게 필요한 것이 다 있으니 말이다. 그런데 어느 날 아이들 중 한 명이 의자를 끌어다가 창문 아래로 가져가서 먼지를 긁어내고 밖을 내다본다. 그는 사람들이 거리에서 걸어 다니는 것을 보고는 친구들을 부른다. 그들은 모두 창문 주위로 모여든다. 그들은 창고 바깥의 세상이 있다는 것을 전혀 알지 못했던 것이다. 그들은 거리에서 어떤 사람이 위를 올려다보며 손가락으로 무엇인가를 가리키는 모습을 보게 된다. 그러자 곧 몇몇 사람들이 모여서 같이 올려다보며 흥분해서 말한다. 아이들도 올려다보지만 그 창고의 천정밖에는 보이지 않는다. 이 아이들은 결국 아무것도 아닌 것을 가리키며 그것에 대해 흥분하는, 거리에서 이상한 행동을 하는 사람들을 구경하는 것에 싫증이 난다. 아무런 이유 없이 멈추어 서서, 아무것도 아닌 것을 가리키며, 아무것도 아닌 것에 대해서 한바탕 소란을 떠는 게 다 무슨 소용이란 말인가?

사실 거리에서 그 사람들이 보았던 것은 비행기(혹은 날아가는 거위, 혹은 거대한 뭉게구름)였다. 거리에 있는 사람들은 하늘을 올려다 보고 하늘에 있는 모든 것을 본다. 창고에 있는 사람들에게는 머리 위에 하늘은 없고 천정만 있다.

하지만 만약 아이들 중 한 명이 어느 날 창고에 출구를 뚫고는 친구들을 꾀어 밖으로 나가 거대한 하늘과 저 너머에 있는 장엄한 지평선을 발견했다면 어떻게 되겠는가? 그것이 바로 우리가 성경을 펼칠 때 일어나는 일이라고 바르트는 말한다. 우리는 전적으로 낯선 하나님의 세상, 창조와 구원의 세상이 끝도 없이 우리 위로 그리고 우리 너머로 펼쳐져 있는 그러한 세상 속으로 들어가게 되는 것이다. 창고에서의 삶은 전혀 이런 것에 대면할 준비를 시켜 주지 못했다.

늘 그렇듯, 창고에 사는 어른들은 아이들이 밖에 나갔다 와서 하는 이야기를 듣고 비웃는다. 어쨌거나 그들은 바깥 세상에서는 결코 그렇게 할 수 없지만 이 창고 내의 세계는 완벽하게 통제하고 있으니 말이다. 그리고 어른들은 그 방식을 고수하기를 원한다.

바르트를 위해서 처음으로 창문의 먼지를 긁어내고 출구를 뚫고, 성경의 저자들이 증언하는 거대하고 '낯선' 세상으로 나가자고 그를 꾄 아이는 성 바울이었다. 성 바울에서 시작해서 성령의 작가진 전체를 포함하는 이 학교에서 바르트는 그리스도인 **독자**가 되었고, 그 말씀에 의해 형성되기 위해서 말씀을 읽었다. 그렇게 하고 나서야 그는 비로소 그리스도인 **작가**가 되었다. 자신에게 일어난 일을 설명한 바르트의 글은 훗날 「하나님의 말씀과 인간의 말」(*The Word of God and the Word of Man*)이라는 제목의 책으로 출판되었다. 소설가 존 업다이크(John Updike)는 그 책이 "내가 살아가고 일할 수 있는 철학을 주었고, 그렇게 나의 인생을 바꾸었다"고 말했다. 그는 1997년에 캠피온(Campion) 상을 받으면서, 작가인 자신에게 "진리는 거룩하며, 진리를 이야기하는 것은 고귀하고 가치 있는 일이다. 우리 주변의 실재는 창조된 것이며 그것은 축하할 만한 가치가 있는 것이다. 사람은 근본적으로 불완전하지만 또한 근본적으로 소중하다"는 것을 알려 준 것은 바로 바르트가 재발견한, 성경에 계시된 기독교 신앙이었다고 말했다.[7]

내가 처음으로 반했던 글쓰기와 독서에 대한 은유는 카프카로부터 온 것이었다. "책을 읽다가 머리를 한 대 맞은 듯 정신이 번쩍 나지 않는다면, 그 책을 왜 읽는단 말인가?…책이란 우리 안에 얼어붙은 바다를 쪼개는 도끼가 되어야 하네."[8] 그 무렵에 나는 목사와 교수로서 사람들이 성경을 바르게 읽도록 하는 일에 부르심을 받아 그 일을 하고 있었다. 나는 사람들이 신문의 스포츠면이나 만화 혹은 구인 광고란을 읽는 방식과 전혀 다르지 않은 방식으로 성경을 읽는다는 것을 알고 아연실색했다. 나는 사람들을 일깨워서 그들을 뒤집어 놓고 싶었다. 나는 그들이 성경을 주먹 세례를 날리는 책, 얼음을 쪼개는 도끼로 보게 하고 싶었다. 돌이켜 생각해 보면 내 전략은 주로 목청을 높이는 것이었고 그러한 은유가 가진 폭력성을 거의 눈치 채지 못했다. 나는 다만 **변화를 가져오고** 싶을 뿐이었다. 그러던 어느 날 나는 웬델 베리(Wendell Berry)의 질문에 순간적으로 멈칫하게 되었다. "그대는 이제 다 죽였는가?/ 평화를 반대하는 모든 사람들을"[9] 나는 폭력을 함축하고 있는 그 은유가, 그리스도인 독자들이 성경의 말씀을 영혼의 양식으로 받아들이도록 인도하기 위해 내가 염두에 두었던 방식과 들어맞지 않음을 깨닫게 되었다. 강제로 먹이는 것은 영적 독서에 내재하는 독특한 성질을 전달하는 가장 좋은 방법이 아닐지도 모른다는 생각이 들었다.

그러고서 나는 독서에 대한 가장 인상적인 성경적 은유는 성 요한이 책을 먹은 것이라는 사실을 발견했다.

내가 천사에게 나아가 작은 두루마리를 달라 한즉 천사가 이르되, 갖다 먹어 버리라 네 배에는 쓰나 네 입에는 꿀같이 달리라 하거늘, 내가 천사의 손에서 작은 두루마리를 갖다 먹어 버리니 내 입에는 꿀같이 다나 먹은 후에 내 배에서는 쓰게 되더라(계 10:9-10).

그리고 예레미야와 에스겔은 그보다 앞서 책을 먹었다. 책은 글을 정확하게 읽는 것에 관심을 가진 사람이라면 누구에게나 좋은 식사인 것 같다.

이 인용문은 사람의 주의를 끄는 데 어느 모로 보나 카프카의 글만큼 탁월하지만, 은유로서는 그보다 훨씬 더 탁월하다. 무한히 매혹적인 초대교회의 사도이자 목사이며 작가인 성 요한이 천사에게로 가서 이렇게 말한다. "나에게 책을 달라." 천사가 그 책을 넘겨준다. "여기에 있다. 먹어라, 그 책을 먹어라." 그리고 요한은 그렇게 한다. 그는 책을 먹는다. **그냥** 읽는 것이 아니라 자신의 신경 말단에, 자신의 반사 작용에, 자신의 상상력 안에 집어넣는다. 그가 먹은 책은 성경이었다. 그가 먹은 책은 그의 예배와 기도, 그가 상상하는 것과 쓰는 것에 동화되었고 물질대사를 통해 그가 기록한 책이 되었다. 기독교 전통에서 위대한 첫 시이자 성경의 마지막 책인 요한계시록이 탄생한 것이다.

옥스퍼드 대학의 연구원이었던 오스틴 패러(Austin Farrer)는 그의 뱀튼 강연(Bampton Lectures)에서, 평범한 사람들이 자신의 영혼을 형성하는 이 책을 읽을 때에 특징적으로 행하게 되는 '험난한 영적 독서 훈련'[10]에 대해서 언급했다. 그 독서는 단지 두뇌의 신경 세포만을 사용하는 것이 아니라 우리의 생애 전체를 가지고 읽을 것을 요구하기 때문에 험난하다. 우리는 행여 자신이 하나님을 믿게 될까 봐 끝도 없이 회피의 묘안들을 고안해 내고, 무엇이든 '영성'에 대한 지식만 얻으면 그것을 가지고 자신을 신으로 세우는 데 혈안이 되는 사람들이기에 그러한 독서는 험난할 수밖에 없다. 또한 성경에 나오는 말들을 읽고 이해하는 것을 배우고 나면 이제 겨우 시작에 불과하다는 것을 알게 되기 마련이다. 그리고 영적 독서는 우리의 존재 전체, 근육과 인대, 눈과 귀, 순종과 예찬, 상상력과 기도를 요구한다. 우리의 선조들은 이 '험난한 훈련'(이것을 일컫는 그들의 표현은 '렉치오 디비나'였다)[11]을 그 어떤 학교보다 요구가 많은 학교, 예수님이 제자들에게 "진리의 성령이 오시면 그가 너희를 모든 진리 가운데로 인도하시리니…그가 내 것을 가지고 너희에게 알리시리라"(요 16:13-15; 그리고 14:16; 15:26; 16:7-8도 보라)라고 말씀하셨을 때에 뜻하신 이 성령의 학교의 교과 과정의 핵심에 놓았다. 이 학교에서 창조되는 모든 글은 그와 같은 독서를 요구한다. 그것은 참여의 독서이며, 그 말씀이 우리 삶의 내면이 되도록 말씀을 받아들이고, 그 리듬과 이미지가 기도의 실천, 순종의 행위, 사랑의 방식이 되도록 말씀을 받아들이는 독서다.

먹는다는 은유로 우리에게 말이나 글로 전해진 말, 기꺼이 받아먹고 맛보고 씹고 음미하고 삼키고 소화하는 말은, 선전이나 정보의 형태로 다가오는 것과는 매우 다른 효과를 낳는다. 선전은 다른 사람의 의지를 우리에게 행사하는 것이며 우리가 어떤 행동을 하거나 신념을 가지도록 조작하려는 행위다. 그것에 의해서 움직이는 한 우리는 더 작은 사람이 되고, 작가나 화자의 꼭두각시가 된다. 꼭두각시에게는 존엄성도 영혼도 없다. 그리고 정보는 우리가 어떤 방식으로든 사용할 수 있는 소모품의 상태로 말을 축소한다. 말을 도구나 무기로 사용하기 위해서 원래 그것의 근원적 맥락인 도덕적 우주와 인간 관계로부터 분리하는 것이다. 그와 같이 언어를 소모품으로 만들면 그것을 말하는 자와 그것을 듣는 자 모두가 소모품으로 축소된다.

독서는 엄청난 선물이다. 단, 말이 독자에게 흡수될 때, 영혼으로 받아들여질 때, 먹고, 씹고, 물고, 느긋한 기쁨 가운데 받아들여질 때만 그렇다. 이미 오래 전에 죽었거나 수천 킬로미터의 거리 혹은 수년의 세월로 분리된 인간의 말, 우리의 영혼에 생명을 불어넣기 위해서 하나님의 성령이 사용하셨고 지금도 사용하시는 그 말이 책의 지면에서 나와 우리 삶에 신선하게 그리고 정확하게 들어와 진리와 아름다움과 선함을 전달해 준다. 실재로

다가가는 우리의 길이 과거의 세월을 향해 깊어지고 대륙을 넘어 펼쳐진다. 그러나 이러한 독서는 미묘한 위험 또한 안고 있다. 황홀경 속에서 터져 나온 인간의 열정에 찬 말이 책의 지면에 그냥 밋밋한 채로 남게 되고 비인격적인 눈이 그것을 분해해 버릴 수 있는 것이다. 엄청난 고통 속에서 짜내어진 거친 말들이, 껍질을 벗기고 속을 채우고 박제를 해서 꼬리표를 붙인 박물관의 표본이 되어 버릴 수도 있다. 모든 독서가 안고 있는 위험은 말이 선전으로 왜곡되거나 정보 즉 단순한 도구와 자료로 축소될 수 있다는 것이다. 우리는 살아 있는 목소리를 잠재우고, 말을 편리와 이익을 위해서 사용할 수 있는 것으로 축소한다.

어느 시편 기자는, 말씀하시고 우리의 말을 들으시는 살아 계신 하나님을 사람이 사용할 수 있는 금과 은의 물신(物神)으로 축소하는 동시대인들을 조롱했다.

> 우상들을 만드는 자들과 그것을 의지하는 자들이 다 그와 같으리로다(시 115:8).

정보 기술과 선전 기교의 홍수 속에서 날마다 살아가는 우리에게도 이 경고는 여전히 유효하다. 우리는 이러한 재난으로부터 말을 구해 내야 한다.

제1부

이 책을 먹으라

"내가 곧 생명의 떡이니라. 너희 조상들은 광야에서 만나를 먹었어도 죽었거니와, 이는 하늘에서 내려오는 떡이니 사람으로 하여금 먹고 죽지 아니하게 하는 것이니라."

요한복음 6:48-50

"많이 알되 아무것도 맛보지 못한다면 그것이 무슨 소용이란 말인가?"

보나벤투라

성경을 먹는 거룩한 공동체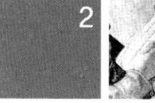

성경은 기독교 영성에서 일차적인 텍스트다. 기독교 영성은 온전히 성경 텍스트에 뿌리박고 있으며 성경 텍스트에 의해 형성된다. 우리의 개인적인 영성 생활은 자신이 좋아하는 텍스트들과 개인적인 상황의 임의적 조합을 통해서 만들어지는 것이 아니라 성경 텍스트와 일치하는 성령에 의해서 형성되는 것이다. 하나님은 우리의 개인적 영성을 형성하는 일을 우리 자신에게 맡기지 않으셨다. 우리는 성령에 의해서 우리 안에 심겨진 계시된 말씀을 따라서 성장한다.

그리스도인을 형성하는 텍스트로서 성경의 강력한 지위가 도전받지 않은 적은 한 번도 없었다. 여러 세기를 지나오면서 사람들은 그리스도인의 삶을 살아내는 방침을 찾고 인도를 받을 수 있는 다른 방법들을 선호하기도 했다. 그러나 교회 공동체는 시종일관 그러한 방법들을 거부했고, 이 권위 있는 성경을 계속해서 굳건하게 붙잡았다.

먼저 우리는 하나님과 접촉하기 위해서 황홀경의 환영에 빠지는 것을 거부했다. 고양된 감정적 상태는 아주 매력적이며 특히 청소년들에게 더욱 그렇다. 그러한 감정에는 정말로 직접 접촉하는 듯한 짜릿함이 있다. 너무 **진짜** 같고, 너무 **생생한** 느낌인 것이다. '열광주의'라는 명칭이 붙은 이 길은 많은 사람들을 유혹해서 정도를 벗어난 자기 만족과 중독의 막다른 골목으로 이끌었고 지금도 여전히 많은 사람들을 유혹하고 있다. 우리의 지혜로운 스승들은 언제나 우리가 그러한 길로 빠지지 않도록 우리를 인도했다.[1] 한편 우리는 자기 안에 있는 신적인 잠재력을 일깨우고 전시하기 위해서 도덕적 영웅주의라는 헤라클레스의 임무를 떠맡는 것도 거부한다. 영웅적 행동, 특히 도덕적으로 영웅적인 행동은 우리의 혈관에 아드레날린을 주입하고, 진부함이라는 진흙더미에 우리를 빠뜨리는 일상의 평범함으로부터 자유롭게 함으로써 우리를 매혹적으로 도전하는 경향이 있다. 우리는 또한 산속 동굴로 들어가서 자신의 모든 생각과 감정과 욕망을 다 비워 실재에 대한 직접적 접근으로부터 자신을 분리하는 모든 것을 없애 버리는 것도 거부한다. 그러한 행위에는 무언가 아주 순결하고, 단순하고, 정돈된 것이 있는 것처럼 보인다. 그래서 선불교의 공안(公案)은 기독교의 성경을 대체해 버린다.

그러나 오늘날 가장 선호되는 '텍스트'는 최고의 권위자인 자아인 것 같다. 최근에 한 친구가 자신이 아는 어떤 사람에 대해서 이야기해 주었다. 그 사람은 평생 성경을 읽어 온 사람인데 어느 날 자기 인생이 성경이 약속하는 바대로 풀리고 있지 않음을 깨달았다고 한다. 그래서 그는 그 자리에서 즉시 "성경 대신에 내 인생을 나의 권위로 삼기로 했다"고 한다. 세속적이건 종교적이건, 대부분의 문화는 이 사람의 결심을 지지한다. 오늘날 급격하게 성장하면서 다양하게 나타나는 영성의 특징은 최고 권위자인 자아를 텍스트로 삼는 것이다. 그러나 그 결과는 썩 고무적이지 않다. 새 천년이 시작되면서 영성에 대한 관심이 고조되기는 했지만, 건강하고 거룩한 그리스도인의 삶에 좀더 분명하게 따라오는 두 가지, 즉 열정적인 정의와 신실한 사랑이 흘러넘치는 현상은 별로 눈에 띄지 않는 것 같기 때문이다. 사실상 우리는 '영성'이라는 용어가 엄격함, 풍성함, 선, 정의 등을 특징으로 하는 삶보다는, 초월성을 가지고 장난치는 사람을 지칭하기에 더 적합한 단어가 되어 버린 시점에 와 있다.

그리스도인들은 이렇게 자기를 최고 권위로 삼는 영성의 인기에 주의를 기울이지 않을 수 없으며, 때로는 불꽃놀이처럼 화려한 일부 영적인 기교에 감동을 받기도 하고 간혹 감탄사를 연발하기도 한다. 그러나 성숙하게 반성해 보면 자신이 직접 거기에 참여해야겠다는 생각은 들지 않는다. 자기 잇속을 차리는 매혹적인 영성과는 달리 우리의 영성은 도보의 길을 걷는다. 말 그대로 도보다. 예수님을 따르면서 한 걸음씩 떼는 것이다. 그리고 예수님이 누구신지, 그분이 어디로 가시는지, 어떻게 해야 그분의 발자취를 따를 수 있는지를 알기 위해서 우리는 책을, 바로 그 책을 집어서 읽는다.

나는 삶의 권위로서 성경보다는 개인의 체험을 받아들이는 관례가 만연한 현실에 반대하고자 한다. 오늘날 여러 화려한 영성들이 기독교의 성경을 현대적 상상력의 주변부로 무례하게 밀쳐놓았지만, 나는 성경을 다시 중심부로 이끌어 와 그리스도인의 삶을 깊이 있게 하는 텍스트로 세우고자 한다. 나는 권위 있는 성경이 권위 있는 자아로 대치된 현실에 대항하고 그것을 폭로하여 개인의 체험을 성경의 권위 아래에 두고자 한다. 나는 성경을 우리가 따라 살아야 할 텍스트로 우리 앞에 제시하고자 한다. 그리고 '영성' 행세를 하고 있는 종교심리학, 자아 개발, 신비적 실험, 실속 없는 경건의 모양 등과는 대조적으로 굳건하게 서 있는 이 텍스트를 제시하고자 한다.

오늘날 사람들은 영혼에 대해 엄청난 관심을 가지고 있다. 교회 안에서는 영혼에 대한 이러한 관심이 영성 신학, 영적 리더십, 영성 지도, 영성 형성 등에 관심이 다시 쏠리는 현상으로 입증되고 있다. 그러나 성경에 대해서는 그에 상응하는 관심이 일고 있지 않다. 영성 신학, 영적 리더십, 영성 지도, 영성 형성은 개인적이고 공동체적인 삶, 공적이고 정치적인 삶 속에서 성령이 하시는 일에 주의를 기울일 것을 요구한다. 그런데 이 일에 열을 올리는 사람들은 종종, 성령이 우리에게 주신 책인 성경에는 관심이 없다. 영혼에 대한 관심이 성경에 대한 관심과 조화를 이루게 하는 것은 아주 중요하고 긴급한 문제다. 성경과 영혼, 그것은 성령이 일하시는 제일 중요한 현장이기 때문이다. 영혼에 대한 관심이 성경에 대한 관심과 분리되면 이 영혼을 만들어 가는 텍스트가 사라지게 된다. 마찬가지로, 성경에 대한 관심이 영혼에 대한 관심과 분리되면 그 텍스트를 수행할 수 있는 아무런 재료가 없게 된다.

대체로 기독교 공동체는 성경이 하나님이 자신을 계시하신 권위 있는 텍스트라는 입장을 받아들인다. 여기서는 이에 대한 논의를 하지 않을 것이다. 이 문제는 신학자들과 성경학자들이 잘 논의해 왔고 깊이 생각해 온 문제다. 나의 임무는 이 동전의 다른 면에 있는 것을 일깨워 주고 그것에 집중하게 하는 것이다. 즉, 성경은 하나님을 계시하면서 동시에 그 계시에 우리를 끌어들이고 우리를 계시에 동참하도록 초대한다는 사실을 알리는 것이다. 내가 강조하고 싶은 사실은 성경을 실제로 **살아낼 수 있다**는 것이다. 성경은 우리가 인생을 살아가는 데 필요한 **유일한** 텍스트다. 성경은 하나님이 창조하시고, 하나님이 다스리시고, 하나님이 복을 주신 세상을 계시한다. 그 세상에서 우리는 집처럼 편안함을 느끼고 온전함을 느낀다.

이 작업을 나는 우선 '이 책을 먹으라'라는 은유에서부터 시작하고 싶다. 나는 이 은유를 회복하고 싶고 이 은유와 아울러 그것이 내가 살고 있는 기독교 공동체에 대해서 함의하는 바 전체를 회복하고 싶다. 나는 내가 속한 이 기독교 세대의 상상력에 이 명령을 각인시켜서, 예수님을 따르는 모든 사람들이 가장 첨예하게 의식하는 복음의 여러 위대한 명령들 가운데서 명예로운 자리를 차지하기를 바란다. 우리는 대부분 자신을 지켜 주는 핵심적인 명령 몇 개를 늘 지니고 다닌다. "마음을 다해 주 너의 하나님을 사랑하라.···이웃을 사랑하라.···네 부모를 공경하라.···회개하고 믿으라.···안식일을 기억하라.···염려하지 말라.···범사에 감사하라.···쉬지 말고 기도하라.···나를 따르라.···가서 전하라.···네 십자가를 져라.···" 당신의 목록에 이것을 더하라. 이 책을 먹으라. 단지 성경을 읽는 것이 아니라 **이 책을 먹으라**.

그리스도인은 성경을 먹고 산다. 성경은 음식이 인간의 몸에 영양분을 주듯이 거룩한 공동체에 영양분을 준다. 그리스도인은 단지 성경을 배우거나 연구하거나 사용하는 것이 아니라 그것을 흡수한다. 그것을 우리의 삶으로 가져와 물질대사를 시켜서, 사랑의 행위를 하고 시원한 물을 대접하게 하며, 온 세상에 선교가 일어나게 하고, 치유와 전도를 일으키고 예수님의 이름으로 정의를 행하게 하고, 성부 하나님을 경배하며 두 손을 들어 올리게 하고, 성자와 함께 발을 씻기게 한다.

이 은유의 명령은 성 요한의 권위로 우리에게 전달된다.

내가 천사에게 나아가 작은 두루마리를 달라 한즉 천사가 이르되, 갖다 먹어 버리라 네 배에는 쓰나 네 입에는 꿀같이 달리라 하거늘, 내가 천사의 손에서 작은 두루마리를 갖다 먹어 버리니 내 입에는 꿀같이 다나 먹은 후에 내 배에서는 쓰게 되더라(계 10:9-10).

이 말씀이 우리의 이목을 끄는가? 성 요한은 강력한 인물이다. 그는 그리스도를 따르면 국가의 죄인이라는 낙인이 찍히는 사회 속에서 주변으로 밀려나 정치적·경제적으로 무력한 삶을 사는 그리스도인들의 목사였다. 그의 임무는 그러한 그리스도인들의 정체성이 흔들리지 않고, 그들의 삶이 성령으로 충만하게 하고, 열정적인 제자도를 지속하여 그들의 소망이 숱한 어려움 속에서도 늘 살아 있게 하는 것이었다. 즉 살아 계시고 말씀하시고 행동하시는 **예수님**이 그들 삶의 전방과 중심에 있게 하는 것이었다. 그는 폭풍 속에서 붙잡고 매달릴 나무 판자 하나 던져 주며 단순한 생존을 유지하는 데 만족하지 않았다. 그는 그들이 **살기**를, 정말로 살기를 원했다. 자기 주변의 모든 사람들을 능가해서 살기를 원했다. 이것이 바로 선지자와 목사와 작가들이 하는 일인데, 그것은 결코 쉽지 않다. 요한에게 그것이 어려웠던 것만큼이나 지금도 그 일은 어렵다.

요한이 천사를 본 것은 그를 그토록 유명하게 만든 그 묵시의 드라마 도중에 일어난 일이었다. 그 묵시는 어느 일요일 아침에 자신이 갇혀 있던 밧모 섬에서 예배를 드리는 도중에 나타난 난폭할 정도로 거칠고, 사납고, 축제와도 같은 환상이었다. 환상의 메시지가 연달아 주어지다가 막 중간 정도에 이르렀을 때 그는 거대한 천사가 한쪽 발은 바다를, 다른 한쪽 발은 대륙을 디딘 채 손에 책을 들고 서 있는 것을 보았다. 이 육지와 바다를 포괄하는 강단에서 그 천사가 그 책을 가지고 설교를 하고 있었는데, 그의 설교는 우레와 함께 큰 소리로 울려 퍼지고 있었다. 그 누구라도 결코 줄 수 없는 설교였다! 요한은 자신이 듣고 있는 말을 받아 적기 시작했다. 이런 설교는 처음 듣는 것이었다. 그런데 그는 쓰지 말라는 소리를 들었다. 어떤 목소리가 요한에게 거대한 천사, 두 다리를 벌리고 서서 세상을 강단 삼아 설교하는 이 하나님의 사자로부터 그 책을 받으라고 했다. 그래서 그는 그렇게 했다. 요한은 천사에게로 가서 "그 책을 달라"고 말했다. 천사는 요한에게 그 책을 주고는 이렇게 말했다. "여기에 있다. 그것을 먹어라. 이 책을 먹어라. 설교를 받아 적지만 말고 이 책을 먹어라." 그리고 요한은 그렇게 했다. 그는 자신의 공책과 연필을 치우고 대신에 칼과 포크를 집어 들었다. 그리고 그 책을 먹었다.

이 이미지는 요한계시록에 나오는 다른 모든 이미지와 마찬가지로 복합적이다. 이는 모세와 선지자와 예수님의 이미지가 혼합된 것이다. 설교하는 천사의 환상은 많은 것을 연상시킨다. 그러나 가장 직접적이고 명백해 보이는 것은 이 위대한 천사가 성경을 가지고 설교를 한다는 것이다. 요한이 먹은 책은 성경이었다. 지금 우리가 가진 성경은 아니라 하더라도 어쨌거나 당시에 책으로 기록된 분량만큼의 성경이었다. '책'이라는 단어는[헬라어로는 '비블리온'(*biblion*)인데 영어로는 '성경'(Bible)으로 번역되었다], 하나님이 우리에게 주시는 메시지에는 의미와 플롯과 목적이 있다는 것을 암시한다. 책을 쓰려면 목적을 가지고 단어를 배열해야 한다. 그리고 이 단어들은 의미를 만들어 낸다. 하나님이 자신을 계시하시기에 우리는 어림짐작으로 하나님 앞에 나아갈 필요가 없다. 이 성경의 말들은 하늘과 땅을 창조하신 그 말씀, 우리의 구원을 위해 예수님 안에서 인간의 육신이 된 그 말씀을 드러낸다. 하나님의 말씀은 기록되고 전수되고 번역되어서 우리가 그 플롯 안에 들어갈 수 있게 되었다. 우리는 이 창조와 구원의 말씀을 듣고 그것에 반응할 수 있도록, 그리고 직접적으로 그 창조와 구원에 동참할 수 있도록 각자 손에 이 성경책을 들고 그것을 읽는다.

책을 먹는다는 것은 읽는 것이 단순히 객관적인 행위가 아님을 의미한다. 단순히 단어를 쳐다보고 그 의미를 확인하는 행위가 아닌 것이다. 책을 먹는다는 것은 우리 대부분이 훈련받은 책 읽는 방식과는 대조되는 것이다. 의미를 오염시킬 수 있는 개인적 참여를 최대한 배제함으로써 과학적 혹은 신학적 진리를 보존하기 위한 냉정한 객관성을 개발하는 방식과는 다른 것이다. 그런데 처음부터 그런 객관적인 방식으로 책을 읽기 시작하는 사람은 아무도 없다. 나에게는 지금 책을 먹는 손녀가 하나 있다. 내가 그 아이의 오빠에게 이야기책을 읽어 줄 때면 녀석은 책 더미에서 다른 책을 꺼내서 그것을 씹는다. 그 아이는 자신이 아는 가장 빠른 방법으로 그 책을 자기 안에 집어넣으려는 것이다. 귀가 아니라 입을 통해서 말이다. 어느 구멍으로든 그 책을 자기 안에 집어넣기만 하면 되는 것이다. 하지만 머지않아 그 아이는 학교에 갈 것이고 책은 그렇게 읽는 것이 아님을 배울 것이다. 그리고 책에서 답을 얻는 방법을 배울 것이다. 그리고 시험에 통과하기 위해서 책을 읽는 법을 배우고, 시험을 통과하고 나면 그 책은 책꽂이에 꽂아 놓고 다른 책을 살 것이다.

그러나 요한이 체험하고 있는 독서는 우리가 시험에 통과할 수 있도록 준비시켜 주는 그러한 종류의 독서가 아니다. 책을 먹는다는 것은 모든 것을 받아들인다는 것이다. 우리 인생의 조직에 동화시키는 것이다. 독자는 자신이 읽는 그것이 된다. 만약 성경이 하나님에 대한 잡담 그 이상이 되려면 반드시 내면화되어야 한다. 우리 대부분은 망설이지 않고 말할 수 있는 하나님에 대한 견해들이 있다. 그러나 어떤 대화(혹은 설교나 강의)에 '하나님'이라는 단어가 들어 있다고 해서 그것이 진실한 것은 아니다. 그 천사는 성 요한에게 하나님에 대한 정보를 전달하라고 지시하지 않는다. 그는 요한에게 하나님의 말씀을 흡수해서, 말을 할 때 그가 사용하는 구문 속에서 그 말씀이 꾸밈없이 스스로를 표현할 수 있게 하라고 명령한다. 그것은 마치 우리가 건강하다면 우리가 먹는 음식이 무의식적으로 우리의 신경과 근육에 흡수되어서 말과 행동을 하게 되는 것과 같다.

말하고 듣고 쓰고 읽는 말은 우리 **안에서** 무엇인가를 하게 되어 있다. 건강함과 온전함, 생명력과 거룩함, 지혜와 소망을 주게 되어 있는 것이다. 그렇다, 이 책을 **먹으라**.

앞에서도 언급한 것처럼, 성 요한은 마치 땅콩버터 샌드위치를 먹는 것처럼 책을 먹은 최초의 선지자는 아니었다. 그보다 600년 전에 에스겔도 책을 먹으라는 명령을 받았다(겔 2:8-3:3). 에스겔과 동시대인이었던 예레미야도 하나님의 계시 즉 그 나름의 성경을 먹었다(렘 15:16). 에스겔과 예레미야도 요한처럼, 하나님이 성경에서 계시하신 것과는 아주 다른 텍스트를 따라 살라고 사방에서 압력을 넣는 시대에 살고 있었다. 세 사람 모두에게 성경을 먹는 식이요법은 결과적으로 장력이 있는 문장, 불타는 듯 명쾌한 은유 그리고 고난의 예언자다운 용감한 삶으로 발현되었다. 우리는 일상에서 권위 있는 방향 제시를 얻을 때 성경 대신 자신의 체험(자신의 필요와 욕구와 감정)을 텍스트로 삼고자 하는 유혹에 빠지기 쉬운 시대에 살고 있지만, 최악의 시기에 (바벨론 유수와 로마의 박해) 하나님 백성의 영성 형성을 책임졌던 이 막무가내인 세 선지자들 정도라면 책은 위장으로 흡수해야 한다고 우리를 충분히 설득할 수 있을 것이다. 그렇다, 이 책을 먹으라.

    기독교 공동체는 밧모 섬의 요한, 예루살렘의 예레미야 그리고 바벨론의 에스겔이 했던 방식을 따라서 '이 책을 먹는' 방법을 배우는 데 엄청난 에너지와 지성을 쏟아부었고 기도해 왔다.[2] 우리가 그 책을 먹는 식탁에 앉기 위해서 그 방법을 다 알 필요는 없지만, 어느 정도는 아는 것이 도움이 되며, 특히 우리 시대에는 참으로 많은 사람들이 그것을 단순히 식사 전에 입맛 돋우려고 마시는 한 잔의 술 정도로 여기기 때문에 더욱더 그렇다. 그 강인한 천사의 명령은 또한 초대이기도 하다. 식탁으로 와서 이 책을 먹으라. 이 책에 나오는 모든 단어가 우리 안에서 무엇인가를 할 것이기 때문이다. 우리의 영혼과 몸에 건강함과 온전함, 생명력과 거룩을 줄 것이기 때문이다.

텍스트로서의 성경: 하나님이 계시하시는 것 배우기

우리의 삶, 즉 우리의 경험(우리가 필요로 하고 원하고 느끼는 것)은 우리 안에 그리스도의 삶을 형성하고 나아가 궁극적으로 우리의 삶을 형성하는 데 중요한 역할을 한다. 그러나 경험이 형성의 과정을 주관하는 텍스트는 아니다. 영성이란 무엇보다도 우리 자신을 진지하게 여기는 것이다. 그것은 우리 자신이 생산자나 행위자라는 비천한 지위로 끊임없이 격하되고 학위나 봉급이라는 표지에 가려져 계속해서 비인격화되는 문화적 흐름에 역행하는 것을 의미한다. 우리는 자신의 유용성이나 명성, 어디를 다녀 보았느냐 혹은 누구를 아느냐보다 훨씬 더 중요한 존재다. 유일무이하고, 재생 불가능하고, 영원한 하나님의 형상으로서의 **나**가 있는 것이다. 영성의 토대는 바로 개인의 존엄성을 강력하게 주장하는 데 있다.

어떤 의미에서 우리는 자기 자신을 아무리 진지하게 여겨도 결코 지나치지 않다. 우리 존재는 정말로 중요하게 여겨야 할 그 무엇이기 때문이다. 우리는 "신묘막측하게"(시 139:14, 개역한글) 지음받았다. 그러나 우리는 매우 작은 존재이기도 하다. 우리에게는 유전자와 호르몬, 감정과 열망, 직업과 이상보다 더 큰 무엇, 바로 하나님이 계시기 때문이다. 우리가 누구이며 어떤 존재냐 하는 것은, 대부분은 하나님과 관련된 것이다. 따라서 자기 자신에 의거해서 자신을 이해하고 형성하려고 하면 자기 자신의 대부분을 놓치게 된다.

그렇기 때문에 기독교 공동체는, 우리가 인간으로서 형성되려면 하나님의 길을 계시해 주는 성경이 반드시 필요하다고 늘 주장해 왔던 것이다. 그 책을 읽으면서 우리는 우리에게 가장 필요한 것이 하나님과 우리 자신에 대해서 무엇인가를 알려 주는 정보가 아니라, 자신의 참 모습으로 형성되어 가는 것임을 깨닫게 된다.

언어의 본질은 정보를 주는 것이 아니라 형성하는 것이다. 언어는 최선의 상태에서 인격적이 되고 계시의 특성을 띤다. 그리고 계시는 언제나 무엇인가를 형성한다. 무엇인가를 더 알게 되는 것이 아니라 더 나은 존재가 되는 것이다. 우리 중에 언어를 가장 잘 사용하는 사람들, 시인과 연인들 그리고 아이들과 성자들은 무엇인가를 **만들어 내기** 위해서 말을 사용한다. 그들은 친밀함을 만들어 내고, 인품을 만들어 내고, 아름다움을 만들어 내고, 선을 만들어 내고, 진리를 만들어 낸다.

계시하시는 그리고 계시된 하나님

이제 처음으로 돌아가 보자. 우리는 이 책을 '계시'라고 부른다. 하나님이 자기 자신과 자신의 길을 계시하셨다. 우리에게 무엇인가를 알려 주시기보다 자기 자신을 **보여 주신** 것이다. 책에는 저자가 있다. 성경에 나오는 말들이 어떤 방식으로 기록되었는지에 대해 우리가 어떻게 알고 있건, 기독 교회는 하나님이 이 책을 다루시는 방식이 단순히 정보의 차원이 아니라 계시의 차원이라는 입장을 늘 고수해 왔다. 성경의 권위는 권위 있는 하나님의 임재로부터 직접 파생된다. 다시 말해서, 이것은 비인격적인 권위, 즉 사실이나 진실들의 집합이 아닌 것이다. 이것은 법전에 성문화된 법률과 관계되는 학자적 권위도 아니고 수학 교과서가 가지는 사실적 권위도 아니다. 이것은 인격적으로 전달된 계시인 것이다. 이 계시는 우리를 어떤 일에 참여시키며, 하나님의 형상으로 창조된 인간으로서 사는 것의 의미를 인격 대 인격으로 알려 준다.

초기의 기독교 공동체는 이미 만들어져 있는 성경을 전달받았는데, 그것은 오늘날 우리가 구약 성경이라고 부르는 성경이었다. 그것은 히브리 사람들의 규범이었던 토라와 선지서와 성

문서였다. 처음 1세기 정도는 그 히브리어 두루마리가 기독교의 성경이었다. 그러다가 바울과 다른 초기 기독교 공동체의 지도자들이 쓴 글들이 폭넓게 유포되기 시작했고, 열정적이고도 긴급한 설교와 가르침을 통해 전파된 예수님의 이야기가 '복음서'로 기록되었다. 이 글들은 그들이 존중하고 믿으며 설교하고 가르치고 있는 성경과 연속성이 있는 것으로 간주되었다. 그리고 앞서 만들어진 성경과 이후에 나온 글들이 서로 일치한다는 것이 점차 명백해졌다. 그토록 오랫동안 그들 전통의 일부였던 히브리어 성경의 저자와, 그리스도인들의 예배와 증거 속에서 부상한 이 새로운 복음서 및 서신들의 저자 사이에 연속성이 있음이 명백해진 것이다. 물론 이러한 인식이 생기기까지는 시간이 좀 걸렸다. 한번에 다 일어난 일은 아니었던 것이다. 어쨌거나 마가가 쓴 얇은 책을, 모세가 기록한 하나님의 말씀으로 알려진 다섯 권의 방대한 분량의 책과 같은 계열로 간주하기까지는 상당한 생각의 변화가 필요했다. 뜬금없이 등장한 검증되지 않은 무명의 그리스도인들에게 쓴 바울의 편지들을, 수세기에 걸쳐서 검증된 시편 그리고 권위 있는 이사야서와 나란히 놓으라는 것은 터무니없는 요구였다. 바울의 편지들이 탁월하기는 했지만 그러한 일은 일어날 것 같지 않았다. 하지만 그 일은 결국 일어나고야 말았다. 거룩한 공동체는 결국 이 두 개의 책을 하나로 묶어서 한 권의 책, 우리가 지금 가진 성경으로 만들어 낸 것이다. 100년 남짓한 세월 안에 초기 그리스도인들은 우리가 오늘날 가진 것과 본질적으로 같은 성경을 가지게 되었다.

그러나 모든 사람의 의견이 일치한 것은 아니었다. 옛 히브리어 두루마리를 완전히 무시하고자 하는 분파도 있었다. 그들은 그 옛날 책들이 증거하는 하나님과 예수님 사이에는 아무런 관련성이 없다고 주장했다. 그리고 그 반대 극단의 분파들(다양한 영지주의 분파들)도 있었다. 그들은 당시에 기록된 영적인 고양을 가져오는 많은 텍스트들 중에서 '내적인' 메시지를 주는 것이면 무엇이든 성경에 포함시키고 싶어했다. '내적인 것'과 '고양'을 지향하는 영성은 지금처럼 그 때도 큰 인기가 있었다. 그러나 기독교 공동체는 조금씩 선정적이거나 의미 없는 것들은 다 걸러 내고 자신들이 합의한 책을 담대하게 하나님의 말씀이라고 불렀다.

성삼위일체: 인격성의 유지

이 텍스트를 어떻게 읽어야 하는지 이해하기 위해서는 우선 그들이 이 두 종류의 글들을 하나로 묶을 때 일어난 일을 이해해야 한다. 그들은 하나님의 백성인 이스라엘의 규범이었던 성경을 가지고 출발했다. 그리고 곧 새롭게 형성된 기독교 공동체를 통해 기록된 이 새 복음서와 서신들을 손에 넣게 되었다. 이제 그들은 매우 다른 이 두 종류의 책에서 그들이 감지한 연속성을 설명해야 했다.

그들이 서로 대화하고 편지를 주고받으면서 합의하게 된 것은, 그 모든 차이와 다양성에도 불구하고 거기에는 하나의 목소리가 담겨 있다는 점이었고 그 하나의 목소리는 인격적이라는 점, 하나님이 자기 자신을 계시하는 목소리라는 점이었다. 그들은 이 인격성과 계시를 우리가 오늘날 삼위일체라고 부르는 것을 통해 설명했다. 삼위일체는 우리가 계시의 다양성을 일관성 있는 전체로서 유지할 수 있게 해주는 상상적 구성물이다. 여기에서 삼위일체에 대한 광범위한 토론을 벌이는 것은 적합하지 않으며, 다만 현재의 맥락에서 말하고자 하는 것은 선조들이 우리와 같은 성경을 읽는 과정에서 그 모든 다양한 목소리 가운데 단 하나의 인격적인 목소리가 있다는 깨달음을 주장하기 위해서 '삼위일체'라고 하는 개념을 생각해 냈다는 것이다.

4-5세기가 되자 교회에서 뛰어난 지성을 가진 이들이, 성경을 읽는 일과 하나님이 어떻게 인격적이고 독창적으로 자신의 주권을 우리 가운데 행사하셨는지를 이해하는 일에 집중하게 되었다. 그들이 만들어 낸 삼위일체 개념은 매우 천재적인 것으로서, 하나님의 전 존재와 그분이 과거와 현재와 미래에 행하시는 모든 일을 설명하고, 동시에 우리가 누구이든 무엇을 하든 어디에서 왔든 상관없이 우리 모두가 그 안에 포함되어 있다는 것을 보여 줄 만큼 충분히 크고 충분히 상세한 개념이다. 그들은 이 개념을 만들기 위해서 오랫동안 열심히 애를 썼다. 위원회를 소집하고, 책을 쓰고, 논쟁하고, 설교하고, 교섭 활동을 하고, 싸우면

서 말이다. 그들은 그것을 제대로 이해하는 것이 매우 중요한 일이며 그것이 전문적인 신학자들에게 맡길 일이 아님을 알았다. 이것은 현장에서 사는 사람들의 문제였던 것이다. 그것은 단지 바르게 생각하는 것이 아니라 바르게 **사는 것**과 관련되어야 했고, 우리가 가진 이 성경에 나오는 모든 것이 개개인과 연관되어 실제로 살아낼 수 있는 것이 되게 해야 했다.

그들이 생각해 낸 것의 요체는 이렇다. 우리가 성경을 읽을 때 깨닫게 되는 것은 하나님은 영속적이고 일관된 정체성을 가지고 있다는 것이다. 즉 하나님은 하나이시다. 그러나 하나님은 또한 자신을 다양한 방식으로 계시하는데, 처음에는 그것이 서로 들어맞지 않는 것 같다. 우리는 하나님이 일하시고 자신을 계시하는 세 가지 명백한 방식을 볼 수 있다. 성부(여기에서는 창조 세계 전체가 중심이 된다), 성자(여기에서 우리는 예수 그리스도가 침투하신 역사의 혼란과 그분의 구원 사역을 다루게 된다), 성령(여기에서는 우리의 삶을 하나님의 생명 안으로 끌어들이는 체험을 하게 된다)이다. 그것은 언제나 같은 하나님이지만, 우리에게 계시하는 '위격'이나 '얼굴' 혹은 '음성'은 서로 다르다.[1]

그러나 여기에서 중요한 것은 계시의 모든 부분, 모든 양상, 모든 형태는 **인격적**이라는 점이다. 하나님은 본질적으로 관계적인 분이시다. 따라서 하나님이 무슨 말을 하시든, 무엇을 계시하시든, 우리가 무엇을 받든 간에 그것은 인격적이며 관계적이다.

비인격적이거나 단순히 기능적인 것은 아무것도 없다. 모든 것이 처음부터 끝까지 인격적이다. 하나님은 본질적으로 그리고 포괄적으로 인격적이시다.

이 사실에서 추론되는 당연한 결과는, 내가 인격이기 때문에 나도 인격적으로 이 계시에 포함되어 있다는 것이다. 성경의 이야기가 전개되면서 내가 듣는 모든 말, 내가 상상 속에서 보는 모든 것은 나를 관계 안에 포함시키고 참여하도록 끌어들인다. 그리고 그것은 나의 핵심적 정체성과 **상관이 있으며**, 내가 누구이며 무엇을 하는지에 영향을 미친다.

내가 강조하고자 하는 것은, 삼위일체라는 개념은 200년에서 300년이라는 세월에 걸쳐 우리의 어머니와 아버지들이 끈기를 가지고 기도하면서 지성을 발휘해 이 두 종류의 성경을 읽는 중에 거기에 나오는 차이점들이 사실상 그렇게 큰 차이는 아니라는 사실을 서서히 깨닫게 되면서 발전하게 된 개념이라는 점이다. 그들은 이사야와 바울, 모세와 마가, 다윗과 요한의 문장들을 읽고 들으면서 자신이 같은 목소리를 듣고 있음을 깨달았고 그것을 하나님의 말씀이라고 불렀다. 그들은 그 목소리를 듣고 집중하는 중에 그것이 자기 자신을 **부르는** 것을 들었다. 존엄성과 목적과 자유를 소유한 인격으로서, 믿고 사랑하고 순종하는 것이 가능한 인격으로서 말이다.

성경의 저자는 성부, 성자, 성령이라는 위격을 통해 인격적이라는 사실이 분명하게 굳어졌다. 그것은 인격적이었기 때문에 또한 관계적이었는데, 그 의미는 성경의 모든 읽기/듣기는 인격적, 관계적, 참여적 읽기/듣기를 요구한다는 뜻이다. 그리고 하나님이 어떤 존재인지를 모두 계시해 주는 이 성경은 또한 우리 자신이 어떤 존재인지에 대해서도 다 말해 주고 있다는 뜻이기도 하다. 저자와 독자는 모두 포괄적인 존재이며 인격적으로 참여하도록 되어 있는 것이다.

어쩌면 이것이 바로 우리가 성경을 읽고 연구하고 믿으면서 알아야 하는 가장 중요한 단 한 가지 사실일 것이다. 성경은 성부, 성자, 성령으로 우리가 체험하게 되는 풍성하고 살아 계시며 인격적으로 계시하시는 하나님이 우리가 어떠한 상황에 처해 있든, 우리의 나이가 어떠하든, 우리의 상태가 어떠하든 우리들을 인격적으로 부르시는 책이다. 기독교의 독서는 참여의 독서다. 우리가 읽는 말이 우리 삶의 내부가 되도록 그것을 받아들이고, 그 리듬과 이미지가 기도의 실천, 순종의 행위, 사랑의 방식이 되도록 하는 독서다.

우리는 삼위일체 개념이 자식을 낳고 생계를 위해 일해야 하는 우리 같은 사람들의 일상적인 노동과는 거리가 먼 고급한 신비를 다루기 위해서 신학자들이 생각해 낸 것이라고 잠시라도 생각해서는 안 된다. 결코 그렇지 않다. 그 중에는 더러 우리보다 조금 더 똑똑한 사람도 있었겠지만, 삼위일체 개념은 우리와 같은 그리스도인들이 자신이 할 수 있는 한 완전하게, 집중해서, 인격적으로, 그리고 반응하면서 성경을 읽는 방법을 서로 배우고 가르치면서 만들어 낸 개념이다. 그들은 그 텍스트를 읽으면서 자신의 삶이 그것과 일치하기를 원했다. 그 텍스트가 지금 그리고 앞으로도 영원히 잘 사는 문제에 대해서 권위 있는 문서임을 확신한 그들은 모든 것을 다 받아들이고 제대로 이해하고 싶었던 것이다.

텍스트의 비인격화

그러나 모든 사람이 이러한 방식으로 성경을 읽지는 않는다. 많은 사람들이 다른 이유에서 성경에 흥미와 매력을 느낀다. 여러 세기를 지나오면서 성경은 많은 권위를 얻게 되었고, 하나님의 계시에 우리를 참여시키는 것과는 다른 차원에서 유용하거나 흥미롭거나 도움이 되는 것으로 여겨지고 있다.

예를 들어 성경이 제시하는 지적인 도전에 매료된 사람들이 늘 많이 있었다. 만약 호기심이 많은 지성을 가졌고 그러한 지성을 건설적인 일에 사용하고 싶다면 성경학자가 되는 것보다 더 좋은 일은 아마도 없을 것이다. 신학 도서관 어디든지 들어가서 성경 및 성경 각권에 대해 쓴 다양한 책들이 세심하게 분류된 통로 사이로 다녀 보면 그저 깜짝 놀랄 뿐이다. 아무렇게나 선반에서 책을 하나 꺼내어 읽어 보면, 그 책을 쓴 사람은 진리를 찾기 위해 그 문장들을 탐구했고 그 결과 매우 인상적이고 흥미로운 결론들을 얻은 일류의 지성을 가진 사람임을 알게 될 것이다. 언어, 역사, 문화, 사상, 지리, 시, 무엇이든 이름만 대 보라. 그것이 성경에 다 나와 있다. 성경을 읽고, 연구하고, 강의하고, 글을 쓰면서 평생을 보내도 그것을 다 다루지 못할 것이다.

이와는 달리 조금 더 실용적인 성향을 가지고 성경에 접근하는 사람들도 있다. 이러한 사람들은 잘 살기를 원하고 자기 자녀들과 이웃들도 잘 살기를 원한다. 이들은 성경이 이 세상을 잘 살아갈 수 있는 건전한 충고를 해주고 믿을 만한 방향 제시를 해준다는 것을 안다. 그런데 사람들은 흔히 이 세상을 잘 산다는 것은 건강해지고 부유해지고 지혜로워지는 것이라고 생각한다. 성경은 개인적·사회적 태도 모두에 대해 건전한 방침을 제시한다는 평판을 얻고 있으며 따라서 이러한 사람들은 거기에서 유익을 얻기를 원한다. 사람이란 잘못에 빠지는 경향이 있는 고집 센 종족이며, 성경은 우리가 구덩이에 빠지는 것을 막아 주고 바르게 살게 해준다.

그리고 흔히 영감이라고 불리는 것을 얻기 위해서 성경을 읽는 사람들도 늘 많기 마련이다. 성경에는 아름답고 위로가 되는 본문들이 참으로 많다. 외롭거나 슬픔에 빠져 있을 때, 혹은 단조로운 일상에서 벗어나게 해줄 어떤 말을 찾고 있을 때 성경보다 더 좋은 것이 어디에 있겠는가? 감동적인 엘리야의 이야기, 시편의 장엄한 리듬, 천둥같이 전해지는 이사야의 빼어난 설교, 예수님의 매력적인 비유, 에너지로 충만한 바울의 가르침…. 하지만 경건하고도 아늑한 성경 읽기를 원한다면 조심해서 잘 골라야 한다. 잠이 들게 하거나 아니면 밤새 깨어 있게 만드는 본문들이 너무도 많기 때문이다. 하지만 대부분의 기독교 서점에 가면 당신이 위로나 위안을 받고 싶을 때, 혹은 당신의 현재 기분이 무엇을 요구하든 그것에 따라서 성경의 어떤 부분을 읽어야 하는지를 알려 주는 성경 구절 모음이 늘 준비되어 있다.

이러한 여러 그룹의 성경 독자들에 대해 지나치게 엄격하게 대하고 싶은 생각은 없다. 특히 나 자신이 각각의 그룹에 속해서 보낸 시간이 상당하기 때문에 더욱 그렇다. 그러나 당신이 어느 그룹에 속해 있든 **당신은 당신의 목적을 위해서 성경을 이용하게** 될 것이며, 그 목적은 당신에게 관계의 차원에서 무엇인가를 요구하지는 않을 것이라는 분명한 사실을 주목하게 하고 싶다. 성경이 던지는 지적인 도전에 반응하면서 매우 진지하게 성경을 대하거나, 성경이 제시하는 도덕적 지침 혹은 성경이 주는 영적인 고양을 위해서 성경을 접하면서도, 당신에 대한 인격적인 계획을 가지고 인격적으로 자신을 계시하는 하나님과는 아무런 상관없이 지내는 것이 충분히 가능하다.

혹은 우리가 처음에 사용했던 표현대로 하자면, 성경을 여러 가지 다른 각도에서 여러 가지 다양한 목적을 위해서 읽으면서도 하나님이 자기 자신을 계시하신 대로 하나님을 다루지 않는 것이 가능하다. 우리의 전 존재와 우리가 하는 모든 일 안에 살아 계시고 임재하시는 성부, 성자, 성령의 권위 아래 우리 자신을 두지 않는 것이 가능하다.

단도직입적으로 말하자면, 성경에 관심을 가지고 심지어 성경에 대해서 흥분하는 사람들 모두가 하나님과 관계 맺고 싶어 하는 것은 아니다.

그러나 성경은 하나님에 대한 책이다. C. S. 루이스(Lewis)는 자신이 쓴 마지막 책에서 두 가지 독서법에 대해서 이야기했다. 하나는 우리 자신의 목적을 위해서 책을 이용하는 독서이고 또 하나는 저자의 목적을 받아들이는 독서다. 첫 번째 독서는 나쁜 독서로 이끌 뿐이고, 두 번째 독서는 좋은 독서의 가능성을 열어 준다.

> 내용을 '수용'할 때 우리는 감각과 상상력과 다른 다양한 능력들을 그 예술가가 창조한 패턴에 따라서 사용한다. 반면 그것을 '사용'할 때 우리는 그것을 우리 자신의 활동에 대한 보조물로 취급한다.… '사용'은 '수용'보다 열등하다. 왜냐하면 예술을 수용하지 않고 사용하면, 그저 우리 자신의 인생을 쉽게 하거나, 밝게 하거나, 그 수고를 덜어 주거나, 완화시켜 줄 뿐, 그것에 무엇을 더해 주지는 않기 때문이다.[2]

바로 그렇기 때문에, 성경을 접할 때 교회가 구성해 낸 성삼위일체 개념을 인식하는 것이 그토록 중요한 것이다. 우리는 너무도 분명하게 **인격적**이신 하나님의 계시에 참여하기 위해서 성경을 읽는다. 우리는 성경이 우리에게 다가오는 방식대로 성경을 읽을 뿐 우리가 성경에 다가가는 방식대로 성경을 읽지 않는다. 우리는 성부 하나님, 성자 하나님, 성령 하나님의 다양하고 상보적인 작용에 굴복한다. 우리는 하나님의 영광을 위해서 지금 그리고 앞으로도 영원히 형성되고자 그 말씀을 받아들인다.

삼위일체의 대체

삼위일체의 방식이 아닌 다른 방식으로 성경을 읽는 새로운 왜곡이 우리 시대에 나타났다. 그것은 전염병의 수준에까지 이르렀고 따라서 특별한 주의를 요한다. 그것을 '삼위일체의 대체'라고 이해하는 것이 아마도 가장 좋을 것이다. 바로 앞에서 살펴본 비인격적 독서 방식(지식, 실용성, 영감 위주의 독서 방식)과는 달리 이 방식은 매우 인격적이면서 또한 매우 삼위일체적인데, 그러면서 동시에 성삼위일체의 권위에 복종하면서 독서를 할 때 얻는 것과는 완전히 어긋나는 결과를 얻게 된다.

성경을 가지고 삼위일체적인 생각과 기도를 하게 되면, 하나님이 성경에서 자신을 성부, 성자, 성령으로 계시하신 포괄적이고 인격적인 방식대로 우리를 포괄적으로 형성하시는 과정에 굴복하는 태도가 계발된다. 그러나 그와 반대로 자신형성의 과정을 직접 관리할 수도 있다. 오늘날 자아를 이해하는 가장 대중적인 방식은 그것을 삼위일체적인 방식으로 이해하는 것이다. 이와 같은 자아 이해는 사상에 관심을 가진 지성, 멋진 인생을 추구하는 도덕적 존재, 혹은 혼자만의 위안을 찾는 영혼으로서 자아를 이해하는 것이 아니라, 자기 자신을 책임지는 신적인 자아로 이해하는 것이다. 그리고 이러한 신적인 자아는 일종의 성삼위일체로 이해된다.

여기서, 자아를 인생 최고의 텍스트로 규정하는 새롭게 공식화된 이 삼위일체는 성경을 무시하거나 금지하지 않는다는 사실을 아는 것이 중요하다. 오히려 성경은 존경받는 자리를 차지한다. 그러나 세 위격이신 성부, 성자, 성령이, 나의 거룩한 욕구와 거룩한 필요, 거룩한 느낌이라는 매우 개인화된 삼위일체로 대체된다.

우리는 자신에게 가장 좋은 것을 직접 선택하도록 요람에서부터 훈련받는 시대에 살고 있다. 독립하기 전에 먼저 몇 년 간의 도제 기간이 있기는 하지만, 이 훈련은 매우 일찍부터 시작된다. 손에 숟가락을 쥘 수 있을 때부터 우리는 다양한 종류의 시리얼 중에서 하나를 골라야 한다. 그럴 때마다 우리의 기호와 성향과 욕구를 끝도 없이 참조해야 한다. 머지않아 우리는 어떤 옷을 입을지, 어떤 스타일로 머리를 자를지를 결정하게 되고 선택 항목이 급격하게 늘어난다. 어떤 텔레비전 프로그램을 볼 것인가, 학교에서 어떤 과정을 밟을 것인가, 어떤 대학에 갈 것인가, 어떤 강좌에 등록할 것인가, 어떤 색깔과 모델의 차를 살 것인가, 어떤 교회에 나갈 것인가…. 우리는 어려서부터 그리고 자라면서 여러 방식으로 확인을 받으면서, 자기 인생을 형성하는 데 자신이 발언권을 가지고 있으며 특정 영역에서는 결정적인 발언권을 가지고 있다고 배운다. 대부분의 사람들에게 우리의 문화가 상당히 효과적으로 작용했음이 이미 판명되기도 했지만, 철저하게 문화에 동화될 경우 우리는 우리가 원하고 필요로 하고 느끼는 것이 자기 인생의 중심에서 신과 같은 통제력을 발휘한다는 실제적인 전제를 가지고 성인기로 들어서게 된다.

새로운 성삼위일체인 이 주권적 자아는 거룩한 욕구, 거룩한 필요, 거룩한 느낌으로 스스로를 나타낸다. 우리 선조들이 성부, 성자, 성령에서 계시된 주권을 이해하기 위해 쏟은 시간과 지성을, 우리 시대의 사람들은 자신의 욕구와 필요와 느낌의 주권을 확인하고 비준하는 것에 쏟고 있다.

먼저, 나의 욕구는 타협 불가능하다. 각자가 나름대로 정의하는 소위 '나의 권리'는 내 정체성의 근본이다. 충족과 표현, 인정, 성적 만족 그리고 존경에 대한 욕구, 내 방식대로 하고자 하는 욕구는 **나** 중심성의 기초를 제공해 주고 내가 축소되는 것에 대항해서 나 자신을 강화해 준다.

둘째로, 나의 필요는 나의 왕국에 대한 인식이 확장되고 있음을 보여 주는 증거다. 나는 나 자신을 크게 생각하도록 훈련한다. 왜냐하면 나는 크고 중요하고 의미 있는 존재이기 때문이다. 나는 실제보다 크기 때문에 갈수록 더 많은 상품과 서비스를 요구하고, 더 많은 물건과 더 많은 권력을 요구한다. 소비와 획득은 새로운 성령의 열매다.

마지막으로, 나의 느낌은 내가 누구인지를 말해 준다. 황홀을 경험하게 해주고, 흥분시키고, 기쁨을 주고, 자극을 주고, 나를 영적으로 연결시켜 줄 수 있는 것이라면 그것이 무엇이든, 누구이든 나의 주권을 확인해 주는 것이다. 물론, 그러기 위해서는 나의 자기 주권을 침해하거나 도전하는 감정들인 지루함, 상실, 불만이라고 하는 마귀를 축출할 치료사와 여행사, 전자 제품과 기계, 놀이와 오락 등 꽤 많은 배역들을 고용해야 한다.

지난 200년 동안, 학문적으로 그리고 대중적으로 주권적 자아를 구성하는 이 새로운 성삼위일체를 이해하기 위해 엄청나게 많은 책들이 쏟아져 나왔다. 그 분야의 지식 산출이 엄청나다는 말이다. 우리의 새로운 영적 지도자 계급은 과학자와 경제학자, 물리학자와 심리학자, 교육자와 정치가, 작가와 예술가들로 구성되어 있다. 이들은 초대교회의 신학자들에게 결코 뒤지지 않을 만큼 지적이고 열정적이며, 또한 종교적이고 진지하다. 왜냐하면 자신이 만들어 낸 것이 매일의 삶에 엄청난 함의를 가진다는 것을 알기 때문이다. 거룩한 욕구와 거룩한 필요와 거룩한 느낌으로 구성된 신격인 우리들에게 봉사하기 위해서 이들이 수행하는 연구와 가르침은 자신감으로 가득 차 있고 매우 설득력이 있다. 그들의 보호와 감독 아래서, 나는 내 인생을 사는 데 권위적인 텍스트는 바로 나라고 하는 사실을 강력하게 확신하게 된다.

이 새로운 삼위일체의 종교를 가르치는 것은, 삼위일체의 세 위격의 이름으로 세례를 받은 사람들과 삼위일체를 고백하는 사도신경과 니케아 신조를 규칙적으로 기도하는 마음으로 암송하는 사람들, "하늘에 계신 우리 아버지…"라는 말로 기도를 시작하는 사람들, 예수님을 주님이자 구주로 따르며 성령을 간구하는 찬송을 부르는 사람들에게 큰 위협이 되지 않을 것이다.

그러나 성삼위일체와 경쟁 관계에 있는 이 주권은 너무도 영적인 언어로 표현되어 있고, 또 우리가 너무도 쉽게 자기 자신의 영적 주권에 의해 설득당하기 때문에, 사실은 우리의 주의를 끈다. 새로운 영적 지도자들은 우리의 모든 영적인 필요가 이 새로운 삼위일체 안에 포함되어 있다고 우리를 확신시켜 준다. 의미와 초월성에 대한 필요, 더 큰 인생에 대한 욕구, 영적인 의미에 대한 느낌이 다 거기에 들어 있다고 말이다. 그리고 물론 거기에는 크든 작든 자신이 만들고 싶은 만큼의 하나님을 위한 자리를 만들 공간도 충분하다. 이 새로운 삼위일체는 하나님이나 성경을 없애 버리지 않는다. 다만 필요와 욕구와 느낌을 섬기는 자리에 놓을 뿐이다. 그리고 그것은 아무런 문제도 되지 않는다. 왜냐하면 우리는 모든 사람과 모든 것을 그러한 방식으로 다루도록 평생 동안 훈련받았기 때문이다. 그렇게 하는 것은 당연하다. 그것이 바로 주권의 특전이다.

오늘날 부인할 수 없을 정도로 명백해진 사실은, 기독교 공동체의 핵심적 실재 즉 세 위격을 통해서 자기 자신을 계시하는 하나님의 주권이, 사실상 학교 교육과 대중매체에 의해서 그리고 전문가들을 통해 우리에게로 향하게 된 모든 사회적, 직업적, 정치적인 기대에 의해서 의문의 대상이 되고 침해당한다는 것이다. 이 목소리들은 우리의 주권적 자아를 행사할 수 있는 방법을 보여 주기 위해서 너무도 완벽하게 우리의 본성에 맞추어져 있고 너무도 권위 있게 표현되어 있어서, 우리가 성경을 이 새로운 텍스트인 거룩한 자아와 교환했다는 사실을 거의 인식하지 못할 정도다. 그러면서도 우리는 여전히 성경공부에 참석하고 우리에게 숙제로 부과된 구절이나 장을 날마다 읽지 않는가? 자신의 욕구와 꿈과 기호를 고려해야 한다고 끊임없이 부추김을 받는 사이에 우리가 그토록 오랫동안 믿는다고 공언했던 것에서 벗어나 있는 것도 우리는 거의 눈치 채지 못하고 있다.

눈에 띄는 자리에 성경을 꽂아 놓는 것으로 성경에 대한 존경을 표시하면서 동시에 자아를 삶의 권위 있는 텍스트로 삼는 것의 위험은 엄청나게 크면서 동시에 은밀하게 진행된다. 이 위험에 면역이 된 사람은 아무도 없다.

그렇기 때문에 성 요한에게 그 강력한 천사가 명령했던 것을 새롭게 부활시키는 것이 그토록 긴급한 것이다. 우리의 정체성을 유지하고 싶다면, 우리를 하나님 백성의 공동체로 살게 해주는 삶의 텍스트를 원한다면, 하나님이 누구이신지 그리고 하나님이 어떻게 일하시는지에 대해서 친숙하게 잘 알기 원한다면, 우리는 반드시 이 책을 먹어야 한다.

피할 수 없는 현실은, 우리가 아무리 많이 알고 배우고 연구한다 해도 자기 인생을 운영할 만큼 충분히 알지는 못한다는 것이다. 자신의 경험을 인생의 텍스트로 삼은 많은 사람들이 처한 불행한 상황을 보면 과장된 자아의 주권을 강력하게 반박하게 된다. 우리는 단순히 여러 세대에 걸쳐서 획득된 지식을 모아 놓은 것만으로는 알 수 없는 것을 드러내 보여 주는 텍스트가 필요하다. 이 책, 이 성경은 자기를 계시하는 하나님을 드러내 보여 주며, 그것과 아울러 이 세상이 돌아가는 방식, 인생이 돌아가는 방식, 그리고 우리의 존재 방식을 드러내 보여 준다. 우리는 우리가 살고 있는 땅의 형세를 알아야 한다. 이 삼위일체의 나라, 하나님의 창조와 구원과 축복의 나라에 무엇이 있는지 알아야 한다.

하나님과 하나님의 길은 우리 대부분이 생각하는 것과 다르다. 우리가 하나님과 하나님의 길에 대해서 친구들에게 들었거나, 신문에서 읽었거나, 텔레비전에서 보았거나, 스스로 생각해 낸 대부분의 것들은 틀린 것이다. 절대적으로 틀리지는 않을지 모르지만 그것은 엄연히 우리가 사는 방식을 망쳐 놓았다. 반면 이 책은 분명한 계시, 우리 스스로는 결코 알아낼 수 없는 것들을 드러내 보여 주는 계시다.

우리의 사회적 삶과 개인적 삶에서 권위의 중심에 확고하게 세워진 이 텍스트가 없다면 우리는 쓰러질 것이다. 우리는 자신의 필요와 욕구와 느낌 속에 잔혹하게 빠져 있는, 선의를 가졌으나 무능한 인간들의 늪 속에 빠져 버릴 것이다.

호시아

몇 년 전 아내와 함께 이스라엘에 머문 적이 있었다. 갈릴리의 작은 마을인 호시아(Hoshia)에 있던 우리는 정통 유대교 회당에서 하는 아침 기도에 초대를 받았다. 시간은 아침 7시 반이었다. 열두 살에서 열일곱 살에 이르는 열네 명 정도의 남자 아이들과 젊은 청년들 그리고 군데군데 흩어져 앉은 나이 든 남자들이 있었다. 남자 아이들은 성경을 읽고 있었는데, 그 성경은 두 명의 남자 아이가 그것이 원래 놓인 '언약궤'에서 격식을 갖추어 가져와 경건하게 독서 책상에 올려 놓은 커다란 두루마리 형태의 책이었고, 그 날 아침에 읽어야 하는 부분이 펼쳐져 있었다. 그들은 그 성경을 너무도 경건하게, 그리고 자랑스럽게 다루었다. 그리고 한 아이가 그 성경을 읽었는데, 그는 익숙한 내용을 소리 내어 읽는 것처럼 보였다. 그는 토라 전체, 성경의 첫 다섯 권을 전부 다 외우고 있었던 것이다. 나중에 알게 되었지만 모든 남자 아이들이 그것을 전부 다 외우고 있었다. 처음부터 끝까지 다 암기를 했던 것이다. 그런데 그들은 자신들이 하는 일에 대해서 아무런 자의식이 없었다. 너무도 천진난만하고, 자신들이 하는 일을 편안하게 여기고 즐거워하는 것이 분명하게 보였다.

우리는 기도하고 성경을 읽는 예배가 끝난 후 남아 있는 남자 아이들 몇 명과 이야기를 나누었다. 그들은 회당과 두루마리를 너무도 자랑스럽게 여겼고, 자신들이 하는 일을 우리에게 기쁘게 이야기해 주었다. 이들은 억지로 수업을 받는 학생들이나 자신의 신앙심으로 하나님을 감동시키려고 하는 경건한 학생들과는 거리가 멀어도 한참 멀었다. 이 아이들은 그냥 아이들일 뿐이었다. 그들은 성경이 자신들 안에서 어떻게 작용하는지를 발견하고 기뻐했다. 자신들의 삶을 위해 살아 계신 하나님을 계시하는 이 성경, 아침마다 함께 모여 이 책을 먹을 때 자기 안에서 소화가 되는 이 성경을 그들은 기뻐했다.

우리는 아이들이 그 두루마리에 나타난 하나님의 계시에 즐겁게 헌신하는 것을 보고, 그리고 이 아이들이 성경의 중심성과 권위에 대해서 이야기하는 것이 아니라 그것을 사는 것을 보고 감동을 받았다. 그리고 이후에 이야기를 나누면서, 세계 전역에서 모이는 수많은 아이들과 성인 남녀들, 굶주린 남녀들이 이와 같은 일을 하고 있으며 우리가 그런 사람들과 함께 영혼을 채우는 든든한 식사를 나누었다는 것이 얼마나 큰 행운인지를 깨닫게 되면서 더 깊은 감동을 받았다.

4

형식으로서의 성경:
예수님의 방식 따르기

우주를 자신의 강단으로 삼고 한쪽 발은 바다를 딛고 다른 한쪽 발은 땅을 디딘 채 손에 성경을 든 강인한 천사가 설교를 했다. 그는 하나님의 말씀을 설교했다. 그 텍스트에 기록된 말은 성 요한의 귀에 우레와도 같았다.

요한은 감동을 받아서 노트와 연필을 집어 들고는 자신이 막 들은 것을 받아 적기 시작했다. 그런데 하늘에서 들려오는 어떤 목소리가 그가 들은 것을 기록하지 말고 그 책을 가져다가 먹으라고 했다. 책에 기록되어 있던 말이 기록되기 전의 음성 상태로 들려왔고, 지면에서 튀어나와 공중에서 활동하며 사람의 귀로 흘러들어 갈 채비가 되어 있었던 것이다. 요한이 그 메시지를, 그러니까 땅과 바다로 울려 퍼지면서 우레처럼 으르렁거리는 그 문장들을 받아 적기 시작하자 그는 곧 제지를 당했다. 그러한 행위는 마치 말에서 바람을 빼내어 소리 없는 종이 위에 납작하게 눌러 놓는 것과 같을 것이다. 천사가 이제 막 그 말을 인쇄된 지면에서 튀어나오게 했는데 요한이 다시 그 말을 지면 위로 옮기려고 했던 것이다. "그래서는 안 된다"라고 하늘에서 들려오는 음성은 말했다. 나는 그 말이 공중에 그냥 머물면서 음파를 생성하고, 사람의 귀로 들어가고, 사람의 인생으로 들어가기를 원한다. 나는 너희들이 그 말을 설교하고, 노래하고, 가르치고, 기도하기를—**살아내기를** 원한다.

그리고 그 목소리가 요한에게 천사로부터 그 책을 받으라고 말한다. 그래서 그는 그 책을 받았고 천사는 그에게 "그 책을 먹으라"고 말한다. 이 책을 너의 내장 안으로 집어넣으라. 이 책에 나오는 말이 너의 혈관을 타고 움직이게 하라. 이 말을 씹고 삼켜서 근육과 연골과 뼈가 되게 하라. 그래서 그는 그렇게 했다. 그는 그 책을 먹었다.

나는 "이 책을 먹으라"라는 은유를 사용해서, 성경을 가진다는 것이 무엇을 의미하며 거룩한 공동체는 어떻게 그것을 먹는 법을 배웠는지에 초점을 맞추고 그것을 밝혀 내고자 한다. 즉 성부와 성자, 성령 하나님에 의해서 창조되고 구원받고 복을 받은 그리스도인으로 형성되기 위해 책을 먹는다는 것이 무엇을 의미하는지를 밝히는 것이다.

앞 장은 성경의 인격적이고 계시적인 성격에 대한 기초적인 안내였다. 성경의 말은 모두 인격 대 인격으로 하는 말이다. 관계 맺는 존재로서 최고의 역량을 가진 우리에게 세 위격의 하나님이 인격적으로 말을 거신다. 성삼위일체의 개념은 이 텍스트가 지닌 더 이상 축소될 수 없는 인격적이고 관계적인 성격을 이해할 수 있는 길을 마련해 주었고, 그 텍스트에 기록된 내용에 유일하게 적합한 독서 방법도 인격적이고 참여적인 독서라는 것을 확증해 주었다.

이번 장에서는 이 인격적인 말이 우리의 삶에 어떻게 다가오는지를 살펴보고 예수님의 방식과 지금 우리가 삶을 사는 방식을 연결하고자 한다. 나는 성경의 형식이 또한 우리 삶의 형식이기도 한 것에 주목하고자 한다.

우선 금세기의 현명한 안내자 중 한 사람인 웬델 베리의 시로 시작해 보자. 그 시에서 그는 자신이 살고 일하는 작은 농장을, 형성을 위한 형식을 설명하기 위한 은유로 사용한다. 베리는 40년 동안 발표한 일련의 소설과 시와 수필들을 통해, 우리가 온전성을 계발하고 온전한 영적 유기체로 인생을 살도록 기독교적 상상력을 일깨워 주었다. "정상에서"(From the Crest)라는 시에서 그는 성경의 형식이 그리스도인의 삶에 형식을 부여해 주는 것을 떠올리는 은유를 사용하고 있다.

    나는 나의 정신이
밭의 느린 변화를 견디기를,
변화를 기다리고 변화를 목도하며
노래하기를 가르치려 한다.

    농장은 형식을 갖추어야 한다.
끊임없이 하늘과 땅을,
빛과 비를 한데 모으고
땅의 모양과 활동을 이루는 형식을.[1]

베리가 자기 농장에서 발견한 형식을 나는 성경에서 발견한다. 농장을 유기적인 전체라고 생각해 보라. 거기에는 집과 헛간, 말과 닭, 해가 나거나 비가 오는 날씨, 집에서 음식을 준비하는 일과 밭에서 하는 일, 기계와 도구, 여러 계절 사이에 경계가 있어서 당신이 그 모든 상호 관계를 인식하고 그 감각을 유지할 수 있다. 거기에는 제자리를 잡은 안정적이고 편안한 리듬이 있다.

    나는 농장에서 자라지는 않았지만 농사를 짓는 시골에서 자랐기 때문에 농장과 목장에 갈 때가 많았다. 당시 우리 아버지가 정육점을 하고 계셔서 우리는 종종 농장으로 가서 소고기와 돼지고기 그리고 양고기를 사고 도살도 했다. 물론 분명히 예외가 있었을 것이라고 생각하지만, 그래도 그 농장들을 다녔던 내 어린 시절의 추억을 떠올려 보면 서두르며 일했던 농부는 하나도 생각해 낼 수 없다. 농부들의 특징은 열심히 일하는 것이지만, 서둘러서 일하기에는 일의 양이 너무 많았다. 농장에서는 모든 것이 장소와 시간에 연결되어 있다. 다른 일과 연결되어 있지 않은 일은 하나도 없다. 만약 서두르다가 땅과 계절과 날씨의 리듬을 깨뜨리면 모든 것이 다 무너져 버린다. 지난 주 혹은 지난 달부터 시작된 어떤 일을 방해하게 되는 것이다. 농장일은 결코 단순하지 않으며, 우리의 통제를 벗어나는 일이 너무도 많이 일어난다. 농장은 우리가 인내심과 주의력을 키우도록 도와준다. "나는 나의 정신이/ 밭의 느린 변화를 견디기를/ 변화를 기다리고 변화를 목도하며/ 노래하기를/ 가르치려 한다."

어떤 사람이나 사물이든 그것이 처한 상황 밖에서 다루어진다면, 즉 계절이나 날씨, 땅의 상태 혹은 그 사람이나 사물의 상태와 분리된 채 따로 있게 되면 그것은 망가지게 된다. "농장은 형식을 갖추어야 한다./ 끊임없이 하늘과 땅을,/ 빛과 비를 한데 모으고/ 땅의 모양과 활동을 이루는 형식을."

성경은 이와 같은 방식으로 하나의 형식이다. 여러 종류의 단어와 문장이 울타리 안에 들어 있는데, 그 모든 것이 일의 수행에 꼭 필요하다. 그 말들은 길고 안정적인 리듬으로 일을 수행하는데, 독자인 우리는 그것에 참여하되 통제하지는 않는다. 우리는 이 말의 세계에 중재자로 들어가서 기쁘게 순종하며 그것을 따른다. 그리고 '끊임없이 하늘과 땅을…한데 모으는' 이 텍스트에 우리의 삶을 복종시킨다.

이야기

그리스도인의 삶을 위한, 따라서 영성 신학의 텍스트이기도 한 그 텍스트는, 바로 예수님을 받아들이고 성령을 굳게 붙들며 하나님에 의해 규정되고 삼위일체의 틀을 가진 성경이다. 이 성경은 거대하고 포괄적인 이야기, 바로 **메타 이야기**(meta-story)다. 그리스도인의 삶은 이런 이야기의 형식으로 이루어진다. 대체로 성경은 기본적으로 거대하고 광대한, 불규칙하게 뻗어 있는 내러티브다.

이야기는 하나님의 말씀을 전달해 주는 제일 중요한 말의 수단이다. 이것은 우리가 크게 감사할 일이다. 왜냐하면 이야기는 가장 접근하기 쉬운 말의 형식이기 때문이다. 어린아이든 노인이든 모두가 이야기를 좋아한다. 문맹이든 아니든 모두가 이야기를 하고 이야기를 듣는다. 무식한 사람이든 뛰어난 지성의 소유자든 누구나 이야기의 자장권 안에 있다. 접근성과 매력의 차원에서 유일하게 이야기와 경쟁하는 것이 노래인데, 성경에는 그것도 참 많이 들어 있다.

그런데 하나님의 말씀을 우리에게 전달하는 주요 수단으로서 이야기가 적합한 또 하나의 이유가 있다. 이야기는 단지 우리에게 무엇인가를 말해 주고 끝나는 것이 아니라, 우리의 참여를 요구한다. 좋은 이야기꾼은 우리를 이야기 안으로 끌어들인다. 우리는 그 감정을 느끼고, 그 드라마에 사로잡히고, 등장 인물에 동화되고, 우리가 그냥 지나쳐 버린 인생의 구석구석을 들여다보게 되고, 인간이 된다는 것은 우리가 이제껏 탐험한 것보다 훨씬 더 많은 것들을 포함한다는 사실을 깨닫게 된다. 만약에 그 이야기꾼이 정말로 탁월하다면 인생의 모든 창과 문이 열릴 것이다. 히브리인이든 헬라인이든 성경의 이야기꾼들은 도덕적이고 심미적인 의미에서 모두 탁월했다.

정직한 이야기는 우리의 자유를 존중한다. 그러한 이야기는 우리를 조작하지도 않고, 강제하지도 않으며, 인생에 대한 주의력을 흩트리지도 않는다. 정직한 이야기는 하나님이 창조하시고 구원하시고 복을 주시는 넓은 세상으로 우리를 데리고 간다. 처음에는 우리의 상상력을 통해서 그리고 그 다음에는 믿음을 통해서(여기에서 상상력과 믿음은 가까운 친척이다) 우리가 그 이야기의 한 부분을 차지하게 해준다. 하나님의 목적이라는 드넓은 하늘 아래에서 일어나는 이 거대한 이야기 속으로 우리를 초대하는 것이다. 이것은 우리가 자아라고 하는 숨 막힐 것 같은 벽장 속에 갇혀서 순식간에 요리해 내는 잡담 같은 일화와는 참으로 다른 것이다.

물론 모든 이야기가 정직한 것은 아니다. 삶에서 도피하도록 유혹하는 감상적인 이야기도 있고, 어떤 대의에 참여하도록 부추기거나 전형적인 반응을 보이도록 강제하는 선전용 이야기도 있고, 삶을 그저 근사하게 기분 전환용으로 제시하는 하찮은 이야기도 있다.

그리스도인의 삶은 그 내용에 적합한 형식 즉 기독교의 계시에 잘 맞고 각 사람의 존엄성과 자유를 존중하면서도 우리의 모든 특이한 습성과 개성들을 담을 만큼 충분한 여유가 있는 형식을 요구한다. 그리고 이야기는 바로 그러한 형식을 제공해 준다. 성경의 이야기는 죄에 의해 제한될 수밖에 없는 우리의 필요나 우리 문화에 의해 제한된 야망보다 더 진실한 무엇에 참여하도록 우리를 초대한다. 우리는 이러한 이야기에 들어가서, 우리가 원하든 원하지 않든 하나님의 생명에 참여하고 있는 우리 자신을 보게 된다.

불행히도 우리는 이야기가 성경 최전방의 두드러진 자리에서 곁길로 밀려나 '예화'나 '증언' 혹은 '영감'으로 지위가 하락한 시대에 살고 있다. 오늘날 교회 안팎의 사람들은 이야기보다는 정보를 선호하는 비성경적인 기호를 가지고 있다. 자신이 직접 문제를 해결하고 자기 인생을 어떻게 살 것인지 스스로 결정하기 위해서 '과학적' 혹은 '신학적'이라고 과장되게 불리는 비인격적인 정보(교리나 철학, 역사의 형태를 띠는)를 모으는 것이 우리의 전형적인 모습이다. 그리고 우리는 보통 그 정보를 해석해 달라고 외부의 전문가에게 자문을 구한다. 그러나 우리는 정보를 가지고 삶을 사는 것이 아니라, 공식이나 개념 정의로 축소될 수 없는 인격적인 하나님, 정의와 구원을 위해 우리를 향한 계획을 가지신 인격적인 하나님 안에서 관계 가운데 살아간다. 그리고 각각 경험과 동기와 욕망으로 복잡하게 얽혀 있는 남녀들의 확장된 공동체 속에서 산다. 정보를 수집하고 전문가에게 자문을 구하는 삶 속에서 텍스트를 선택하게 되면, 독특하게 **우리**라고 할 수 있는 거의 모든 것이 배제되어 버린다. 즉 우리의 개인적 역사와 관계들, 죄와 죄책, 도덕적 성품과 하나님에 대한 믿음의 순종이 배제되는 것이다. 이야기를 들려주고 듣는 것은, 하루하루의 실재 속에서 살아가고 있는 그대로의 인생을 설명해 주는 최고의 언어 수단이다. 이야기에는 추상적인 것이 거의 없다. 이야기는 직접적이고 구체적이고 플롯이 있고 관계적이고 인격적이다. 그래서 자기 삶 및 자기 **영혼**(도덕적이고 영적인, 그리고 하나님의 인격성이 구현된 삶)과의 접촉을 잃어버렸을 때 다시 그 접촉을 회복하게 해주는 최선의 언어 수단이 바로 이야기다. 그렇기 때문에 하나님의 말씀은 거의 대부분 이야기의 형식으로 우리에게 주어졌다. 이 광대하고 모든 것에 우선하고 모든 것을 망라하는 이야기, 즉 메타 이야기로 주어진 것이다.

성경의 이야기꾼들이 가지고 있는 특징적인 표시 중 하나는 과묵함이다. 그들의 이야기에는 무언가 간소하고 넉넉하지 않은 특성이 있다. 그들은 우리에게 지나치게 많은 것을 알려 주지 않는다. 그들은 서술에 많은 공백을 남겨 놓는데, 이 공백은 우리가 지금 모습 그대로 직접 이야기 안으로 들어가서 자신이 거기에 어떻게 들어맞는지 스스로 찾아보라고 하는 암묵적 초대다. "성서의 이야기는 호메로스의 이야기처럼 우리의 총애를 사려고 하지 않으며, 우리를 즐겁게 해주고 매혹시키겠다고 아첨하지 않는다. 그 이야기는 우리를 복종시키고자 하는데, 복종하기를 거부한다면 우리는 반역자가 된다."[2]

언어가 우리에게 주어지는 형식은 그 내용만큼이나 중요하다. 그 형식을 오해하면 거의 확실하게 그 내용에 잘못 반응할 것이다. 야채 스튜를 위한 조리법을 땅속에 묻힌 보물을 찾기 위한 일련의 단서로 오해한다면, 아무리 자세히 그것을 읽는다 하더라도 우리는 그 어느 때 못지않게 가난할 것이며 게다가 배고프기까지 할 것이다. 우리가 '제한 속도 90'이라고 쓰인 고속도로 푯말을 "시속 90킬로미터 이상의 속도로 운전하시 마시오!"라고 하는 엄숙한 명령으로 보지 않고 아무렇게나 던져진 정보로 본다면, 우리는 결국 차를 길가에 대고 경찰에게 간략하지만 매우 비싼 해석학 수업을 받게 될 것이다. 일반적으로 우리는 이러한 판별력을 일찍부터 배우며, 의미를 결정할 때 형식과 내용에 동등한 무게를 둘 수 있게 된다.

그러나 성경의 경우에는 그만큼 잘 해내지 못한다. 성경이 우리에게 너무도 권위적으로 다가오기 때문에(**하나님의 말씀이니까!**) 우리가 할 수 있는 것이라고는 굴복하고 순종하는 것밖에 없다고 생각하는지도 모른다. 물론 굴복과 순종이 큰 부분을 차지하는 것은 사실이지만 우리는 먼저 들어야 한다. 그리고 듣는다는 것은 **무엇**(내용)을 말하느냐뿐만 아니라 **어떻게**(형식) 말하느냐도 듣는 것이다.

우리가 이야기에 굴복할 때 그것을 단순히 이야기로 받아들이지 않으면 이야기는 잘못 해석되고 만다. 신적 계시가 그토록 평범한 옷차림으로 나타나 무방비 상태에 있는 우리를 침범할 때, 우리는 거기에다가 신학이라고 하는 최신 유행의 실크 가운을 입히거나 윤리학이라고 하는 견고한 정장을 입히는 것이 우리의 우선적인 임무라고 착각하게 된다. 그래서 이야기는 마치 사울의 갑옷을 입은 다윗처럼 도덕적 충고와 신학적 구조물과 학문적 토론으로 이내 덧입혀져서 움직이기도 힘들 지경이 된다. 물론 그 이야기들에는 연구하고 규명해야 하는 도덕적, 신학적, 역사적 요소들이 늘 있기 마련이지만, 그것이 전달되는 이야기와 상관없이 이루어져서는 안 된다.

아브라함과 사라, 모세와 미리암, 한나와 사무엘, 룻과 다윗, 이사야와 에스더, 마리아와 마르다, 베드로와 바울의 삶에서 우리의 삶을 '읽는' 법을 배움으로써 얻게 되는 여러 가지 환영할 만한 결과들 중 하나는 확신을 얻고 자유를 느끼는 것이다. 우리가 하나님의 동반자로 받아들여지기 위해서 먼저 미리 조립된 도덕적, 정신적, 종교적 틀에 들어맞아야 하는 것은 아니다. 우리는 있는 모습 그대로 진지하게 받아들여지며 하나님의 이야기 속에 자리를 얻는다. 궁극적으로 그 모든 이야기는 **하나님의** 이야기이기 때문이다. 그러므로 우리 인생의 이야기에서 우리 중 그 누구도 주인공이 아니다.

성경을 텍스트로 사용하는 영성 신학은 우리에게 도덕적 규칙을 제시해 주면서 "여기에 맞게 살라"고 말하지 않는다. 혹은 교리 체계를 제시하면서 "이렇게 생각하면 잘 살 것이다"라고 말하지도 않는다. 성경적인 방식은, 이야기를 들려주고 그렇게 함으로써 이야기 안으로 초대하는 것이다. "이 **안으로** 들어와 살라. 하나님이 만드시고 하나님이 다스리시는 이 세상 속에서 인간이 된다는 것은 바로 이런 것이다. 인간이 되어 가고 인간으로 성숙한다는 것이 이런 것이다." 우리가 얻어낼 수 있는 것을 위해서, 혹은 밋밋한 생활에 색채와 양념을 더해 줄 것이라고 생각하는 어떤 것을 끌어내기 위해서 그것을 '이용'할 때 우리는 성경의 계시를 침해하게 된다. 그것은 늘 일종의 '장식 영성'을 낳게 된다. 하나님을 자기 향상의 도구로 이용하는 것이다. 그리스도인들은 그러한 것에는 관심이 없는 사람들이다. 우리는 그것보다 훨씬 더 큰 무엇을 추구한다. 우리 삶을 성경에서 읽는 내용에 굴복시키면, 우리 이야기에서 하나님을 보는 것이 아니라 하나님의 이야기에서 우리 이야기를 보게 될 것이다. 하나님은 우리의 이야기가 진정한 이야기가 되는 더 큰 배경이며 플롯이다.

인간으로서 형성되는 것이 제한받지 않고 **우리**가 아닌 어떤 것이 되도록 강요당하지 않기 위해서는 충분히 크고 충분히 유연한 형식이 필요하다. 그렇다면 성경이라는 단 하나의 책에 우리를 국한시키게 되면 위에서 우려한 바로 그러한 변형이 일어날 위험을 초래하지 않을까? 우리가 이 책의 범위를 벗어날 정도로 성장할 위험이 있는 것은 아닐까? 이 오래 된 옛날 책이 낯설고 강압적으로 느껴지는 삶의 방식들을 우리에게 부과할 위험은 없는 것일까? 보조 교재로 우리의 기초를 다져야 하는 것은 아닐까? 편협하고 제한적이고 우리가 이미 오래 전에 탈피한 가부장적인 세계관을 제시한다는 이유로 성경을 삶의 권위 있는 텍스트로 삼는 것에 반대하는 사람들이 제법 있다.

우리는 세상을 다 포괄하고 모든 경험을 다 망라하는 영성을 원한다. 우리는 삶을 아주 광범위한 것으로 생각한다. 우리는 아시아인들과 아프리카인들 그리고 슬라브족들을 만나게 되고, 미국 원주민들과 남미 사람들도 접하게 된다. 우리는 호주 오지의 원주민 부족이나 남아프리카의 칼라하리 주민들의 놀라운 영성에 대해서 알아 가고 있다. 어떻게 우리가 단 한 권의 책에 매인 사람이 되는 것에 만족할 수 있겠는가?

그러나 어쩌면 우리는 잘못된 질문을 하고 있는지도 모른다. 우리는 더 큰 삶 안으로 들어가기 위해서 우리가 어떠한 방법들을 취하고 있는지 물어야 하는지도 모른다. 세계를 돌아다니면서 수공품과 기념품을 수집해서 집으로 가져와 박물관이나 작업실을 만들고 거기에서 최대한 많은 것들과 시각적이고 감각적인 접촉을 가지려고 하는가? 아니면 다른 방식이 있는 것일까? 크다는 것은 여기저기에서 많은 물건들을 획득하는 것으로 생겨나는 것일까, 아니면 가까이 있는 것 속으로 더 깊이 들어감으로써 생겨나는 것일까? 우리는 기업 인수합병으로 자신의 표시를 남기고, 자신이 건드리는 모든 것을 비인격화된 궁극적 추상물인 돈으로 바꾸기 위해서 지역 문화와 가족 관계를 통제하되 무시하는 다국적 기업들과 유사한 영성 텍스트를 만들고 있는가? 아니면 뒷마당에 있는 이미 주어진 것들 속으로 푹 빠져 들고, 이 세상을 구성하고 이 세상에 살고 있는 복잡한 것들과 끊임없는 유기적 관계들 속으로 들어가는가? 미국의 성인으로 인정받는 헨리 데이비드 소로우(Henry David Thoreau)는 "콩코드에서 상당히 많은 여행을 했다"[3]고 기록했다(콩코드는 그가 평생 동안 살았던 뉴잉글랜드의 작은 마을이다). 하버드 대학의 유명한 생물학자이자 교수인 루이스 애거시즈(Louis Agassiz)에 대해 전설처럼 내려오는 이야기에 의하면, 여름 방학이 끝나고 강의실로 돌아온 그가 학생들에게 여름 내내 여행한 이야기를 들려주면서 자기 집 뒷마당의 중간 지점까지 갔었다고 말했다고 한다. 나는 성경 속을 폭넓게 돌아다녀야 한다고 주장하고 싶다. 성경은 광대한 세상의 계시이기 때문이다. 이 세상은 벼룩시장에서 사 모은 텍스트들에 기초해서 우리가 스스로 만들어 내는, 죄로 제한되어 있고 자기로 한정되어 있는 세상보다 훨씬 크다.

그러나 크고 넓은 것은 성경을 학문적으로 연구해서 얻은 내용을 축적하는 것에서 나오는 것이 아니라, 그것의 형식을 깨닫는 것에서 비롯된다. 기독교 영성 분야에서 20세기 최고의 신학자인 한스 우르스 폰 발타자르(Hans Urs von Balthasar)는 영성에서 무엇인가를 형성하는 것은 바로 형식이라고 주장했다.

> 내용['게할트', *Gehalt*]은 형식['게스탈트', *Gestalt*]의 이면에 있는 것이 아니라 그 안에 있다. 형식을 보고 '읽지' 못하는 사람은 내용도 인식하지 못할 것이다. 형식을 통해서 조명을 받지 못하는 사람은 내용에서도 아무런 빛을 발견하지 못할 것이다.[4]

성경이라고 하는 이야기는, 폭넓게 볼 때 예수님을 따르는 것에 대한 이야기다. 기독교 공동체는 언제나 이 이야기를 단지 다른 여러 이야기 중의 하나로 읽은 것이 아니라, 모든 이야기를 포용하는 혹은 포용할 수 있는 메타 내러티브로 읽었다. 우리가 이 형식의 폭넓음을 깨닫지 못한다면, 성경의 텍스트를 십중팔구 '영감'을 주는 일화로 다루거나 아니면 상대방을 논박하는 책으로 다루게 될 것이다.

우리의 영성 텍스트가 증언하는 광대하고 포용적인 계시의 세상은 내러티브의 형식을 가지고 있는데, 그것은 결코 세분화하거나 사유화해서는 안 된다. 성경을 마치 실험실의 표본처럼 해부하거나 분석함으로써 그것을 **세분화하면** 형식은 모호해지고 만다. 성경의 모든 세부 내용은 끝도 없이 추구할 가치가 있으며, 이 텍스트에 기울이는 그 어떠한 학자의 주의력도 헛되이 낭비되지 않을 것이다. 그러나 실험실 기술자의 비인격적 객관성이 연인들의 서로 흠모하는 연애 관계를 대체하게 되면, 상황에 따라서 편리하게 사용할 수 있도록 정리된 정보로 가득 찬 서랍만 남게 될 것이다. 그러면 그것은 더 이상 계시로서 기능하지 않게 된다. 너무도 많은 현대의 영성들이 기술의 시대에 걸맞게 기술에 집착하고 있다. 만약 기독교의 성경을 단지 계몽을 위한 또 하나의 도구나 권력이 되는 지식을 얻는 길로서만 다룬다면 신성모독을 범하게 된다. 우리가 성경을 **사유화**해서 그것을 흔히 '영감'이라고 습관처럼 부르는 것을 얻기 위해서 사용할 때에도 우리는 형식을 모호하게 만든다. 성경에는 당연히 인격성이 있다. 우리는 인격적으로 명령을 받고 복을 받으며, 꾸지람을 듣고 위로를 받으며, 경고를 받고 인도를 받는다. 그러나 인격적인 것은 사적인 것과는 다르다. 사적인 것은 소유하고 격리시키며, 개인적으로 통제하거나 사용하기 위해서 공동의 선으로부터 분리된다. 그러므로 사유화는 훔치는 행위다. 성경을 사유화하는 것은 하나님의 계시라는 공동의 화폐를 횡령하는 것이다. 성경은 결코 그와 같이 다루어서는 안 되는 것이다. 계시는 우리 자신으로부터 우리를 끄집어내며, 우리가 맹렬히 지키는 개인성으로부터 우리를 끄집어내어서 책임과 공동체와 구원의 세계, 하나님의 주권의 세계로 들어가게 한다. 그 세계를 일컫는 성경의 주요한 은유는 바로 '왕국'이다.

그래서 교회 공동체는 매우 강력하고도 영속적으로 우리를 형성하는 이 내러티브 형식에 주의를 기울일 것을 지속적으로 주장한다. 때로 우리는 성경이 여러 종류의 글로 구성된 도서관이라는 말을 듣는다. 시와 찬송, 설교와 편지, 환상과 꿈, 족보와 연대기, 도덕적 가르침과 충고와 잠언 그리고 이야기로 구성되어 있다는 말을 듣는다. 하지만 사실은 그렇지 않다. 그 **모든** 것은 이야기에 뿌리를 박고 있다. 폰 발타자르는 이렇게 표현했다. "성경의 옛 묵상가들은 개별적 형식 안에서 전체적 형식을 보는 기술을 소유하고 있었고, 그 개별적 형식 안에서 전체적 형식을 조명하는 기술을 가지고 있었다. 그러나 이것은 자연스럽게, 문학적이 아니라 영적인 전체성을 이해할 것을 전제한다.…"[5]

형식과 분리된 채 우리에게 주어지는 것은 아무것도 없다. 성경 전체는 "가차 없이 내러티브적이다."[6] 그리고 우리는 내용을 바꾸거나 왜곡하지 않고서는 형식을 바꾸거나 버릴 수 없다. 이 성경적 내러티브는 모든 것을 모아들이며, 처음과 끝, 플롯과 등장 인물의 발전, 갈등과 해결을 제공한다. 기독교 역사의 거의 모든 시기에 성경을 주의해서 읽는 독자들은 성경의 여러 목소리와 다양한 관점들이 모두 내러티브 형식 안에 담겨 있고 그 형식에 의해 일관성이 주어진다는 것을 알았다. 비일관성과 불협화음으로 일그러진 것을 펴려고 노력하는 대신에 우리는 공명과 반향과 반복되는 유형을 주의해서 들어야 한다. 고정되고 분류된 사실이 아니라, 삶으로 구현된 진실의 복잡함이 얽혀 있는 것을 들어야 한다.

또한 우리는 그 이야기 속에서 우리 자신도 발견하게 된다. 이 메타 내러티브는 우리를 내러티브 안으로 끌어들인다. 좋은 이야기꾼은 우리의 상상력을 동원하게 함으로써 우리를 부추겨 자신이 들려주는 이야기 속에 참여하게 만든다. 이야기를 잘 들려주면 우리는 자신이 보통 점유하고 있는 것보다 더 진실하고 더 큰 세상으로 끌려 들어가게 된다. 그러나 그 세상은 낯선 세상이 아니다(실재를 비인격화하고 조작함으로써 우리를 속이는 도피성 오락은 예외라 할 수 있겠다. 공포 이야기, 할리퀸 로맨스 소설, 포르노, 선전 등이 그 예다). 좋은 이야기 기법은 오래전부터 바로 곁에 있었지만 알아채지 못했거나 중요하다고 생각하지 못했거나 혹은 우리와 상관이 없다고 생각했던 것에 우리를 참여시킨다. 그럴 때 비로소 우리는 **거기에** 있는 것 그리고 늘 거기에 있었던 것에 눈을 뜨게 되는 것이다. 우리가 날마다 일하고 자고 노는 세상을 떠나지 않고서도 우리는 자신이 훨씬 더 큰 세상에 속해 있음을 발견하게 된다. 그리고 자신의 고용주나 스승, 부모나 자녀, 친구나 이웃이 우리에게 말해 주었던 것을 훨씬 능가하는 연결성과 의미와 중요성을 삶으로 수용하게 되는 것이다. 성경은 단지 내러티브 **형식**만으로도 우리를 실재 안으로 끌어들이며 그 실재 안에서 우리는 우리 인간성을 구성하는 재료 자체와 접촉하게 된다. 정말 중요한 것은 우리의 뼛속 깊이 느끼는 바로 그것이다. 이 이야기는 하나님을 지각하고 하나님으로 가득 차 있는 세상이며, 하나님이 하셨거나 하시지 않은 말과 하나님의 보이지 않는 임재와 지각된 임재가 배어 들어 있는 세상이기에, 우리는 우리가 이 세상을 위해 만들어졌고 이 세상에 진정으로 속해 있음을 알 수 있다. 머지않아 우리는 상상력에 의해서(여기에서도 상상력과 믿음은 가까운 친척이다) 자신이 이 이야기 속으로 들어가고 있음을, 플롯 안에서 우리 자신의 자리를 차지한 채 예수님을 따르고 있음을 알게 된다.

오늘날 우리는 이야기가 빈약한 세계에 살고 있다. 따라서 우리가 읽는 이야기에서 '진실'을 뽑아 내는 나쁜 버릇을 들인 사람이 많다는 것은 그다지 놀랍지 않다. 우리는 다양한 상황에서 자신이 마음대로 사용할 수 있는 '원칙'을 요약한다. 우리는 포스터의 표어나 책상 위에 올려 놓는 좌우명으로 사용할 '교훈'을 정제해 낸다. 학교에서 소설과 희곡 시험을 통과하려면 그렇게 해야 한다고 가르침을 받는다. 그러니 성경을 읽을 때에도 여전히 이야기를 훼손하는 추상화의 관습을 유지하는 것도 놀라운 일이 아니다. '이야기'는 심각하지 않다. '이야기'는 아이들을 위한 것이고 모닥불 주위에 둘러앉았을 때나 하는 것이다. 그래서 우리는 계속해서 이야기를 정보와 동기를 표현하는 '심각한' 말로 전환하고, 우리의 인생을 크고 일관성 있게 만들기 위해서 제공되는 형식을 잃어버렸다는 사실을 거의 눈치 채지 못한다. 영성을 만들어 가는 우리의 텍스트가 '진실'과 '통찰'이라는 형체 없는 조각들로, 정보와 동기라고 하는 해체된 뼈로 축소되어 버린다.

다시 한 번 말하지만, 성경이 쓰인 방식(자신의 플롯 안으로 우리를 끌어당기고, 처음부터 끝까지 그 발전 과정 속에서 우리가 차지하는 자리를 보여 주는 이 거대하고 넉넉한 공간을 가진 이야기인 내러티브)은 모든 면에서 성경 안에 쓰인 내용만큼이나 중요하다.[7] 성경의 어느 부분이든 그것을 읽으려면 성경 전체가 필요하다. 모든 문장이 이야기 속에 뿌리를 박고 있으며 각 문장은 이야기와 분리되어서는 정확하고 완전하게 이해할 수 없다. 그것은 우리가 하루를 지내면서 말로 내뱉는 문장을 우리의 관계와 문화 그리고 우리가 자녀와 부모, 친구와 적, 고용주와 고용인, 하나님과 이야기하는 다양한 방식과 따로 떼어서는 이해할 수 없는 것과 마찬가지다. 성경을 폭넓게 읽을 것을 우리에게 아주 잘 가르쳐 준 노스롭 프라이(Northrop Frye)는 이렇게 말했다.

> 문장[성경에 나오는 어떤 문장이든]의 직접적 맥락은 그 앞뒤의 문장일 수 있지만 그 지점으로부터 300페이지 정도 떨어진 어느 문장일 수도 있다. 이론적으로 말하자면 모든 문장이 성경 전체의 열쇠다. 이것은 성경에 대한 사실적 진술은 아니지만, 17세기 영국의 일부 설교자들처럼 성경을 탁월하게 이해했던 설교자들의

태도를 설명하는 데 도움이 된다. 예를 들어 존 던의 설교에서 우리는, 마치 촛불을 든 안내자처럼 그 텍스트가 어떻게 우리를 성경의 광대한 미로로 이끌고 가는지를 볼 수 있다. 던에게 성경은 자신이 설교를 하고 있는 성당보다 무한히 큰 구조였다.[8]

문장

우리로 하여금 하나님의 거대한 세계에 자리 잡게 해주고 예수님을 따르는 일로 우리를 초청하는 이야기는 문장 하나하나를 통해 전달되었다. 대체로 걷고 따르는 일에는 의도적인 생각이 필요 없다. 그것은 조건 반사를 사용하는 일인데, 이 조건 반사는 인생의 첫 몇 년 동안에 습득되는 근육과 신경의 조합이다. 우리는 한 발 앞에 다른 한 발을 놓아야 한다는 것을 따로 의식하지 않으면서 걷는다. 우리는 이야기도 같은 방식으로 읽는다. 마침표마다 혹은 동사 시제마다 멈추어서 깊이 생각할 필요 없이 다음 문장으로 넘어간다.

그러나 가끔씩 생각 없이 걷다 길을 잘못 들어 다시 방향을 잡아야 하는 것처럼, 그리고 생각 없이 걷는 중에 가끔씩 누군가가 끼어들어 도중에 놓친 것들, 꽃, 새, 얼굴 등 수많은 중요한 내용들을 일깨우는 바람에 멈춰서 깜짝 놀라며 주변을 둘러보는 것처럼, 성경을 읽을 때에도 마찬가지의 일이 일어난다.

이야기 속을 지나가면서 우리의 삶을 발견하고 예수님을 따를 때, 우리는 때로 멈추어 서거나 혹은 무엇인가가 우리를 멈추어 서게 해서 그 이야기를 구성하는 내용들에 주의를 기울이게 된다. 우리는 우리가 맺는 관계들에 단어를 전달하는 문장에 주의를 기울인다. 단어는 결코 그냥 단어가 아니다. 그것은 정신과 의미, 에너지 그리고 진실을 전달한다. 주해란 텍스트에 주의를 기울이고 그것을 제대로 잘 듣는 훈련이다.

주해는 이 텍스트와 우리의 관계에 또 다른 영역을 소개해 준다. 우리는 이야기로서의 텍스트를 따라다니며 자신보다 더 큰 어떤 것에 참여하게 되고, 이야기가 자기 마음대로 어디든 우리를 데려가게 내버려 둔다. 그러나 주해는 집중된 주의력이며, 질문을 하고 가능한 의미들을 분류해 낸다. 주해는 엄격하고 훈련된 지적인 작업이다. 주해가 '영적'이라는 생각은 거의 들지 않는다. 소위 영성에 '빠진' 사람들은 종종 주해를 대수롭지 않게 여기고 영감과 직관에 의존하는 것을 더 좋아한다. 그러나 하나님 백성의 공동체 안에서 오랜 역사를 통해 폭넓게 형성된 여론은 늘 성실하고 신중하게 주해를 해야 한다고 주장했다. 오랜 시간을 들여 이 텍스트에 학문적인 주의를 기울이라! 모든 영성의 대가들은 주해의 대가였고 지금도 그렇다. 이 텍스트 속에서는 많은 일이 일어나고 있는데 우리는 그 어떤 것도 놓쳐서는 안 되며, 마치 몽유병자처럼 이 텍스트를 그냥 지나쳐서도 안 된다.

말로 이루어진 문장은 참으로 놀라운 것이다. 말은 드러낸다. 우리에게 실재가 제시되는 것이다. 우리의 세계를 더 크게 해주고 우리의 관계를 더 풍요롭게 해주는 진실이 제시된다. 말은 우리를 자신으로부터 끌어내어 시간과 공간, 사물과 사람의 더 큰 세상과 반응하는 관계로 들어가게 해준다.

그러나 말로 된 문장은 또한 매우 신비롭기도 하다. 말은 숨긴다. 말은 속이고 현혹하는 데 사용될 수 있다. 우리가 하는 모든 언어의 경험은 '바벨 이후의' 것이다. 언어와 관련된 많은 경험이 언어의 오용과 관련된 것이다. 우리가 안다고 생각하는 그 어떤 단어가 텍스트에 나올 때 그것이 서로 같은 말이라고 우리는 가정할 수 없다. 그리고 앞 장에서는 이런 의미로 사용된 단어가 뒷장에서는 퍽 다른 방식으로 사용된 것을 보았을 때 우리는 혼란을 느끼게 된다.

그것뿐만 아니라 언어는 끊임없이 변한다. 지난 주에 어떤 방식으로 사용된 말이 그 다음 주에 같은 방식으로 사용될 것이라고 확신할 수 없다. 그런데 성경의 텍스트와 우리 사이에는 일주일이 아니라 2,000년 그리고 3,000년이라는 시간이 놓여 있다. 이는 사전이 미처 따라잡기 힘든 간격이다.

이러한 모든 이유 때문에 우리는 결코 주해를 등한시할 수 없다. 성경의 분문은 복합적이며 그것을 이해하려면 수고가 필요하다. 하나님의 계시에서 제일 중요한 증언은 구약과 신약 성경 즉 구약 성경의 토라와 선지서 그리고 기타 성문서, 신약 성경의 복음서와 서신서 그리고 요한계시록이다. 이것은 히브리어와 아람어 그리고 헬라어로 기록되었는데, 이 언어들은 다른 모든 언

4. 형식으로서의 성경

어와 마찬가지로 나름의 특이한 방식으로 명사를 변화시키고, 동사를 활용하고, 이상한 곳에 접속사를 집어넣고, 문장 안에서 단어를 배열한다. 그리고 이것은 양피지와 파피루스 종이에 펜과 잉크로 기록되었다. 그리고 팔레스타인과 이집트와 시리아 그리고 그리스와 이탈리아에서 기록되었다.

성경을 통해 형성되기 위해서 우리 모두가 이것을 다 알아야 하는 것은 아니다. 그러나 예수님을 따르면서 우리의 내면과 주변에 주의를 기울이는 법을 배울 필요는 있다. 주해가 학자들만의 특별한 활동인 것은 아니다. 비록 우리를 대신해서 일을 해주는 이 학자들이 절실하게 필요한 것은 사실이지만 말이다. 어쨌거나 우리는 어떤 사람들이 생각하는 것처럼 상형문자를 해독하는 사람들이 아니다. 주해는 단순히 말이 우리에게 요구하는 것, **언어**가 우리에게 요구하는 것을 알아보고 그것에 적절하게 반응하는 것이다. 그런데 그 적절한 반응은 결코 단순하지 않다!

종교개혁가들은 성경의 '명료성'을 주장했는데, 이 말은 본질적으로 성경은 평범한 사람도 이해할 수 있으며 그것을 해석하기 위해서 교황이나 교수가 필요한 것은 아니라는 뜻이다. 본질적으로 성경은 학자나 특권 있는 성직자를 의지하지 않고서도 우리가 알 수 있는 것이다. 웨스트민스터 신앙고백이 말하는 것처럼 "구원을 위해서 알아야 하고 믿어야 하고 준수해야 하는 것들은 성경의 이곳저곳에 너무도 명쾌하게 제시되고 열려 있기 때문에 학식 있는 사람뿐만 아니라 배운 것이 없는 사람도 평범한 수단을 통해서 그것을 충분히 이해할 수 있다."[9] 로마가톨릭 학자인 발타자르는 성서의 명료성과 관련해서 종교개혁가들과 같은 입장을 취했으며, "하나님의 말씀은 단순하고 명쾌하며, 그 누구도 말씀에 직접 접근하는 것을 방해받거나, 말씀과의 접촉이 흐려지거나 모호해져서는 안 된다. 이러한 일은 학자들이 자기 자신과는 상당히 다르게 텍스트를 해석하고 또한 자신보다 더 정확하게 해석한다는 생각에서 비롯되는 여러 문제와 움츠러드는 마음 때문에 생긴다"라고 완강하게 주장했다.[10]

하지만 그렇다고 해서 신중함이 필요하지 않다는 말은 아니다. 모든 책은 각각 나름의 방식으로 기록되었으며 일반적으로 신중한 독자는 그 방법을 찾을 때까지 오랫동안 그 책을 이리저리 천천히 그리고 신중하게 살펴봄으로써 책을 읽는 법을 배우기 시작한다. 신중한 독자(주석가!)는 조심스럽게 읽어 나가면서 그 책 자체가 가르쳐 주는 방식을 배울 것이다. 왜냐하면 우리가 가진 성경은 시간을 초월한 불멸의 산문으로 구성된 것이 아니라는 점이 곧 명백해지기 때문이다. 성경은 지방의 역사와 시골 사투리의 기이함과 특이성이 다 삭제된 초(超) 영적인 천사의 언어로 된 것이 아니다. 거기에는 정확하게 분석해야 하는 동사들이 있고, 지도에서 찾아보아야 하는 도시와 계곡들이 있고, 오래 전에 잊혀져 이해가 필요한 관습들이 있다.

이것은 매우 성가신 일인데, 특히나 영적인 것을 좋아하는 사람들에게는 더욱 그렇다. 교회 주차장에서 어슬렁거리다가 혹은 인터넷을 뒤지다가 '영적'이라는 말을 주워들은 사람들이 영적인 것에 끌리게 되면, 그것이 자신에게 약간의 특권을 부여해 주고 주해 작업의 성가심을 면제해 준다는 생각을 버리기란 쉽지 않다. 우리는 자신이 하나님의 방식을 속속들이 안다고 생각하기 쉬우며, 우리의 생각과 통찰들을 확인해 주는 직관에 의존하게 된다. 그렇게 하다 보면 우리는 이제 어휘와 문법에 지루하게 의존하는 것에서 졸업했다는 생각이 든다. 어쨌거나 우리는 텍스트의 비법을 전수받아 하나님이 행간에서 속삭이시는 것을 듣는 기술을 계발하는 사람들이 아닌가. 신문 칼럼니스트 엘런 굿맨(Ellen Goodman)이 한때 말한 것처럼, 우리는 머지않아 성경을 종교적 텍스트라기보다는 로르샤흐 검사(Rorschach test, 잉크 얼룩 같은 도형을 해석해서 사람의 성격을 판단하는 검사—역주)로서 사용하게 되며, 거기에서 무엇을 읽어 내기보다는 우리의 해석을 더 주입하게 된다.[1] 머지않아 우리는 '영적'이라는 단어를 무엇보다도 자기 자신과 자신의 생각을 언급하기 위해서 사용하고, 부수적으로 그리고 우연하게만 하나님을 언급하게 될 것이다.

그러나 아무리 성가시더라도 우리는 어쩔 수 없이 주해를 해야만 한다. 우리에게는 읽고 주의를 기울여야 하는 기록된 말씀이 있다. 그것은 하나님의 말씀 혹은 우리가 하나님의 것이라고 믿는 말씀이며, 따라서 제대로 알아야 한다. 주해는 말을 제대로 이해하기 위한 신중한 행위이며 기독교 영성의 기초다. 기초는 건물이 세워지면서 시야에서 사라지지만, 건축자들이 견고한 기초를 세우지 않는다면 그 건물은 오래가지 못한다.

우리는 무심코 언어를 사용하기 때문에 언어를 가볍게 취급하기 쉽다. 그러나 언어를 이해하는 것은 끊임없이 어려운 일이다. 우리는 인생의 초창기를 언어를 배우는 데 보냈지만, 이제 그 언어에 통달했다고 생각하는 바로 그 순간에 배우자가 "내가 하는 말을 하나도 이해 못하지, 그렇지?"라고 말한다. 자녀들에게 말하는 법을 가르치고 이제는 그들이 이해할 것이라 생각하는 바로 그 때에 자녀들은 우리와의 대화를 포기한다. 그러다가 자녀들이 자기 친구들과 나누는 이야기를 엿듣게 되면, 자신이 그들이 쓰는 단어의 십중팔구는 못 알아듣고 있음을 알게 된다. 친밀한 관계가 이해를 보장하는 것은 아니다. 사실, 관계가 가깝고 친밀할수록 우리는 정확하게 듣기 위해서, 철저하게 이해하기 위해서, 적절하게 대답하기 위해서 더 많은 신중을 기해야 한다.

이 말은 우리가 더 '영적'으로 될수록, 더 신중하게 주해를 해야 한다는 뜻이다. 기독교 신앙 안에서 더 성숙해질수록 우리는 더 엄격하게 주해를 해야 한다. 이것은 우리가 마치고 졸업할 수 있는 과정이 아니다. 우리에게 주어진 성경의 말씀은 그 텍스트를 오염시키는 개인적 기호와 문화적 가정, 죄의 왜곡, 무식한 추측으로 계속해서 덧칠되고 있다. 오염 물질은 언제나 대기 중에 있으면서 성경에 먼지가 쌓이게 하고 우리의 언어 특히 믿음의 언어를 부식시킨다. 주해는 말씀을 깨끗하게 해주는 먼지떨이나 솔, 혹은 면봉이다.

성경 독자라면 몇몇 주해의 거장들과 사귀어 두는 것이 유용할 것이다. 그렇게 하는 가장 쉬운 방법은 그들이 쓴 주석서를 사용하는 것이다. 성경 주석들은 대체로 목사와 교사들이 설교나 강의를 준비하기 위해서 사용한다. 주석은 보통 '도구'로 다루어지지만 그것에는 평범한 성경 독자들도 발견할 수 있는 보물이 담겨 있다. 주어진 과제를 준비하기 위해서라기보다 단순히 예수님을 따르는 데 방향과 자양분을 얻기 위해서 이 텍스트를 읽는 대부분의 사람들은, 성경 주석서가 평범한 그리스도인들이 평범하게 읽을 수 있는 책이라는 사실을 너무도 오랫동안 간과해 왔다.

나는 소설책을 읽는 것처럼 처음부터 끝까지 아무것도 건너뛰지 않고 주석서들을 읽을 것을 권한다. 주석서들이 플롯이나 등장 인물의 발전 면에서 취약하다는 것은 인정하지만, 말과 구문에 대한 성실한 주의력만큼은 충분하다. 플롯과 등장 인물(구원의 플롯과 등장 인물인 메시아)은 주석서 곳곳에 암시되어 있으며 수십 장, 심지어 수백 장에 걸쳐 아무런 언급이 없을 때조차도 여전히 건재한다. 고어가 되어 버린 명사와 동사들이 여러 세기 동안 학식 있는 사람들 사이에서 지적인 담론을 불러일으키는 능력은 여전히 감탄의 대상이다.

성경에 열정을 품은 사람들이 주석을 읽는 것은 마치 축구 경기가 끝난 후에 축구팬들이 동네 술집에 모여서 자신들이 막 보고 나온 경기의 내용을 끝도 없이 반복해서 이야기하고, 각자의 견해를 가지고 논쟁을 벌이고(심지어 싸우기까지 하고), 선수들에 대한 잡담으로 그 대화를 장식하는 것과 비슷하다고 나는 늘 생각했다. 얼큰하게 취해서 떠드는 이 대화 속에서 명백하게 나타나는 지식의 수준은 매우 인상적이다. 이 팬들은 수년 동안 경기를 보아 왔고, 선수들의 이름도 그들에게는 매우 친숙하며, 규칙의 세세한 부분까지도 다 알고 있고 규칙의 미묘한 차이들은 모두 경기장에서 직접 익힌다. 그리고 그들은 경기에서 일어나는 일에 대해서 상당한 관심을 가진다. 끝도 없어 보이는 그들의 해설은 그들이 얼마나 관심을 가지는지를 보여 주는 증거다. 나도 그들처럼, 주석서에서 그저 정보만을 얻는 것이 아니라, 아는 것 많고 경험 많은 친구들과의 대화를 즐기면서 성경의 텍스트를 면밀히 조사하고 관찰하고 질문한다. 창세기에서 요한계시록까지 장엄하게 펼쳐져 있는 이 플롯에 마음을 빼앗긴 채, 죽음과 부활을 통해서 우리 모두를 구원하시는 메시아의 임재에 사로잡힌다. 거기에는 보아야 할 것과 이야기할 것이 너무도 많다.

물론 모든 주석서가 우리의 요구를 충족시키는 것은 아니다. 그 중에는 하나님이나 이야기에는 하나도 관심이 없어 보이는 학자가 쓴 것도 있다. 그러나 예수님을 따라가는 길에 그 어떤 것도 놓치고 싶어하지 않는 독자들을 위해 훌륭한 동반자가 되어 줄 주석서들은 충분히 많다.[12]

너무나 많은 성경 독자들이, 주해는 헬라어와 히브리어를 배운 사람들이나 하는 것이라고 생각한다. 그것은 사실이 아니다. 주해는 자신의 모국어로 신중하게 그리고 애정 어린 마음으로 텍스트를 읽는 행위일 뿐이다. 헬라어와 히브리어는 충분히 배울 만한 가치가 있지만, 그것을 배울 특권이 주어지지 않았다면 그냥 모국어로 만족하라. 우리가 이 텍스트를 사랑하게 되고 훈련된 지성으로 그것을 읽게 되면 최고의 헬라어와 히브리어 학자들에 크게 뒤지지 않을 것이다. 학식 있는 성경학자들에게 감사하되 그들에게 위축되지는 말라.

주해는 현학적인 것과는 거리가 멀다. 주해는 사랑의 행위다. 그 행위는 말을 올바르게 사용하고자 하는 사람을 사랑한다. 그 행위는 모든 수단을 사용해서 말을 제대로 이해하고자 노력할 만큼 말을 존중한다. 주해는 하나님을 몹시 사랑한 나머지 멈추어 서서 하나님이 하시는 말씀을 신중하게 듣는 행위다. 연인들의 여유로움과 집중력을 가지고, 문장 부호 하나하나를 소중하게 여기고, 이상하게 사용된 전치사를 음미하고, 의외의 위치에 놓인 명사를 보고 즐거워하는 것은 주해의 당연한 결과다. 연인들이라면 서로를 얼핏 보고 얻은 '메시지'나 '의미'만 가지고 친구들한테로 달려가서 그 느낌을 이야기하지 않을 것이다.

그렇게 하는 소위 주석가라고 하는 사람들이 전혀 없는 것은 아니다. 성경이 마치 정보의 창고인 것처럼 취급하고, 우리의 삶 전체가 예수님을 따르는 이야기에 들어맞고 하나님의 영광을 위한 것이 되도록 성경이 이야기의 형식으로 주어졌다고 하는 자명한 사실을 안중에 두지 않는 사람들 말이다.

150년 전에 그와 같이 건조하고 비인격화된, 이야기를 벗어난 지식이 영국인들의 영적인 생활을 뒤덮고 있을 때, 조지 엘리엇(George Eliot)은 「미들마치」(*Middlemarch*)라는 소설에서 카소본이라는 인물을 통해 그와 같은 지성에 대한 모독을 비웃었다. 영국 국교회의 학구적인 신부인 카소본은 종교적 지식에 숙달하고 자신이 숙달한 것을 글로 쓰는 일에 집착하는 사람이었다. 활기가 넘쳐나는 이상주의자였던 젊은 여성 도로시아 브루크는 그의 고상한 추구를 돕기 위해서 그와 결혼했다. 그러나 카소본이 연구하고 쓰는 책들에는 생명이 없었다. 그것은 살아 있는 그 어떤 것과도 상관이 없는 죽은 말이었으며, 무엇보다도 열정적이고 활기 넘치고 생명을 긍정하는 아내와 아무런 상관이 없었다. 도로시아가 자신이 시체와 결혼했음을 깨닫는 데에는 불과 몇 주일밖에 걸리지 않았다.

조지 엘리엇과 동시대인인 로버트 브라우닝(Robert Browning)은, '사는 것이 아니라 알기로 결심한' 자만에 빠져 있고 생기 없는 늙은 주석가를 조롱하는 시 "문법학자의 장례식"(A Grammarian's Funeral)에서 엘리엇의 소설을 능가하는 표현을 했다. 그 문법학자는 "'호티'(*Hoti*)의 문제를 해결했고(그렇게 되라지!)/ '아운'(*Oun*)의 기초를 제대로 놓았고ㅡ/ 허리 아래로는 다 죽은/ 전접어 '드'(*De*)의 교리를 우리에게 주었다."[13]

좀더 최근에는 마리안느 무어(Marianne Moore)가 "증기 롤러에게"(To a Steamroller)라는 시에서 증기 롤러를 은유로 사용하여 고압적이고 생기 없는 방식으로 텍스트를 훼손하는 태도를 폭로했다.

예화는
적용 없이는 너에게 아무것도 아니다.
    너에게는 절반의 재치가 부족하다. 너는 모든 불변화사들을
        눌러 뭉개어
비슷한 것으로 만들어 놓고, 그 위를 돌아다닌다.

반짝이는 바위 조각들은
원래의 바위와 같은 높이로 뭉개진다.
    '미학의 문제를 비인격적으로 판단하는 것이
      형이상학적으로 불가능한 일'이 아니었다면,
그대는 목표를 완벽하게 성취했을 것이다.
그대의 불안에 누가 귀기울일지 도무지
    상상할 수 없으나, 보어의 일치 같은 것이 존재한다 해도
      그것에 대해 질문하는 것은 헛된 일이다.[14]

마리안느 무어는 오빠가 목회하고 있던 브루클린 장로교회에서 주일 아침마다 예배를 드렸다. 그가 자기 오빠를 '증기 롤러'라고 본 것은 아니었겠지만(그가 오빠의 설교와 목회 사역을 호의적으로 보았음을 여러 곳에서 볼 수 있다), 오빠를 통해서 성경에 나오는 말과 문장의 모든 살아 있는 내용과 복잡함을 경멸하고 교리나 대의에 집중했던 당시(1930년대)의 목사들과 학자들의 지배적인 사고방식에 접할 수 있었다. "…너는 모든 불변화사들['말'이라고 해석된다]을…/비슷한 것으로 만들어 놓고, 그 위를 돌아다닌다." 그렇게 그들은 텍스트를 증기 롤러로 뭉개어 온통 평면이고, 사용 가능하고, 실용적이고, 교리적인 것으로, 그리고 죽은 것으로 만들어 버렸다.

그러나 주해는 텍스트에 숙달되는 것이 아니라 텍스트가 우리에게 주어진 대로 그것에 복종하는 것을 의미한다. 주해는 텍스트를 지배하지 않으며 그것을 우월한 지식으로 덮지 않는다. 주해는 텍스트의 세계 속으로 들어가서 텍스트가 우리를 '읽게' 한다. 그리고 주해는 한결같은 겸손의 행위다. 이 텍스트에는 내가 모르는 것, 내가 영원히 모를 것이 너무도 많기 때문이다. 그리스도인들은 문법학자들, 고고학자들, 역사학자들, 신학자들로부터 받을 수 있는 모든 도움을 받아서 그 텍스트에 의해 형성되며 계속해서 그 텍스트로 돌아간다.

그렇다, 겸손이다. 우리가 더 많이 배우고 더 많은 지식을 습득할수록(특히 그것이 성경적 지식, 하나님에 관한 지식일 경우)

우리는 홀로 나서서 자신의 놀라운 지식을 가지고 자신과 다른 사람의 인생을 자신이 원하는 방식대로 운영하려는 유혹에 빠지기가 쉽다. 하지만 이 텍스트는 우리를 훈련하고 준비시켜서 전문성을 갖춘 그리스도인으로서 우월한 계급을 차지하게 하고, 공인을 받은 후에 성경을 잘 모르는 평범한 사람들 사이에서 하나님을 위해 일하도록 하기 위한 것이 결코 아니었다.

예수님을 따르는 일에 우리를 참여시키는 이 텍스트를 읽고 연구하면서 습득하는 지식이 예수님으로부터 우리를 멀어지게 한다면, 아예 처음부터 그 책을 펴지 않는 것이 더 나을 것이다.

그러나 주해가 없다면 영성은 어리석고 우둔해진다. 주해 없는 영성은 방종에 빠지게 된다. 훈련된 주해가 없다면 영성은 내 경험을 가지고 내가 모든 핵심 동사와 명사를 정의해 버리는 혼잣말로 발전하게 된다. 그리고 기도는 결국 한숨과 더듬거리는 말로 힘겹게 진행된다.

기독교 공동체는 여러 세기 동안 지속적으로 주해의 기술을 연마했고 방법론을 개선해 왔다. 성경 주해 중에서도 최고의 것을 접할 수 있게 된 세대가 대체로 그것에 관심이 없다는 것은 엄청난 모순이다. 심지어 '교육받은 성직자들'이라고 불리는 사람들조차도 주해에 관심이 없다.

이야기는 문장에 형식을 부여하고 문장은 이야기에 내용을 부여한다. 예수님을 따르기 위해서는 그 둘이 함께 가야 하며, 철저하게 통합되어야 한다. 이야기 형식이 없다면 성경에 나오는 문장과 구절들은 우리가 당면한 순간에 필요한 것을 골라내는 정보의 백과사전 기능을 하게 될 것이다. 정확하게 다듬어진 문장이 없다면 이야기는 예수님을 따르는 것에 관심이 없는 사람들의 유혹적인 제안과 강압적이고 긴급한 요구에 의해서 편집되고 개정될 것이다. 처음부터 이 텍스트를 주신 것은 우리를 예수님을 따르는 자로 만들기 위해서였으며, 만약에 큰 이야기나 세세한 문장들 중 어느 것 하나라도 다른 목적을 위해서 사용된다면, 그 목적이 아무리 존경스럽고 매혹적인들 우리가 굳이 상관할 이유가 있는가?

대본으로서의 성경: 성령 안에서 우리의 역할 해내기

"이 책을 먹으라"라는 은유는, 성령이 성경을 통해 우리 안에서 그리스도를 형성하시게 하려면 무엇이 필요한지에 주의를 집중시키기 위해서 내가 선택한 은유다. 우리는 무엇인가를 더 아는 것에 관심이 있는 것이 아니라 더 나은 존재가 되는 것에 관심이 있다.

사실 이 임무는 매우 급박한 것이다. 우리는 명백히 삶에서 성경이 가지는 권위가 자아의 권위로 대체된 시대에 살고 있으며, 자신의 인생을 직접 관리하고 인생을 살아가는 데 필요한 권위 있는 텍스트로서 자신의 경험을 사용하라고 사방에서 권유받고 있다.

놀라운 것은 이러한 정신이 교회 안에 얼마나 광범위하게 침입해 들어와 있는가 하는 것이다. 세례가 무엇인지 모르는 세상이 자율적으로 사는 것은 그럴 수 있다고 생각한다. 하지만 예수님을 주님이자 구주로 고백하는 사람은 달라야 하지 않겠는가. 성경의 권위를 열렬하게 믿지만 그 권위에 굴복하는 대신 그것을 사용하고 적용하고 관리하며, 그것을 언제 어디서 어떻게 사용할지를 결정하는 권위로서는 자기 자신의 경험을 신뢰하는 교회 속에 우리가 서 있음을 알아채는 사람은 비단 나뿐만이 아닐 것이다.

오늘날 기독교 공동체가 직면하고 있는 가장 급박한 과제 중 하나는, 성경을 자기 주권적인 목적을 위해서 사용하는 태도를 버리고, 그 성경을 철저히 살아내는 것의 의미가 무엇인지를 다시 한 번 단언함으로써 그러한 자기 주권성에 대항하는 것이다.

하나님은 말씀하신다. 하나님이 말씀하시면 사건이 일어난다. 성경은 "하나님이 이르시되…"라는 말로 시작하면서 그 말을 여덟 번 반복하고 있으며, 각각의 말씀이 있고 나면 하늘과 땅의 요소들이 하나씩 우리 눈앞에 존재하게 되고, 나중에는 하나님의 형상으로 이루어진 사람이 창조되는 것에서 절정을 이룬다. 시편 33편은 창세기 1장을 하나의 문장으로 압축하고 있다. "그가 말씀하시매 이루어졌으며…"(시 33:9). 이것은 그 뒤에 성경에서 나오는 모든 것 즉 하나님의 명령과 약속, 축복과 초대, 견

책과 심판, 지도와 위로가 풍성하게 흘러넘치는 배경이 된다.

내가 선택한 "이 책을 먹으라"라는 은유는 성 요한에게서 얻은 것이다. 예수님을 말씀하시는 하나님, 하나님 말씀의 핵심, 존재하는 모든 것의 근원을 계시하는 존재로 제시하기를 유난히 즐거워하는 요한은 세 권의 신약 성경을 썼다. 바로 요한복음과 요한 서신 그리고 요한계시록이다. 비록 초기의 전통은 그렇다고 주장하지만, 이 책을 전부 사도 요한이 썼다고 확신할 수는 없다. 그러나 분명한 것은 그 세 권의 책 모두가 공통된 초점을 가지고 공통된 것을 강조하고 있다는 점이다. 즉 그 책들은 모두 **요한적**이다. 육신이 되신 말씀인 예수님은, 혼돈을 우주로(요한복음), 죄를 구원으로(요한 서신), 깨어진 것을 거룩한 것으로(요한계시록) 변화시키는 말씀을 하신다.

요한복음은 '말씀'이라는 단어를 세 번 반복하면서 말이 무척 강조되는 서두를 연다. "태초에 말씀이 계시니라. 이 말씀이 하나님과 함께 계셨으니 이 말씀은 곧 하나님이시니라"(요 1:1). 그리고 우리는 곧 이 말씀이 예수님이라는 사실을 알게 된다. "말씀이 육신이 되어 우리 가운데 거하시매 우리가 그의 영광을 보니, 아버지의 독생자의 영광이요 은혜와 진리가 충만하더라"(요 1:14). 그리고 이어서 말씀으로 실재를 존재하게 하시는 예수님을 제시한다.

마찬가지로 요한 서신의 시작 또한 '생명의 말씀'이 예수님임을 확신했던 사도적 경험을 증언하면서, 자신들이 그것을 들었고 보았고 만졌기에 그 진실이 입증되었음을 밝힌다. 그 증거로는 우리가 가진 오감 중에서 세 가지 감각(보는 것, 듣는 것, 만지는 것)이 사용되었다(요일 1:1). 이 예수님의 명령으로 우리는 죄에서 구원받은 삶을 살게 되었고, 그 삶은 사랑의 공동체 안에서 표현된다.

마지막으로 요한계시록은, 말 즉 언어의 형태로 부활하시고 임재하시는 예수님을 제시한다. 요한은 자신이 "하나님의 말씀과 예수 그리스도의 증거 곧 자기가 본 것을 다 증거하였다"(계 1:2)고 말한다. 이 부활하신 예수 그리스도는 이어서 요한에게 자기 자신을 알파벳으로서 밝히신다. "나는 알파와 오메가요." 예수님은 A에서부터 Z에 이르는 모든 글자, 알파벳이신 것이다. 그것은 곧 모든 단어를 구성하는 재료인 모음과 자음이다. 예수님의 말씀은 깨어진 세상과 우리의 경험을 눈부시도록 거룩하게 변화시켜, 하늘과 땅에 있는 모든 사물과 사람이 거대한 규모의 예배에 참여하게 한다.

언어는 하나님이 일하시는 일차적인 방법이다. 이 말씀을 증언하는 성경에서는 그 언어가 매우 물리적인 방법으로 언급되고 있다. 물론 우리는 말씀을 듣는다. 그러나 또한 말씀을 보며("음성을 알아보려고 돌이킬 때에", 계 1:12), 말씀을 씹으며(시 1:2), 말씀을 맛보며(시 19:10), 말씀 안에서 걷고 뛰며(시 119:32), 무엇보다 말씀을 먹는다. 이 책을 먹으라. 우리를 그리스도 안에서 형성하는 하나님의 말씀은 매우 물리적이다.

우리는 3,000년이 넘는 세월 동안 이 하나님의 말씀에 의해서 철저히 형성된 거룩한 공동체의 일부다. 우리는 그 하나님의 말씀을 듣고 맛보고 씹고 보았고, 그 말씀 위를 걸었다. 성경을 읽는다는 것은 전적으로 물리적인 행위다. 우리의 몸은 영혼이 하나님의 계시 안에서 하나님께 접근할 수 있게 해주는 수단이다. 이 책을 먹으라. 한 친구의 말에 의하면, 초기의 랍비들은 성경을 읽는 것을 나타내는 데 몸의 다른 부분을 사용했다고 한다. 그 친구는 하나님의 말씀을 받아들이는 최고의 신체 부위는 귀가 아니라 발이라고 주장했다. 우리는 귀가 아닌 발을 통해서 하나님을 배운다는 것이다. 바로 그 랍비이신 예수님을 '따르라'.

따라서 지각을 날카롭게 하고 이 하나님의 말씀을 우리를 형성하는 말씀으로 받아들이는 독서 습관을 계발하는 것이 기독교 공동체의 관습이다. 우리는 가장 뛰어났던 우리의 선조들만큼이나 잘해 내고 싶고, 찬장 안에 있는 통조림을 깨끗이 비우듯이 책꽂이에 꽂힌 책 속에 한 말씀도 남겨 두지 않으려는 결의를 가지고 있다. 우리는 왕성한 식욕으로 성 요한을 따라서 이 책을 먹고자 한다.

도입부인 제1장과 제2장에 이어 제3장에서는 성삼위일체가 강조되었다. 즉 하나님은 자신을 인격적으로 그리고 관계적으로 계시하신다. 언어의 목적은 정보 전달이 아니라 계시다. 성경은 다양한 목소리로 우리를 인격적으로 부르시고 인격적으로 참여하게 하시는, 살아 있는 성부, 성자, 성령의 음성을 증언한다. 이 텍스트는 도서관 한쪽 구석에 조용히 앉아서 연구해야 하는 언어가 아니라, 일터와 놀이터, 길거리와 부엌에서 믿고 사랑하고 경배해야 하는 음성이다. 그래서 여기에는 수용적인 자세가 필요하다.

제4장에서는, 우리가 이야기를 통해서 인식하게 되는 폭넓고 다양한 그러나 복잡하게 엉켜 있는 세상 속으로 예수님을 따라 들어가는 것을 강조했다. 성경의 모든 책은 이야기로 되어 있다. 또한 실재와 이 세상, 우리의 인생도 이야기로 되어 있다. G. K. 체스터턴(Chesterton)은 자신의 기독교 신앙에 대해 설명하면서 이렇게 썼다. "나는 언제나 인생을 이야기라고 생각했다. 그리고 만약 이야기가 있다면 이야기를 들려주는 사람이 있기 마련이다."[1] 우리는 이야기를 만드시고 들려주시는 예수님을 따라서 그 이야기 속으로 들어가며, 이 놀랍고도 절묘한 구체적 내용들 즉 창조와 구원과 축복으로 이루어진 삶의 이야기를 구성하는 단어와 문장들을 탐험하면서 전 생애를 보낸다. 그 이야기에는 참으로 많은 것들이 감추어져 있으며 그것들은 온갖 연결 고리로 복잡하게 얽혀 있다. 그래서 여기에는 상상력이 필요하다.

그리고 지금 이 장에서는 살아 계신 삼위일체의 음성을 수용적인 자세로 듣는 이해력과 습관을 기르는 것을 강조하고자 한다. 이 삼위일체는 처음에 성경이 기록되게 한 원동력이었고 지금은 성경의 말씀이 책의 지면에서 나와 우리의 삶 속으로 들어오도록 일하고 계신다. 우리는 예수님의 말씀으로 인해 존재하게 된 이야기 속으로 예수님을 더 잘 **따라가도록** 이해력과 습관을 계발해야 한다. 그렇게 하면 우리는 지금 그리고 앞으로도 영원히 그 이야기 속에서 편안함을 누리게 될 것이다. 그래서 여기에는 참여가 필요하다.

마음에 들지 않는 성경

이 성경 텍스트의 세계에서 자기 자신을 발견하는 것이 우리에게는 얼마나 기쁜 일인지 모른다. 탐험할 것도 배울 것도 참으로 많다. 게다가 그 안에 우리가 차지할 자리도 있다니! 그 책은 단지 이스마엘과 이삭, 야곱과 에서, 십보라와 아스낫, 다윗과 요나단, 예레미야와 에스겔, 브리스길라와 아굴라, 로데와 뵈베, 바나바와 마가에 대한 것이 아니라, 나에 대한 것이고 또한 당신에 대한 것이다. 우리의 부모와 자녀들, 친구와 적들, 이웃과 사회가 모두 거기에 포함되어 있다.

몇 년 전 서점에 갔을 때의 일이다. 구입한 물건을 계산하고 있는데 계산대 위에 책이 쌓여 있는 것이 보였다. 내 친한 친구가 쓴 책이었다. 그의 이름이 책 표지에 선명하게 드러나 있었다. 알빈 벤 모링(Alvin ben-Moring). 그 책은 예수님의 탄생을 목격한 박사들 중 한 사람에 대한 이야기였고 제목은 「발타자르: 검고 빛나는 왕자」(*Balthasar: The Black and Shining Prince*)였다. 그 책은 60년대에 인기가 많았던 크리스마스 이야기였다.

나는 벤을 여러 해 동안 만나지 못했지만 그 책에 대해서는 알고 있었다. 우리는 그 책에 대해서 같이 이야기했었고, 함께 대학과 신학교를 다니는 동안에 이야기의 플롯과 등장 인물에 대해서 토론을 했던 것이다. 그런데 그 책이 지금 이렇게 출판이 된 것이다! 나는 점원에게 말했다. "이 책은 내 친한 친구가 쓴 것인데, 출판이 되어 있는 줄 몰랐소." 그러자 그가 대답했다. "그럼 한번 사서 읽어 보세요. 손님 얘기가 그 안에 나올지도 모르잖아요."

그래서 나는 그 책을 샀고, 또 그 안에서 나의 이야기가 나오는 것도 확인했다. 그러나 내가 예상한 대로는 아니었다. 우리는 가까운 친구 사이였고, 그는 자신이 나를 좋아하고 심지어 존경한다는 암시를 숱하게 주곤 했다. 하지만 그 책에 등장하는 나는 전혀 좋아할 만한, 그리고 존경할 만한 인물이 아니었다. 그 인물이 나라는 것은 부인할 길이 없었다. 그러나 불행히도 그것은 내 환상 속에 있는 내 모습이 아니었다.

요한이 책을 먹는 이야기에서 내가 지금까지 무시해 온 사실이 하나 있는데, 이제 더 이상은 그 사실을 피할 수가 없겠다. 그 내용은 이렇다. 성경을 먹고 나서 요한은 배앓이를 했다.

그 책을 자기 입에 집어넣을 때는 맛이 좋았지만, 그것이 뱃속에 도달했을 때는 배가 아팠다. "내가 천사의 손에서 작은 두루마리를 갖다 먹어 버리니, 내 입에는 꿀같이 다나 먹은 후에 내 배에서는 쓰게 되더라"(계 10:10).

　대부분의 사람들에게 성경과의 첫 경험은 달콤하다. 그 책에서 자기 자신을 발견하게 된다는 것은 참으로 놀라운 사실이다. 우리는 하나님의 약속과 축복을 좋아하게 되고, 우리 인생에 대한 건전한 충고와 지도를 받아들이는 법을 배우게 되고, 어둡고 외로운 시기에 위로를 줄 수 있는 시편 구절 몇 개를 외운다. 성경에는 우리를 기쁘게 하는 것들이 참으로 많다. 시편 119편은 정교하고 총제적인 설계를 이루고 있는데, 참으로 다양한 방식으로 우리에게 전해지는 하나님 말씀의 끊임없는 즐거움을 찬미하기 위해서 히브리어 알파벳의 22글자로 각각 시작하는 22개의 연으로 되어 있다. 각 연은 8행으로 되어 있으며 각 연마다 "말씀" 혹은 "하나님의 말씀"의 유의어가 여덟 개씩 들어 있다. 이 유의어들은 하나님의 말씀이 지닌 복잡성과 다양성이 어떤 것인지를 보여 주기 위해서 "말씀"이라는 단어를 다시 가공하고 조립한 것들이다(8개의 유의어에서 나타나는 몇 가지 변이는 행 구성에 어느 정도 자유가 있음을 보여 준다). 이 놀라운 시편은, 그 진리와 약속과 복이 묵상과 기도를 통해서 한 마디 한 마디 우리 삶에 파고들면서 우리에게 주는 기쁨을 설득력 있게 전달한다. "주의 말씀의 맛이 내게 어찌 그리 단지요. 내 입에 꿀보다 더 다니이다"(시 119:103). 디트리히 본회퍼(Dietrich Bonhoeffer)는 자신이 신학교에 있을 때 이것이 시편 중에서도 가장 지루한 시편이라고 들었지만,[2] 나치에 의해 감금되어 있는 동안에 이것이 시편 중에서도 가장 풍요롭다는 것을 발견하게 되었고, 그것을 오래 묵상하기를 즐겼다고 했다.[3]

그러나 머지않아 우리는 이 책에 있는 것 전부가 다 우리 기호에 맞지는 않다는 것을 알게 된다. 시작은 단데, 나중에 보니 받아들이기에 썩 편안하지 않다. 그것이 뱃속에서는 쓰게 되는 것이다. 그 책에서 자신을 발견하는 것은 가장 유쾌하고, 심지어 아부를 받는 듯한 기분까지 들게 한다. 그런데 사실은 그 책이 우리 기분을 좋게 하려고 쓰인 것이 아니라, 우리 자신에 대한 환상에 영합하지 않는 실재 즉 하나님의 실재에 우리를 참여시키기 위해서 쓰였다는 것을 마침내 깨닫게 된다.

이 책에는 힘든 내용들이 들어 있다. 듣기도 힘들고 순종하기도 힘들다. 이 책에는 소화하기 힘든 말들이 들어 있는 것이다. 요한은 심각한 소화불량에 걸려 버렸다.

그러나 이것은 단지 받아들이기 힘든 말만의 문제가 아니라, 성경이 우리에게 다가오는 **방식**의 문제이기도 하다. 성경이 전적으로 낯선 것으로, 우리의 사고와 삶의 계획에 도저히 들어맞을 수 없는 것으로 다가오는 순간들이 있다. 이 계시를 길들이려고, 우리가 원하는 방식에 들어맞게 해 보려고 우리는 최선을 다한다. 우리가 소위 성경 연구라고 부르는 것들이 우리의 거룩한 욕구와 필요와 느낌이라는 성삼위일체에 들어맞는 설명이나 프로그램을 만들어 내려는 시도인 경우는 비일비재하다.

성경을 꼼꼼하게 읽는 사람이라면 누구나, 그것이 우리가 기대하는 익숙한 것과 얼마나 '특이하게 다르고 불친절한지'[4]를 보며 놀라게 된다. 성경은 '쉽게 읽을 수 없는'[5] 책이다.

문제 해결식으로 성경에 접근하는 경우가 너무도 많다. 맞지 않아 보이는 것을 골라내어 거친 테두리를 사포질해서 그것이 좀더 쉽게 우리의 사고방식에 들어오게 하는 것이다. 우리는 위로받기 위해서 그것을 사용하고 싶어하고, 그것이 편안하게 작동하지 않으면 부품을 교체해서 그렇게 되게 만든다. 내 친한 친구 한 명은 자기 학생들에게 텍스트 전문가가 되지 말라고 경고한다. 텍스트 전문가는 이 텍스트를 배우고 속속들이 숙달해서 그것이 시대에 좀 '뒤떨어진다' 싶으면 수리할 수 있도록 한다. 그것이 매끄럽게 작동해서 우리 욕구와 필요와 느낌이 원하는 곳으로 데려다 줄 수 있도록 말이다.

그러나 성경의 그 어떤 책도 평면적이거나, 체계화되어 있거나, 신학적으로 정리되어 있지 않다. 이 텍스트에 나오는 모든 내용은 실제로 살아내는 실재와 긴밀하고 유기적으로 연결되어 있다. 우리가 정원을 주제나 단계별로 깔끔하게 분류해서 도표로 만들 수 없는 것처럼 성경도 그렇게 할 수가 없다. 정원은 꽃과 잡초가 자라면서 끊임없이 변한다. 아니 좀더 복합적인 비유를 들자면, 미국에서 해마다 군 단위로 열리는 농산물과 가축 박람회를 생각해 보라. 탈 것과 여흥거리로 가득하고, 아이들은 손에 용돈을 꼭 쥐고 있고, 가축들이 전시되어 있고 말 경주가 열리고, 각양각색의 사람들로 북적대는 장소 말이다. 그 곳에는 인간과 짐승, 선과 악, 욕심과 아량, 게으름과 단호함 등이 얽혀 생명으로 충만하다. 정원이건 박람회건, 우리는 오직 그 안으로 **들어갈** 수 있을 뿐이다.

성경은 그처럼 실제로 살아내는 실재의 계시이며, 거기에서 지배적인 생명의 형태는 하나님이다. 그 계시에서 진리를 추출하는 것은 불가능하다. 성경의 모든 구체적 내용은 성경에서 주어지는 방식 그대로 받아들여야 한다. "모든 **무엇**은 **어떻게**와 연결되어 있다"고 월터 브루그만(Walter Brueggemann)은 말한다. "우리는 일반화하거나 요약할 수 없으며, 반드시 구체적 내용에 주의를 기울여야 한다."[6]

성경에서 난해하거나 불쾌한 문제를 만날 때 그것을 해결하는 가장 흔한 방법은 성경을 체계화하는 것이다. '성경이 가르치는 것'을 요약해 주는 어떤 설계에 따라서 성경을 조직하는 것이다. 성경이 무엇을 가르치는지 안다면 더 이상 그것을 읽지 않아도 되며, 이상한 방향으로 전개되고 우리에게 전혀 아첨도 하지 않고 마음에 들지도 않는 방식으로 전개되는 그 이야기 속에 우리 자신을 담글 필요도 없고, 우리와는 아무런 상관도 없는 것 같은 사람이나 상황과도 상관할 필요가 없는 것이다.

우리는 성경에 모든 해답이 있다는 말을 즐겨 사용한다. 그리고 그것은 정말로 맞는 말이다. 성경의 텍스트는 하나님의 형상으로 창조된 우리가 어떤 존재인지 그리고 그리스도가 가진 목적에서 우리의 운명은 어떻게 전개되는지에 부합하는 실재 안에 우리를 데려다 놓는다. 그러나 성경에는 또한 모든 질문도 들어 있는데, 그 중 많은 것들이 아무도 우리에게 묻지 말았으면 하는 질문이며, 우리가 평생 회피하려고 최선을 다하는 질문들도 더러 있다. 성경은 가장 위로가 되는 책이다. 그러나 성경은 또한 가장 당황스러운 책이기도 하다. 이 책을 먹으라. 너의 입 속에서는 꿀처럼 달겠지만 너의 뱃속에서는 쓸 것이다. 이 책은 우리가 다룰 수 있는 것으로 축소할 수 없으며, 우리가 편안하게 여기는 것으로 길들일 수 없다. 우리의 명령에 반응하도록 훈련받은 애완견으로 만들 수 없다.

이 책은 우리로 하여금 하나님의 존재와 행위의 세계 속에 참여하게 만들지만, 우리가 자신의 조건에 따라서 참여하는 것은 아니다. 우리는 플롯을 짜거나 자신이 어떤 인물이 될지를 결정하지 못한다. 이 책은 생성력을 가지고 있다. 이 텍스트가 우리를 환기시키고 자극하고 꾸짖고 다듬을 때 어떤 일들이 일어난다. 우리는 더 이상 전과 같은 상태로 남아 있지 않게 된다.

이 책을 먹으라. 하지만 가까운 곳에 소화제도 잘 구비해 놓으라.

성경의 거대한 세계

나는 제1장에서 칼 바르트가 '성경 속에 있는 낯설고 새로운 세계'를 언급했다고 이야기했다. 그는 열정적이고 끈기 있게 이 책이 다른 책들과는 다르다고 주장했다. 우리가 이 책에 대해서 가지는 모든 기대는 부적절하거나 잘못된 것이다. 이 책은 존재하고 활동하시는 주권적인 하나님을 계시하는 텍스트이며, 우리에게 아첨하지도 않고 우리를 즐겁게 해주려고 하지도 않는다. 우리는 자기 자신을 위해서 사용할 수 있는 진리나 역사나 도덕을 찾기 위해서가 아니라 자신을 계시하는 하나님을 만나고자 이 텍스트 안으로 들어간다. 칼 바르트가 궁극적으로 주장한 것은, 어떻게 하면 하나님을 우리 삶에 들어오시게 하고 우리 삶에 참여하시게 할지를 알기 위해 성경을 읽어서는 안 된다는 것이다. 그것은 성경을 거꾸로 이해하는 것이다.

성경에 참여하는 자세를 계발하기 위해서는 상상력을 완전히 혁신할 필요가 있다. 우리는 일반적으로 성경의 세계가 세속의 세계보다 작다고 생각한다. 그러나 이야기체로 된 성경의 문장은 우리의 정체를 드러낸다. 우리는 마치 이 세상이 근본적 실재이고 성경은 그저 그것을 돕거나 고치는 것인 양 "성경을 이 세상에 적실성 있게 만든다"고 말한다. 그리고 마치 성경이 이미 꽉 찬 우리의 삶에 덧붙이거나 밀어 넣을 수 있는 것인 양 "우리 삶에 성경을 적용한다" 혹은 "하루 일과에 성경을 위한 자리를 만든다"고 말한다.

성경이 계시하는 세계는 분명한 인격성을 가진 하나님의 세계다. 만약 이 세계에 인격적으로 동참하고자 한다면, 우리는 이 세계가 낯설고 우리의 선입관이나 기호에 맞지 않는다는 사실을 기꺼이 받아들일 뿐만 아니라, 경이로울 정도로 크다는 사실도 받아들여야 한다. 이 세계는 지리학 책이나 천문학 책에서 배운 그 어떤 세계도 능가하는 진정한 팽창 우주다.

인간이 헤아리는 작고 비좁은 세계와는 달리 이 크고 광대한 하나님의 계시의 세계를 받아들이려면 우리의 상상력이 개조되어야 한다. 우리는 구약과 신약 성경을 통해서 근접할 수 있는 이 거대하고 매우 유기적이고 세밀한 세계 속에서 살고, 상상하고, 믿고, 사랑하고, 대화하는 법을 배운다. '성경적'이라는 말은 우리가 맞닥뜨린 어떤 교의나 관습을 증명하거나 입증하기 위해서 텍스트를 끼워 맞추는 것을 의미하지 않는다. 오히려 그것은 "눈으로 보지 못하고 귀로 듣지 못하고 사람의 마음으로 생각하지도 못하였다"고 한 그것, "오직 하나님이 성령으로…우리에게 보이신"(고전 2:9-10) 것에 대해 열려 있다는 뜻이다.

우리가 끊임없이 저지르는, 그러나 결코 행해서는 안 되는 잘못은 성경을 우리의 경험에 억지로 끼워 맞추는 것이다. 우리의 경험은 너무도 작다. 그것은 마치 골무 속에 바다를 담으려고 하는 것과 같다. 우리가 바라는 것은 성경이 계시하는 세계 속에 맞추어져 들어가는 것, 그 거대한 바다 속에서 헤엄치는 것이다.

우리가 추구하는 것은, 성경의 거대한 세계가 우리 일상에 세계관을 부여하는 과학과 경제학과 정치학이라는 작은 세계를 흡수하는 방식을 인식하고 거기에 참여하는 것이다.

이는 성경을 얕잡아 보는 듯한 태도로 접근하는 자세를 모두 버려야 함을 의미한다. 일반적으로 많은 사람들이 '해석학적 의심'이라고 불리는 자세를 견지하도록 훈련받는다. 사람들은 거짓말을 많이 한다. 그리고 글을 쓰는 사람들은 대부분의 사람들보다 거짓말을 더 많이 한다. 우리는 자신이 읽는 모든 것에 대해서 건전한 의심을 가져야 한다고 배운다. 특히 그 내용이 우리에 대한 권위를 주장할 때는 더욱 그러하며, 사실 마땅히 그래야 한다. 우리는 그러한 텍스트에 대해서는 심문을 하고 반대 심문도 한다. 무슨 일이 일어나고 있는 것인가? 여기에 숨겨진 의제는 무엇인가? 이면의 속셈은 무엇인가? 근대의 해석학적 의심의 대가 세 명은 바로, 니체와 마르크스와 프로이트다. 그들은 그 어떤 것도 액면 그대로 받아들이지 말 것을 우리에게 잘 가르쳐 주었다.

이것은 많은 부분 유용하다. 우리는 똑똑한 재담가에게 속거나 조작당하고 싶지 않으며, 능숙한 홍보가나 광고주의 꼬임에 넘어가서 자신이 원하지도 않고 결코 쓰지도 않을 물건들을 사고 싶지도 않으며, 청산유수로 말하는 선전가에게 넘어가 영혼을 파괴하는 프로그램에 관여하고 싶지도 않다. 하나님과 관련된 일이라면 우리는 이중으로 더 경계하게 되고, 성경을 포함한 모든 사물과 사람을 의심하게 된다. 슬프게도 우리는 종교적인 사람들이 다른 대부분의 사람들보다도 거짓말을 더 많이 한다는 사실을 알게 되었고, 게다가 하나님의 이름으로 하는 거짓말은 가장 나쁜 것이다.

그러나 의심에 찬 눈초리로 바라보면, 이 세상도 그에 따라 협소해진다. 그리고 이러한 독서 습관으로 성경을 읽으면 자그마한 진실의 톱밥 더미만 남게 된다.

폴 리쾨르(Paul Ricoeur)는 우리와 같은 사람들에게 놀라운 충고를 해준다. 그는 해석학적 의심을 유지하고 그대로 실천하라고 말한다. 그것은 매우 중요하고 필요한 것이다. 세상에는 거짓말이 많다. 진실을 분별하고 쓰레기는 버리는 법을 배우라. 그러나 그렇게 하고 난 후에는 '제 2의 순진함'[7]이라는 것을 가지고 다시 그 책 속으로, 그 세상 속으로 들어가라. 어린아이와 같은 경이를 가지고 세상을 바라보면서, 매 순간 하늘에서 쏟아져 내리는 진리와 아름다움과 선의 넘치는 풍부함에 깜짝 놀라며 기뻐할 준비를 하라. 숭배의 해석학을 계발하라. 인생이 얼마나 크고 멋지고 장엄한지를 보라.

그리고 이 숭배의 해석학을 성경을 읽을 때 실천하라. 이 텍스트가 계시하는 거대하고 복잡한 세상을 탐험하고 즐기는 일에 여생을 바칠 계획을 세우라.

순종

우리는 텍스트의 참여자로서 그 텍스트의 세계, 하나님을 주제로 하는 세계로 들어간다. 이 텍스트에서는 성령이 우리에게 역할을 주시며, 우리는 자신의 역할을 다하면서 참여자가 된다.

하나님은 우리가 상상력을 가지고 믿음으로 텍스트의 세계에 들어가 예수님을 따를 수 있게 하기 위해 이 책을 주셨다. 칼뱅이 이와 관련해서 한 말은 아주 흔하게 인용되고 있다. "하나님에 대한 모든 바른 지식은 순종을 통해서 나온다."[8] 기독교 공동체 내에서 어떠한 입장을 가진 성경 주석가나 번역가도 그와 똑같은 말을 할 것이다.

우리가 참여자로서 이 텍스트 안에 들어가지 않는다면 거기에서 일어나는 일을 이해하지 못할 것이다. 이 텍스트는 외야석에 앉아서 구경하는 것으로는 이해할 수 없는 텍스트다. 심지어 그 좌석이 비싼 박스석이라 할지라도 말이다. 우리는 참여해야만 한다.

나는 서른다섯 살이었을 때에 영적 독서가 가지는 이러한 참여의 성격을 강력하게 인식한 적이 있다. 그 때는 내가 다시 달리기를 시작할 때였다. 대학 시절과 신학교 시절에 나는 달리기를 무척 좋아했는데, 학교를 떠나면서 달리기도 그만두었다. 달리기가 어른이 되어서도 그냥 좋아서 할 수 있는 일은 아니라고 생각했기 때문이다. 게다가 이제는 목사도 되었는데 교구민들이 자기 목사가 동네 뒷길에서 얇은 옷을 걸치고 뛰는 것을 보면 어떻게 받아들일지 알 수 없었다. 그런데 다른 사람들이 달리는 모습이 눈에 띄기 시작하는 것이 아닌가, 내가 아는 의사나 변호사나 회사 중역들이 뜻하지 않은 곳에서 달리는 모습을 보았고 그들은 전혀 위신을 잃는 것 같지 않았다. 그들은 내 나이 또래이거나 나보다 나이가 많았고, 그들을 보니 내가 달리기를 해도 별 탈 없이 넘어갈 수 있겠다는 생각이 들었다. 나는 나가서 달리기용 운동화를 샀다. 내 학생 시절 이래로 신발에 일어난 혁명을 볼 수 있을 만큼 좋은 운동화였다. 나는 재미를 느끼기 시작했고, 다시 한 번 장거리 달리기의 매끄러운 리듬과 고요함, 고독, 고조된 감각, 근육의 자유, 발에 밟히는 땅의 질감, 바람, 해, 비, 눈, 직접 몸에 휘감기는 날씨의 강렬함 등을 즐기고 있었다. 머지않아 나는 매달 한 번 꼴로 10킬로미터 경주에 참여했고 그 다음에는 1년에 한 번 마라톤 경주에 참여하게 되었다. 달리기는 신체적인 행위에서 발전해 묵상과 성찰과 기도를 달리기에 가져오는 하나의 의식으로 발전했다. 그 무렵에 이르러서는 세 개의 달리기 전문 잡지를 정기 구독하고 있었고 달리기 하는 사람과 달리기에 대한 책을 도서관에서 정기적으로 빌렸다. 달리기에 대해서 읽는 것이 지루해진 적은 한 번도 없었다. 식이요법, 스트레칭, 훈련 방법, 부상 관리, 휴식 시 심장 박동 비율, 엔도르핀, 탄수화물 축적, 전해물 대체 등 달리기에 대한 것이라면 무엇이든 읽었다. 달리기에 대해서 쓸 것이 많으면 얼마나 많겠는가? 달리기를 하는 방법이 무한한 것은 아니다. 대부분은 그냥 한 발을 다른 발 앞에 놓는 것이 전부다. 내가 읽은 어떤 글도,

몇 개의 예외를 빼고는 그다지 잘 쓴 글이 아니었다. 하지만 내가 거의 비슷한 내용의 글을 전에도 스무 번은 읽었다 해도 그것은 전혀 중요하지 않았다. 그 글이 상투적인 문구로 짜깁기되어 있다 해도 문제가 되지 않았다. 나는 달리기를 하는 사람이었고 따라서 그것을 다 읽었다.

그러다가 근육에 무리가 오는 바람에 허벅지가 낫기를 기다리는 두 달 동안 달리기를 할 수 없었다. 그리고 내가 부상 이후로 달리기에 관한 책이나 잡지를 전혀 펼쳐 보지 않았다는 사실을 깨닫는 데 2주 정도가 걸렸다. 내가 그것들을 읽지 않기로 마음먹은 것도 아니었고 그것들은 여전히 집 여기저기에 널려 있었다. 하지만 나는 그것을 읽지 않고 있었다. 달리기를 하지 않았기 때문에 읽지 않은 것이다. 그리고 나는 달리기를 시작하면서 다시 그것들을 읽기 시작했다.

바로 그 때 나는 '영적 독서'에서 '영적'이라는 수식어가 가지는 중요성을 포착했다. 영적 독서란 바로 참여의 독서를 의미했다. 그것은 지면에 기록된 모든 단어를, 내가 참여하고 있는 어떤 것을 확장하고 심화하고 교정하고 확인하기 위해 읽는다는 것을 의미했다. 내가 달리기에 대해서 읽은 것은, 무엇인가를 발견하고 배우기 위해서가 아니라, 달리기라는 경험을 공유하고 확인하고 확증하기 위해서였다. 물론 읽으면서 몇 가지 배운 것도 있지만, 대부분의 경우 그것은 내가 그토록 사랑하는 달리기의 세계를 확장하고 심화하고, 그 안에서 살기 위한 것이었다.

하지만 내가 달리기를 하고 있지 않다면, 심화할 것이 아무것도 없었다.

내가 보기에는 성경을 읽는 것도 이와 거의 유사하다. 내가 성경에 계시된 하나님의 실재, 창조와 구원과 거룩의 실재에 동참하고 있지 않다면, 즉 칼뱅이 말한 순종에 관여하고 있지 않다면, 아마 그것에 대해 읽는 것에도 별 관심을 가지지 않을 것이다. 적어도 그 관심이 그리 오래가지는 않을 것이다.

여기서 핵심은 순종 즉 살아 계신 하나님을 향한 능동적 반응 속에서 사는 것이다. 이 텍스트에 대해서 던져야 할 가장 중요한 질문은 "이것의 의미가 무엇인가?"가 아니라 "내가 무엇에 순종할 수 있는가?" 하는 것이다. 단순한 순종의 행위는 숱한 성경공부나 사전이나 용어집보다도 훨씬 더 빨리 우리의 삶이 이 텍스트를 향해 열리게 해줄 것이다.

성경공부가 중요하지 않은 것은 아니다. 나와 같이 공부했던 어느 유대인 랍비는 이렇게 말하곤 했다. "우리 유대인들에게는 성경을 연구하는 것이 그것에 순종하는 것보다 더 중요합니다. 왜냐하면 성경을 바르게 이해하지 않으면 잘못 순종하게 될 것이고 그러면 당신의 순종이 불순종이 될 것이기 때문입니다."

그 말 또한 사실이다.

우리 교회에는 안토니 플라카도스라는 서른다섯 살의 트럭 운전사가 있었다. 그리스 출신인 안토니는 전통적인 가톨릭 집안에서 자랐지만 전혀 그 영향을 받지 않았다. 그는 중학교만 졸업하고 학교를 그만두었고 책을 한 번도 읽어 본 적이 없다고 말했다. 그러던 그가 그리스도인이 되더니 활자체가 작은 흠정역 성경을 하나 구해서는 회심하던 첫 해에 세 번을 읽었다. 안토니는 신나게 질주하고 있었다. 그의 아내 메리도 관심은 있었지만 모든 것을 다소 혼란스러워하며 질문을 많이 했다. 메리는 모범적인 장로교인으로 자랐고, 성장기 내내 주일학교에 다녔으며, 따라서 개념 정의와 설명의 종교에 익숙해 있었다. 메리의 질문이 안토니가 대답하기에 너무 어려워지면, 그는 엘비스 프레슬리 포스터로 도배된 자신의 이동 주택으로 나를 초대해서 도움을 요청했다. 어느 저녁에는 질문의 주제가 비유였다. 나는 어떻게 비유를 읽고 이해해야 하는지를 메리에게 설명해 주려고 애썼고, 나의 설명이 별 성과가 없자 안토니가 끼어들었다. "메리, 그대로 살아야 돼. 그래야 이해할 수 있어. 밖에서는 도무지 알 수 없고, 그 안에 들어가야 돼. 아니면 그게 당신 안에 들어오게 하든가."

칼뱅의 글이라고는 단 한 자도 읽지 않은 안토니의 말이었다.

예전적으로 성경 읽기

나는 여기서 익숙해지는 데 시간이 좀 필요할 수도 있는 용어를 하나 소개하고자 한다. 바로 예전(禮典)이다. 읽고 반응하고 따르고 순종하고 기도하며 이 책을 먹기 위해서는, 즉 그 모든 것을 받아들이고 그 텍스트의 참여자가 되기 위해서는 주변의 모든 사람과 사물의 도움이 필요하다. 왜냐하면 우리가 참여하고 있는 이 일은 결코 한 사람의 스타가 만들어 내는 쇼가 아니기 때문이다. 나는 여기서 우리에게 도움을 줄 수 있는 어떤 것을 '예전적'이라는 단어로 표현하고 싶다. 성경은 예전적으로 읽어야 한다.

혼란을 피하기 위해서 우선 내가 의미하는 바와 다른 것을 이야기해 보겠다. 예전에서 내가 의미하는 바는 성공회 고교회의 성단소에서 일어나는 일이 아니다. 그것은 예배의 질서를 의미하거나 성의와 촛불과 향과 제단 앞에 무릎 꿇는 것을 의미하지 않는다. 예전이라는 말이 그런 모든 것을 일컫는 데 사용되기는 하지만, 내가 의도하는 것은 그것과는 다른 것이다. 나는 좀더 깊고 높고 넓은 어떤 것을 생각하고 있다.

내가 원하는 것은 책을 먹는 행위를 거대하고 거룩한 공동체 속에 재배치하는 것이다. 우리 말고도 식탁에서 이 책을 먹는 사람들의 공동체는 수천 년 전부터 있어 왔고, 그 범위는 온 지구를 에워쌀 만큼 넓다. 이 책이 흡수되어 한 개인을 형성할 때마다 공동체 전체가(온 세계라고 말해도 전혀 과장이 아니다) 관여하게 되고 영향을 받는다. 성경의 이야기는, 당신 혹은 나뿐만이 아니라 거룩한 공동체 전체를 그 이야기 속으로 끌어들여서 참여하게 만든다.

예전은 세례 받은 그리스도인들이 성경에 참여하며 거룩한 공동체와 연결되게 하는 수단이다. 나는 '예전'이라는 단어를 교회의 이와 같은 의도와 행위를 언급하는 의미로 사용하고자 한다. 교회가 지성소에 있는 모든 것을 끄집어내어 예배의 삶으로 구현되게 하고, 과거와 현재에 일어난 모든 일이 성경의 계시에 대한 참여의 의미로 일관되게 자리매김하게 한다는 조건에서 말이다. 나는 예전을 예배라는 별개의 행위를 통해 공동체에 질서를 부여한다는 의미로 제한하는 대신에 이 단어를 그처럼 폭넓고 포괄적인 방식으로 사용하고 싶다. 그리스도인들이 말에 의해서 시작되고 형성된 행위에 참여하는 가운데, 시간과 공간, 수세기의 역사라는 깊이와 여러 대륙을 아우르는 넓이를 가진 공동체의 차원에서 이 단어를 사용하고 싶다. 우리의 전 존재가 성부, 성자, 성령이라고 하는 맥락 속에서 그리고 성경이라고 하는 텍스트가 갖춰진 상황에서 예전적으로, 다시 말해 연결성 있게 이해되어야 하는 것이다.

예전의 임무는 성경이라는 텍스트를 따르는 거룩한 공동체의 삶에 질서를 부여하는 것이다. 예전은 두 악장으로 구성되어 있다. 첫째로 그것은 찬미와 집중의 장소, 하나님 앞에서 듣고 받고 믿는 장소인 지성소로 들어가게 한다. 여기에는 많은 것이 관련되어 있는데, 우리 삶의 모든 부분이 예수님 안에서 나타난 하나님의 계시의 모든 양상을 따라 질서 잡히게 된다.

그 다음에 그것은 우리가 지성소에서 나와, 순종하고 사랑해야 할 세상으로 가게 한다. 하나님의 영광을 위해 이 세상에서 산 제물이 되도록 우리 삶에 질서를 부여하는 것이다. 여기에서도 많은 것이 관련되어 있으며, 현장에 나와 있는 우리 삶의 모든 부분이 구원의 일에 참여한다.

이것이 바로 요한계시록에서 참으로 인상적으로 일어나는 일이다. 성 요한은 우리에게, 존재하는 모든 것을 제시해 준다. 그는 이 세상과 그 안에서의 경험, 그리스도와 그의 모든 천사들, 사탄과 그의 모든 천사들, 천국과 지옥, 구원과 저주, 회중과 제국, 전쟁과 평화 등 보이는 것과 보이지 않는 것을 모두 제시하고 그것으로부터 예배의 행위를 만들어 낸다. 그러고는 그러한 예배의 세계에 있는 모든 것이 어떻게 세상 속으로 흘러들어 가는지를 보여 준다. 거기에는 참여하지 않거나 둘러서서 구경하는 사람은 아무도 없다.

성 요한이 참으로 탁월하게 해내고 있는 그 일을, 우리는 성경에서 텍스트로 주어지는 성령의 지도를 받으면서 거룩한 공동체 안에서 예전적으로 수행한다.

예전은 하나님이 과거와 현재와 미래에 행하시는 모든 일의 중심에 있는 그리스도인들의 예배와 순종의 공동체 가운데서 성경을 보존하고 제시한다. 예전은 우리가 성경을 들고 홀로 어디로 가 버리지 못하게 하며, 성경공부를 같이 할 친구를 몇 명 선택해서 그 일에 파고들지 못하게 한다.

교회에서 행하는 예전은, 존재하는 모든 것을 배경으로 읽고 듣고 믿어야 하는 성경을 우리에게 제시한다. 그 배경은 매우 다양하게 우리 주변에 펼쳐져 있다.

돌과 목재와 유리를 사용한 건축.

보라와 초록, 빨강과 흰색 등이 어우러진 색채.

찬송과 성가, 오르간과 기타, 클라리넷과 드럼 소리.

우리의 설교와 기도를 풍요롭게 해주는 성인과 학자들.

찬송과 증언과 사명으로 우리를 부르시는 하나님에 대한 매우 개인적인 반응을 소리 내어 말하는 개인 기도와 공동 기도.

우리와는 참으로 다른 기호와 기질을 가진 성인과 아이들, 심지어 우리가 별로 좋아하지 않는 이웃들.

그리고 시간이 있다. 예전은 거룩한 공동체가 성경을 읽을 때 교회력의 광범위하고 주기적인 리듬 안으로 들어가게 한다. 그 교회력 안에서 참 그리스도인인 예수님의 이야기가 여러 세기를 통해 해마다 반복되어 왔다. 그것은 탄생, 삶, 죽음, 부활에서 영, 순종, 믿음 그리고 축복으로 이어지는 한 해의 굵직하면서도 따라가기 쉬운 내적 리듬이다. 예전이 없다면 우리는 리듬을 잃어버리고 홍보 캠페인, 학교의 개학과 방학, 정기 세일, 세금 납기일, 재고 조사, 선거철 등에 방해를 받게 된다. 예수 강림절은 '크리스마스 전 쇼핑 기간'에 묻혀 버리고, 사순절의 즐거운 훈련은 불안에 떨며 소득세 신고 양식을 작성하는 고행으로 대체된다. 예전은, 텍스트에 의해 형성된 가시적이고 비가시적인 성령의 공동체 안에서 우리의 시작과 끝, 삶과 죽음, 중생과 복을 규정하고 만들어 나가는 이야기와 계속 연결되게 해준다.

성경을 예전적으로 받아들일 때 우리는 참으로 많은 일들이 동시에 일어나고 있음을 인식하게 된다. 서로 다른 많은 사람들이 서로 다른 많은 일들을 하고 있는 것이다. 공동체 전체가 일어서서 하나님을 위해 일하며 성경의 말씀을 듣고 그것에 반응한다. 성경에 의해 형성되는 과정에 있는 거룩한 공동체는, 각 사람이 성령 안에서 자신의 역할을 하는 가운데 예수님을 따르면서 그들 앞에서 그리고 그들 안에서 구체화되는 하나님의 계시를 보고 듣는다.

'예전'이라는 단어가 기독교적 배경에서 나온 말이 아니라는 점을 생각해 보는 것이 도움이 될 것이다. 헬라 사회에서 그 단어는 공적 봉사, 즉 시민이 지역 사회를 위해서 하는 일을 일컬었다. 그리고 교회는 그 단어를 예배와 관련해서 쓰기 시작하면서 그 단어가 가지는 '공적 봉사'의 의미를 유지했다. 하나님을 대신해서 혹은 하나님의 명령을 따라서 공동체를 위해서 일한다는 뜻을 계속 지니고 있었던 것이다. 성경에 성부, 성자, 성령으로 인격적으로 계시된 하나님을 예배할 때 우리는 성경을 읽지 않는 세상과 동떨어져서 무엇을 하는 것이 아니다. 우리는 그 세상을 **위해서** 하는 것이다. 모든 창조 세계와 역사를 하나님 앞에 가져오고, 우리의 몸과 인류의 모든 아름다움과 필요를 하나님 앞에 찬양과 중보로 내어 드리고, 그리스도께서 삼위일체의 강력한 이름으로 구원하시기 위해 죽으신 이 세상에 침투하고 섬기는 것이다.

예전은 영성을 형성하는 텍스트를 따라서, 예수님에 의해서 그리고 예수님과 함께 이 세상에서 일하고 있는 다른 모든 사람들과 함께 일하도록 초청한다. 예전은 성경의 텍스트에 증거된 대로 성령에 의해서 발생했고 또한 발생하고 있는 모든 행위에 접근하게 해준다. 예전은 성경의 내러티브 형식이 사적이고 개인화된 소비로 축소되는 것을 방지해 준다.

이렇게 이해하고 나면 '예전'은 더 이상 성단소에서의 몸놀림 기법이나 숭고의 미학이 아니다. 그것은 시간(그 텍스트에 반응해 온 2,000년의 역사)과 공간(그리스도 안에서 친구인 세계 전역의 사람들) 속의 거룩한 공동체와 함께 순종과 참여의 자세로 성경 말씀을 듣는 것이다. 고교회파의 성공회 교인들과 부흥주의 침례교인들, 손을 들고 찬양하는 은사주의자들 그리고 휑뎅그렁한 방에 조용하게 앉아 있는 퀘이커교도들 모두가 거룩한 공동체의 성경 읽기에 참여하면서 이 텍스트를 예전적으로 읽고 그것을 살아낼 것을 요구받고 있다. 여기에는 '교회다움'이나 엘리트적인 요소가 전혀 없다. 그것은 광대하고 극적인 '이야기하기'이며, 그 이야기 속에서 우리의 자리를 차지하고 또한 다른 사람들도 전부 그 이야기 속에서 자신의 자리를 차지하게 하는 것이며, 그 어떤 것도 그 이야기에서 빠뜨리지 않도록 하는 것이다. 충분한 예전적 뒷받침과 지원과 구조가 없다면 우리는 자신의 개인적 취향과 성향에 맞도록 그 이야기를 편집할 가능성이 매우 크다.

거장의 영성

프랜시스 영(Frances Young)은 성경을 읽고 그것을 살아내는 일의 상호 연관된 복잡성(요한은 그것을 책을 먹는 것으로 경험했다)을 이해하기 위해서 음악과 연주의 유비를 사용한다. 그는 자신의 책 「거장의 신학」(*Virtuoso Theology*)에서 "연주의 진정성을 추구하는 복잡한 도전"[9]에 대해 말하고 있다. 음악의 본질은 바로 연주된다는 것이다. 연주되지 않는 음악을 '음악'이라고 부를 수 있는가? 그러나 연주는 작곡가의 악보에 나오는 음을 정확하게 재생산하는 행위가 아니다. 비록 그것을 포함하기는 하지만 말이다. 모든 사람이 정확하지만 생기 없이 연주하는 모차르트의 바이올린 협주곡 1번과, 잇잭 펄먼(Yitzak Perlman)의 명연주의 차이를 인식한다. 펄먼의 연주는 단지 그가 모차르트가 작곡한 것을 숙련된 기술로 재생하기 때문에 두드러지는 것이 아니다. 그는 놀랍게도 그 악보의 영혼과 에너지(그것의 '생명') 안으로 들어가서 그것을 전달한다. 의미심장하게도 그는 악보에 아무것도 더하지 않는다. '일점일획'도 덧붙이지 않는다. 음악과 성의 관계에 대한 심리학을 이해할 수 있는 그가, 모차르트가 스스로를 이해했던 것보다 훨씬 모차르트를 잘 이해한다고 정당하게 주장할 수 있을지 모르나, 그는 억제한다. 아무렇게나

음을 삽입해 넣지 않는다.

음악 연주와 연극 공연이 지속적으로 나를 놀라게 하는 것 중 하나는 그 행위에 나타나는 신선한 자율성이다. 텍스트에 성실하게 집중한다고 해서 노예처럼 개성이 사라지는 것이 아니다. 오히려 그러한 집중은 예술가의 연주를 통해서 텍스트에 내재한 것을 해방시킨다. "음악은 연주와 해석을 통해서 '실현되어야' 한다."[10]

성경도 마찬가지다. 음악을 연주하는 것과 책을 먹는 것, 이 두 유비는 놀라울 정도로 잘 들어맞는다. 거룩한 공동체가 성경의 세계에 들어가 그것에 의해 형성되도록 지도하는 일에서 연주의 유비가 안고 있는 복잡성은 먹는 유비가 안고 있는 육체성을 보충해 준다(그리고 그 반대 또한 성립된다).

만약 우리가 이러한 맥락에서 알라스데어 맥킨타이어(Alasdair MacIntyre)가 사용한 표현대로 '대본이 없는'[11] 상태가 된다면, 말과 행동 모두에서 불안한 말더듬이로 인생을 살아가게 될 것이다. 하지만 우리가 이 일을 제대로 해낸다면, 즉 악보를 연주하고 책을 먹고 이 텍스트를 내면화하는 거룩한 공동체를 받아들인다면, 우리는 해방되어 자유를 얻게 될 것이다. "주께서 내 마음을 넓히시면 내가 주의 계명들의 길로 달려가리이다"(시 119:32).

제2부

'렉치오 디비나'

"네가 어떻게 읽느냐?"

누가복음 10:26

"우리는 하나님이 다른 사람에게 말씀하시는 것은 들을 수 없다. 오직 하나님이 나 자신에게 말하실 때에만 그분의 말씀을 들을 수 있다."

루드비히 비트겐슈타인

'독자여, 주의하라'

성경은 하나님이 우리에게 자신을 드러내신 계시의 증언이다. 그리고 '렉치오 디비나'는 바로 이 성경이 기독교 공동체에 뿌리내리고 그 공동체를 성장시키게 하는 성경 독서법이다. 이 독서법은 수세기 동안 이어져 온 경건한 성경 읽기를 통해서 발전된 지혜로운 지침인데, 성경 독자인 우리가 이 텍스트를 이해하고 수용할 수 있는 적절한 방법들을 익히도록 훈련시켜 준다. 그러한 훈련은 성경 읽기가 단지 우리의 생각이나 감정에 어떤 인상을 남기는 것으로 그치는 것이 아니라, 우리가 인생을 사는 방식을 형성하게 해준다. 성경 읽기를 통해서 우리의 삶이 하나님의 계시로 충만하게 하는 것이다.

성경을 제대로 읽으면 큰 곤란에 처할 수 있다. 기독교 공동체는 성경을 **읽는** 것만큼이나 그것을 **어떻게** 읽느냐에 관심을 가지고 있다. 성경을 어떤 사람의 손에 쥐어 주면서 "그것을 읽으라"고 명령하는 것으로는 충분하지 않다. 그것은 자동차 열쇠 한 묶음을 청소년의 손에 쥐어 주고 자동차를 한 대 주면서 "운전해라"라고 말하는 것만큼이나 어리석은 일이다. 그리고 그만큼 위험한 일이다. 기술의 작은 부분을 손에 넣고는 그것을 무식하게 사용해서 자신의 목숨은 물론이고 주변 사람들의 목숨까지 위태롭게 할 수 있기 때문이다. 혹은 기술이 주는 권력에 도취되어 그것을 무자비하게 폭력적으로 사용할 수도 있다.

인쇄는 기술이다. 일단 **우리 손에** 하나님의 말씀을 쥐게 되면 그것을 다룰 수 있게 된다. 그렇게 되면 우리가 그것을 통제하고 있고, 그것을 사용할 수 있고, 적절성이나 조건은 아랑곳 않고 원할 때면 언제 어디서든 그리고 누구에게든 마음대로 적용할 수 있다고 가정하기 쉽다.

자동차는 기계적 기술보다 더 넓은 차원의 요소들과 관계되어 있다. 그리고 성경에도 인쇄 기술보다 더 넓은 차원의 것이 있다. 중력과 관성, 값과 속도, 평면과 장애물, 시보레와 포드, 교통 법규와 고속도로 순찰대, 음주자를 포함한 다른 운전자들, 눈과 빙판 그리고 비의 세계가 자동차의 기계 기술을 에워싸고 있다. 운전은 열쇠를 돌려 시동을 걸고 액셀러레이터를 밟는 것보다 훨씬 더 많은 것과 연관되어 있다. 그것을 모르는 사람은 곧 사망하거나 불구자가 될 것이다.

마찬가지로 성경의 기술에 내재하는 조건들을 모르는 사람들도 자신과 다른 사람들에게 위험한 존재다. 따라서 성경을 나누어 주면서 사람들에게 그것을 읽으라고 촉구할 때, '독자여 주의하라'(*caveat lector*)라고 반드시 말해야 한다.

역사적으로 야채와 고기, 카펫과 치마, 말과 자동차를 사기 위해서 시장에서 장을 보는 사람들은 경험 많은 부모와 조부모들로부터 '구매자여, 주의하라'(*caveat emptor*)라는 경고를 받아 왔다. 시장은 늘 보이는 모습 그대로가 아니다. 단순한 상품의 교환보다 더 많은 일들이 벌어지고 있는 것이다. 파는 사람과 사는 사람이 같은 가치와 목표를 가지는 경우는 드물다. 파는 사람이 사는 사람의 최고 유익을 바란다고 생각해서는 안 된다. 구매자여, 주의하라.

그리고 독자들도 주의하라. 그저 인쇄된 글자를 읽고 명사와 동사를 구분할 줄 아는 것으로는 충분하지 않다. 50달러짜리 모로코 가죽 표지 성경이 내게 있을지 모르나, 내 마음대로 할 수 있는 하나님의 말씀을 소유한 것은 아니다. **하나님**은 주권적이시다. 하나님의 말씀은 내 소유가 아니다. 내 성경책의 지면에 인쇄된 말들은 창조와 구원의 하나님, 예수님을 통해 육신을 입고 그 말씀이 되신 사랑의 하나님의 살아 있고 활동적인 계시를 증언한다. 이 사실을 잊지 않는 것이 좋을 것이다. 성경을 읽으면서 이와 같은 생명력과의 접촉을 잃어버린다면, 이 살아 계신 예수님으로부터 듣는 것에 실패한다면, 그 주권에 굴복하고 그 사랑에 반응하는 것에 실패한다면, 내 지식은 교만해지고 내 태도는 비인격적이 될 것이다. 좋지 못한 성경 읽기는 기독교적인 삶이라는 이름으로 엄청난 해를 가한다. 독자여, 주의하라.

예수님은 예루살렘으로 가는 길에 만난 한 율법학자(*nomikos*)에게 질문을 던지셨고, 그 학자는 그것 때문에 곤란을 겪었다. "네가 어떻게 읽느냐?"(*pōs anaginōskeis*, 눅 10:26) "네가 이제 막 읽은 것이 무엇이냐?"가 아니라, "네가 이것을 어떻게 읽느냐?"[1]

예수님의 질문은 그 학자의 질문에 대한 대답이었다. 그 학자는 바로 직전에 예수님께 "내가 영생을 얻으려면 무엇을 해야 합니까?"라고 물었다. 겉으로 보기에 이 질문은 매우 정당한 질문 같다. 그러나 이 이야기를 들려주고 있는 누가는 겉으로 보이는 것 바로 이면에 있는 것을 염두에 두고 있었다. 그는 우리에게 그 율법학자의 질문이 적대적이라는 것을 알려 준다. 그 학자는 하나님 앞에서 적합하게 살 수 있는 방법에 대한 정보나 조언을 구하는 것이 아니었다. 그의 질문은 '예수님을 시험하기' 위해서(*ekpeiradzōn*) 던진 것이었다. 그는 예수님을 자극하든 예수님과 논쟁을 하든, 어떻게든 딴죽을 걸고 싶었다. 그것과 똑같은 동사(*ekpeiradzein*)가 앞에서 사탄이 광야에서 예수님께 하려고 했던 일을 일컫는 데 사용되었고(눅 4:12), 그 단어의 명사 형태가 그 이야기 몇 줄 후에(11:4) 예수님이 우리에게 조심해야 할 것을 경고하시는 데 사용되었다(*peirasmon*). 이 율법학자의 질문 이면에 정확하게 무엇이 있었는지 우리는 모르지만, 그것이 순진한 질문이 아니었음은 분명하다. 그는 어떻게든 예수님을 '한 방 먹이려' 하고 있었고 그렇게 하기 위해서 성경을 사용했다.

예수님의 질문은 그 학자로부터 정답을 이끌어냈다. 그는 신명기 6:5과 레위기 19:18에서 가져온 두 개의 사랑 계명을 정확하고 적절하게 인용했다. 예수님은 기다리셨다는 듯이 그의 정답에 인증 마크를 달아 주신다. "네 대답이 옳도다." 어쨌든 예수님 자신도, 어느 율법학자가 그와 비슷한 질문을 던졌던 또 다른 대화에서(마가와 마태의 기록에 나와 있다) 그 두 개의 본문을 결합하셨으니 말이다(마 22:34-40; 막 12:28-31). 그 학자의 성경 지식에는 아무런 문제가 없었다. 그러나 그가 그것을 읽는 **방식**에는 심각한 잘못이 있었다. 그 학자가 '자기를 옳게 보이려고' 물고 늘어지는 장면에서 그 사실은 명확해진다. 그는 예수님께 이렇게 묻는다. "그러면 내 이웃이 누구니이까?"

왜 이 학자는 단어의 정의를 원하는가? 인격적으로 그 텍스트에 반응하는 것으로부터 자신을 방어할 필요가 있기 때문이다. '이웃'을 정의하면 이웃을 탈인격화하게 되고, 이웃을 자신이 통제할 수 있고 자신이 원하는 대로 할 수 있는 대상으로 만들어 버린다. 그것은 또한 성경의 본문도 탈인격화한다. 그는 텍스트에 **대해서** 이야기하고 싶어한다. 그것을 사물로 취급하고, 끊임없이 분해하고 분석하고 토론하고 싶어한다. 하지만 예수님은 그 게임에 말려들지 않는다. 그 학자는 하나님의 살아 있는 말씀을 이제 막 인용했다. 그 말씀은 듣고, 굴복하고, 순종하고, **살아야** 하는 말씀이다. 따라서 근처에 있는 떡갈나무 그늘 아래로 그를 데리고 가서 신명기와 레위기를 가지고 성경공부를 하는 대신 예수님은 그에게 이야기를 들려주시는데, 그 이야기는 예수님의 가장 유명한 이야기 중 하나인 선한 사마리아인의 이야기다. 그리고 예수님은 처음과 마찬가지로 질문으로 이야기를 마치신다. "네 의견에는 이 세 사람 중에 누가 강도 만난 자의 이웃이 되겠느냐?" 그 학자는 그 질문에 꼼짝을 못하게 된다. 성경에 나오는 말씀을 더 이상 "누가 나의 이웃인가?"와 같은 개념 정의를 통해서는 다룰 수 없게 된 것이다. 그 텍스트는 참여할 것을 주장한다. "네가 이웃이 되겠느냐?" **예수님이** 참여를 강력하게 주장하신다. 예수님은 명령을 하시면서 그 학자를 보내신다. "가서…하라." 네가 읽은 대로 살라. 우리는 하나님의 말씀을 살기 위해서 성경을 읽는다.

'렉치오 디비나'는 이와 같은 인격적이고 참여적인 주의력을 계발하고 그럼으로써 성경을 바르게 읽는 훈련을 하게 해준다.

모든 장마다 성경은 예수님이 하셨던 질문을 우리에게 던진다. "네가 **어떻게** 읽느냐?"

또 한 가지 '주의'해야 할 것이 있다. 기록된 말은 죽은 말이다. 거기에는 아무런 생명이 없다. "문자는 사람을 죽인다"(고후 3:6, 표준새번역). 독서라는 것은, 심지어 그것이 성경을 읽는 것이라 하더라도(어쩌면 특히나 더 그것이 성경을 읽는 것이기에), 그저 공동 묘지를 거닐며 고대의 묘비나 비석에 새겨진 글씨의 탁본을 뜨는 경건한 산책에 불과하다. 기록된 모든 말, 책이라는 관에 담겨 도서관에 묻혀 있는 말들은 모두 죽은 말이다. 하지만 그것이 그렇게 나쁜 것은 아니다. 그것은 단지 죽은 말이 아니라 부활을 기다리는 죽은 말이다. 왜냐하면 "영은 사람을 살리기"(고후 3:6, 표준새번역) 때문이다.

'렉치오 디비나'는 예수님이 십자가형으로 숨을 거두신 후에, 이제 막 시체가 된 예수님의 몸 즉 육신이 되신 말씀에 경의를 표하고 존엄을 부여하기 위해 그 다음날을 계획하며 "향품과 향유를 준비한"(눅 23:56) 갈릴리 여자들과도 같다. 무덤에 도착했을 때 이 여자들은 자신들이 기대한 것을 발견하지 못하고 ("주 예수의 시체가 뵈지 아니하더라"), 한 천사를 통해 자신들이 찾는 분이 죽은 예수님이 아니라 살아 있는 예수님이라는 사실을 알고 크게 놀란다 ("어찌하여 살아 있는 자를 죽은 자 가운데서 찾느냐"). 그들이 찾는 것은 죽어서 무덤에 묻힌 하나님의 말씀이 아니라, 부활하여 동네를 돌아다니는 하나님의 말씀인 것이다. 그들은 향품과 향유를 무덤에 버려 둔다. 그것들은 이제 그들에게도 예수님께도 필요가 없다. 그들은 살아 계신 말씀이신 예수님을 만나고, 따르고, 들을 채비를 하고 길을 나선다. 그들은 예수님이 "모든 성경에 쓴 바 자기에 관한 것을"(눅 24:27) 해석해 주시는 것을 듣는 엠마오의 순례자들과 같은 대열에 합류할 채비가 되어 있었다.

'렉치오 디비나'는, 경건할지는 모르지만 죽은 예수님을 다루고 취급하는 독서 방식에서 살아 계신 예수님의 음성을 듣고 함께하고 따르는 친구들의 무리와 교제하는 독서 방식으로 바꾸도록 하는 계획적이고 의도적인 방식이다.

독자여, 주의하라. 기록된 말씀은 그것이 원래 사용된 맥락에서 근본적으로 이탈하게 되는데, 그 맥락이란 바로 살아 있는 음성이다. 그리고 기록된 말을 읽는 것보다 살아 있는 음성을 듣는 것에 훨씬 더 많은 것이 들어 있다. 말은 기록되고 읽히기 전에 먼저 말해지고 들려진다. 언어는 그것이 기록되기 훨씬 오래 전부터 구두로 말해졌다. 문자 언어 없이도 만족스럽게 지내는 사회들이 여전히 있지만, 말 없이 생존하는 사회는 하나도 없다. 말은 무엇보다도 구두/청각 현상이다. 성경에 나오는 대부분의 말은 먼저 글로 형성된 것이 아니라 말해지고 들려진 말이었다. 우리가 성경을 통해서 익히려고 노력하는 사회인 소위 '성경의 세계'에서는 기록된 성경이 없었다. 성경에 나오는 우리의 선조들은 숱하게 많은 세대 동안 문서 없이 하나님을 믿고 순종하고 예배했다. 그들이 하나님의 말씀을 받은 것은 사실이지만, 그들은 그것을 귀로 들었다. 하나님의 말씀이 음성이라는 수단을 통해서 주어진 것이다.[2)] 삶에서 기본적으로 구두의 성질을 가진 하나님 말씀과의 접촉을 잃어버리지 않도록 우리는 반복적으로 이 사실을 상기할 필요가 있다.

그러나 글쓰기의 행위를 통해 사라지는 것은 단지 개인적으로 말하는 목소리의 음색과 어조와 리듬뿐만이 아니다. 그 배경에서 웅성거리는 다른 목소리들, 요구와 질문으로 방해하는 아이들, 개똥지빠귀의 노래, 지붕에 떨어지는 빗소리, 벽난로에서 타고 있는 노간주나무의 향, 식탁에서의 대화에 곁들여지는 와인 향기와 빵의 질감 등 복잡하게 얽히고설켜 있는 그 모든 것이 사라진다. 어떤 단어나 문장이 기록되는 순간 그것은 그것의 원래 기원으로부터 분리되어 마치 박물관의 유물이나 실험실의 표본처럼 격리된 채 지면 위에 자리잡게 된다. 박물관이나 실험실에서는 보통 그렇게 원래의 맥락에서 벗어나는 것을 장점으로 생각한다. 그렇게 되면 이제 그것을 분류하고, 그 특성을 규정하고, 집어 들고, 불빛을 들이대어 이리저리 돌려 보고, 무게를 달고, 치수를 재고, 그것에 대해서 글을 쓸 수 있는 것이다. 돌과

6. '독자여, 주의하라' 149

뼈, 도자기 파편과 컴퓨터 칩, 혈액과 소변 표본 등 사물의 경우에는 원래의 맥락이 분리될수록 더 정확할 수 있다. 맥락은 정확성을 오염시키고 간섭하기 때문이다. 하지만 말은 그렇지 않다. 따라서 독자여, 주의하라.

말은 본질적으로 모호하다. 그것은 결코 정확하지 않다. 말하는 사람의 성품이 우리가 그것을 해석하는 방식에 영향을 미친다. 그리고 듣는 사람의 주의력이나 지성 또한 그 말이 어떻게 이해되는지에 영향을 미친다. 장소와 날씨와 상황 모두가 말하는 것과 듣는 것에 한 몫 한다. 언어가 사용될 때 우리가 '맥락 속에' 더 많이 있을수록 그것을 이해할 가능성이 더 크다. 제대로 억누르지 못한 짜증과 조급하게 두드리는 손가락, 망설임과 침묵, 몸짓과 웃는 얼굴과 찡그린 얼굴, 이 모두가 언어의 일부다. 그러나 말이 기록되는 순간, 모든 것 혹은 적어도 대부분의 것이 사라져 버린다. 심지어 그 맥락은 설명한다 하더라도 상호작용과 얽히고설키는 복잡한 동시성은 사라지고 만다. 즉 말은 기록되는 순간 축소된다. 글로 쓰인 말은 입으로 한 말에 미치지 못한다. 그리고 때로 그것은 전혀 다른 것이 되기도 한다. 월터 옹(Walter Ong)은 말을 듣는 것과 말을 읽는 것의 엄청난 차이를 자세하게 평가해 놓았다.

> 우리는 글자 해독 문화에서 자란 가장 비참한 죄수들이다. 아무리 노력해도 현대인은 구어의 실제 의미를 감지하기를 무척 어려워

하며, 많은 경우 아예 불가능한 것으로 여기기도 한다. 현대인은 구어가 원래는 기록된 혹은 기록되어야 하는 어떤 것의 변형이라고 생각한다.[3]

바로 그렇기 때문에 많은 사람들이 입으로 전해진 말보다 기록된 말을 좋아한다. 그것은 더 간단하고, 더 많이 통제할 수 있고, 힘들거나 신경과민이거나 견딜 수 없을 정도로 지루한 사람들의 복잡성을 다루지 않아도 된다. 읽는 내용이 마음에 들지 않으면 그 책을 덮어 버리고 다른 책을 집어 들면 된다. 아니면 쇼핑을 하거나 산책을 하거나 정원에서 한두 시간 정도 시간을 보내면 된다.

그러나 독자여, 주의하라. 우리는 자신에게 편리하거나 자신이 관리할 수 있는 것으로 인생을 축소하기 위해서 성경을 읽는 것이 아니다. 우리는 눈에 보이지 않는 삼위일체의 위대함, 천사들의 드높은 찬미, 선지자들의 특이하게 울퉁불퉁한 성질 그리고 무엇보다 예수님께 동참하기를 원한다.

처음 세 개의 복음서에 나오는 예수님의 첫 비유는 우리 삶에서 하나님 말씀의 핵심은 읽는 것이 아니라 듣는 것이라는 점을 강조한다. "귀 있는 자는 들으라!"(참고. 마 13:3-9; 막 4:3-9; 눅 8:5-8) 밧모 섬에 있던 요한이 자신의 일곱 교회에 보낸 각 설교에 나오는 핵심 구절도 그와 비슷하다. "귀 있는 자는 성령이 교회들에게 하시는 말씀을 들을지어다"(계 2:7, 11, 17, 29;

3:6, 13, 22). 누군가가 말할 때 우리가 하는 일은 듣는 것이다. 누군가가 글을 쓸 때 우리가 하는 일은 읽는 것이다. 말이 먼저 온다. 글은 말에서 파생된다. 그리고 만약에 우리가 말 즉 하나님 말씀의 힘을 온전히 다 느끼고자 한다면 그 말에 있는 구어의 성격을 회복해야 한다.

몇 년 전에 청소년 그룹을 데리고 여름 캠프에 갔을 때, 그 캠프의 지도자가 잉여 군대 물자를 파는 매장에서 싼 값으로 다량의 건조 식품을 구입해 왔다. 어느 날 나는 저녁 식사를 위해 식료품 저장실에서 돼지고기를 꺼냈다. 종이처럼 얇게 건조된 돼지고기였는데, 게걸스럽게 먹는 14세 남자 아이들이 충분히 먹을 수 있는 양이었지만 무게는 몇 십 그램 정도밖에 나가지 않았다. 조리법에 따르면 양동이에 물을 가득 채워 한 시간 동안 담가야 한다기에 그렇게 했다. 우리는 그 건조 식품이 수분을 빨아들이면서 양동이 안에서 큼직하고 즙이 많은 돼지고기로 변하는 과정을 경이로운 눈으로 지켜보았다. 여행에 지친 힘겨운 하루를 멋지게 마감할 대단원을 기대한 우리는 기다리기가 힘들 지경이었다. 그 무렵에는 이미 뜨거운 숯불이 준비되어 있었고 우리는 커다란 프라이팬 위에 여섯 덩이의 돼지고기를 얹고는 숯불 위에 올렸다. 그런데 열기가 프라이팬을 통과하자마자 고깃덩이들은 말 그대로 사라져 버리고 말았다. 단 2분 만에 수분은 사라지고 불리기 전의 종이처럼 얇은 돼지고기만 남게 된 것이다.

어떤 의미에서 성경은 건조된 하나님의 말씀이다. 성경이 원래 발생한 맥락은 다 제거되고, 생생한 목소리와 도시의 소음, 세바에서 향료를 그리고 오빌에서 금을 싣고 와 시장을 쿵쿵거리며 지나가는 낙타들, 부엌에서 끓고 있는 렌즈콩 스튜 냄새 등 모든 것이 이제는 얇은 반투명 종이 위에 찍힌 기호로 축소되었다. 우리는 그것에 다시 수분을 공급하기 위해 노력한다. 한 시간 정도 친구들과 함께 성경공부를 하거나 혼자서 기도하는 마음으로 읽기도 한다. 그러나 그로부터 5분 후, 하루의 임무에 돌입하며 직장으로 가다 보면 별로 남아 있는 것이 없다. 그 정도는 우리를 지탱해 줄 것 같았건만 남아 있는 것은 종이 위의 잉크뿐이다. 우리에게 성경의 말들은 남아 있지만 성경의 세계는 남아 있지 않다는 것을 알게 된다. 그러한 말들이 잘못되었다는 것은 아니다. 다만, 성경의 세계(뒤얽힌 이야기, 메아리치는 시와 기도, 이사야의 기교 어린 호통과 요한의 놀라운 비전) 없이는 예수님의 비유에서 길가나 자갈밭이나 잡초 틈에 떨어진 말씀의 씨앗처럼 그 말들은 우리 삶에 뿌리내리지 못한다.

'렉치오 디비나'는 기독교 공동체가 성경에 수분을 다시 공급해서 그것이 하루 중 가장 더운 때에도 원래 힘과 모양을 지탱하게 하고자 하는 노력이다. (오스틴 패러는 이것을 '지독한 훈련'이라고 했다!) 성경이 그렇게 자신의 원래 맥락을 충분히 오랫동안 유지하도록 해서 그 맥락이 우리 자신의 맥락(우리가 사는 세상, 이 곳의 날씨와 일 가운데서 요란하게 떠드는 목소리들)과 혼합되거나 그것에 동화될 수 있도록 말이다. 그러나 우리에게 필요한 것을 성취하려면 양동이에 한 시간 담그는 것 이상이 필요하다. '렉치오 디비나'는 '성경을 따라서' 발전하는 삶의 방식이다. 그것은 단지 우리 앞에 성경이 펼쳐졌을 때 시행하는 기술이 아니라 성경이 증언하는 육신이 되신 말씀과 일치하는 삶이다. 히브리서는 하나님 말씀의 기원을 이렇게 설명한다. "옛적에 선지자들을 통하여 여러 부분과 여러 모양으로 우리 조상들에게 **말씀하신** 하나님이 이 모든 날 마지막에는 아들을 통하여 우리에게 **말씀하셨으니**…그러므로 우리는 **들은 것**에 더욱 유념함으로…"(히 1:1-2; 2:1). 이것은 "구름같이 둘러싼 허다한 증인들"(히 12:1)에 의해서 입을 통해 우리에게 전달된 말이며 이제는 그것이 우리의 성경에 기록되었다. '렉치오 디비나'의 임무는, 잉크로 쓰였고 이제는 피로 다시 쓰인 그 말을 사람들이 주의해서 듣게 하는 것이다.

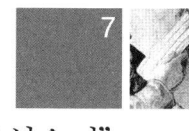

"주께서 나를 위해 귀를 파셨으니"

'렉치오 디비나'.

텍스트를 질문과 대답, 개념 정의와 교의로 탈인격화하는 것을 경계하는 독서 방식.

그 애처로운 율법학자가 예수님 앞에서 하려고 했던 것처럼 성경을 거꾸로 세워 놓고 우리 자신을 정당화하는 데 사용하는 것을 방지해 주는 독서 방식. 그 텍스트가 마치 우리의 도움 없이는 무력한 것인 양 그것을 통제하려는 시도를 멈추는 독서 방식. 육신이 되신 말씀 즉 무덤 속에서 천에 감긴 채로 있을 것이라고 생각했던 예수님을 돌보려고 가져갔던 향품과 향료를 던져 두고 그 말씀의 부활과 그분 안에서 살아난 모든 말들을 기꺼이 수용한 갈릴리 여자들의 대열에 합류하는 독서 방식. 성경의 전체 이야기와 나의 이야기를 혼합하고자 하는 독서 방식. **단순한 독서로 축소되는 것을 거부하고**, '구름같이 허다한 증인들'이 자신의 이야기를 들려주고 노래하고 설교하고 기도하고 질문하고 아이를 낳고 죽은 자를 묻고 예수님을 따르는 소리를 듣고, 그것에 반응하며 그 텍스트를 살고자 하는 독서 방식.

선조들이 발전시켜 우리에게 물려준 '렉치오 디비나'는, 쓰는 행위에 의해서 너무도 쉽게 잃어버리거나 모호해지는 성경의 맥락을 회복하고 복잡한 관계망을 복구하기 위한 훈련이다.

이제 세부 내용을 다룰 때가 되었다. '렉치오 디비나'란 정확하게 무엇을 일컫는가? 어떻게 해야 하는 독서인가?

'렉치오 디비나'는 네 가지 요소로 이루어져 있다. '렉치오'(텍스트를 읽는다), '메디타티오'(*meditatio*, 텍스트를 묵상한다), '오라티오'(*oratio*, 텍스트를 기도한다), '콘템플라티오'(*contemplatio*, 텍스트를 산다). 그러나 이렇게 이름을 붙인다고 해서 그것들이 서로 순차적인 관계를 맺고 있는 것은 아님을 알아야 한다. 읽는 것('렉치오')은 선형적 행위이지만, 영적('디비나') 독서는 그렇지 않다. 네 가지 요소 중 어느 것이든 언젠가는 제일 앞에 올 수 있다. 하나에서 다른 하나로 자연스럽게 진행되는 부분이 있기는 하지만, 그것을 이해하기 위해서 서로 분리시켜 보면 실제 행위에서는 그것들이 마치 계단처럼 차례로 접하는 네 개의 분리된 항목이 아님을 알게 된다. 그 과정은 선형적이기보다는 오히려 네 요소가 다양한 순서와 배치로 반복되는 고리 모양의 나선형과 더 흡사하다. 우리는 여기서 그 상호 작용을 **인식**해야 한다. 그 요소들이 정확한 구조를 이루며 행진하는 것이 아니라 한 요소가 다른 요소를 불러내고 그러면서 다른 요소에 자리를 내어 주기 위해서 뒤로 물러나고, 그 어느 것도 다른 요소들과 격리되지 않고 일종의 활기찬 포크댄스처럼 다 같이 있는 그러한 상호 작용을 보는 것이다. 그것은 마치 나트륨과 염소의 관계와 같다. 서로 분리되어 있으면 매우 위험하고 심지어 치명적이기까지 하지만 혼합물이 되어 염화나트륨 즉 소금이 되면 싱거운 음식에 생명을 불어넣는다. 각 요소는 신중하게 다루어야 하며 그 어떤 요소도 제거될 수 없다. 그 어떤 요소도 다른 요소로부터 분리되어 실행될 수 없다. '렉치오 디비나'가 실제로 이루어질 때에는 네 가지 요소가 서로 혼합되고 상호 침투한다. '렉치오 디비나'는 삶의 방식이 되는 독서 방식이다.[1)]

나는 지난 2,000년 동안 우리의 그리스도인 동료들이 다양한 방식으로 해 온 이야기를 우리의 현재 상황에 들어맞게 몇 가지만 변형시켜서 말하고자 한다.

시편 40:6에 나오는 이목을 끄는 문구는 '렉치오 디비나'의 비유로 사용하기에 손색이 없다. "주께서 나를 위해 귀를 파셨으니"

(*aznayim karitha li*). 번역가들은 판에 박힌 듯이 소심하게 의역을 했다. "주께서 내게 열린 귀를 주셨으니"(RSV), "주께서 나의 귀를 뚫으셨으니"(NIV), "주께서 나의 귀를 여셨으니"(KJV). 그러나 이 시편 기자는 하나님이 곡괭이를 휘둘러 화강암같이 단단한 우리의 머리에 붙은 귀를 파내셔서 하나님이 하시는 말씀을 들을 수 있도록, 정말로 들을 수 있도록 하신다는 대담한 상상을 했다.

하나님의 계시를 받는 최초의 신체 기관은 보는 눈이 아니라 듣는 귀다. 이 말은 모든 성경 읽기가 하나님의 말씀을 듣는 것으로 발전되어야 함을 의미한다.

인쇄 기술은 그것 자체로는 놀라운 것으로서 수없이 많은 사람에게 성경을 쥐어 주었지만, 그 성경이 개인적으로 말씀하시는 하나님과 기도하며 듣는 공동체라는 맥락 속에 있지 않는 한 성경을 다루는 것은 매우 위험한 일이다. 성경을 도구로 축소한다면 그 도구는 우리의 마음에 굳은살이 박이게 할 것이다.

'렉치오'

읽는 것이 제일 먼저인 것처럼 보일지 모르지만 사실은 그렇지 않다. 독서보다 언제나 선행하는 것은 듣고 말하는 것이다. 언어는 본질적으로 구두로 하는 것이다. 우리는 책으로부터 혹은 글 쓰는 사람으로부터 말을 배우는 것이 아니라, 말하는 사람으로부터 배운다. 기록된 말은 말하는 목소리와 듣는 귀를 소생시킬 잠재력을 가지고 있기는 하지만, 반드시 그렇게 되지는 않는다. 말은 그냥 지면 위에 놓인 채 분석되거나 감탄의 대상이 되거나 그냥 무시될 수 있다. 우리가 무엇인가를 읽는다고 해서 반드시 그것을 듣는 것은 아니다.

또한 기록된 말은 구두로 한 말보다 더 명쾌하다. 언어를 말하고 듣는 것은 매우 모호하며, 많은 것을 놓치고 오해하기 쉽다. 아무리 논리적으로 명백하게 말을 한다 하더라도 듣는 사람이 그것을 제대로 이해하지 못하는 경우가 많다. 반대로, 듣는 사람이 아무리 집중하고 식견이 있다 하더라도 말하는 사람이 제대로 말하지 못하는 경우도 많다. 우리는 T. S. 엘리엇이 언젠가 말한 것처럼, '단서를 가지고 추측해'[2] 나갈 뿐이다. 그러나 단지 우리가 사전에서 단어를 찾아보았고 세심하게 단어의 앞뒤 문맥을 참조했다고 해서 살아 계신 하나님의 음성에 주의를 기울였고 그것을 들은 것은 아니다.

나는 하나님이 언어의 모호성 때문에 그분의 계시가 처할 수도 있는 위험을 감수하기로 하셨다는 사실에 때로 감탄한다. 만약 하나님이 진리를 아무런 오해의 여지 없이 정말로 명확하게 전달하고 싶으셨다면 자신의 진리를 수학을 통해서 계시하셨어야 했다. 수학은 우리가 가지고 있는 가장 정확하고 모호하지 않은 언어이기 때문이다. 물론, 만약 그랬다면 대수학으로 "너를 사랑해"라고 말할 수는 없었을 것이다.

따라서 우리 한계를 넘어서는 것에 너무 집착하지 않는 것이 중요하다. 우리 앞에 성경을 펼쳐 주면서 "읽으라. 거기에 있는 대로만 읽으라. 그리고 거기에 있는 **방식대로** 그것을 읽도록 하라"라고 말해 주는 그리스도인 형제 자매들의 조언을 듣는 것이 중요하다. '렉치오'.

그러나 읽기의 출발점은 흔히 생각하는 것처럼 문법과 사전이 아니다. 살아 있는 목소리의 뉘앙스와 모호성을 탈피한, 종이 위에 적힌 말의 부동성은 마치 그것이 정확할 것 같다는 환상을 심어 주며 독자의 입장에서도 그에 상응하는 정확성을 가질 것을 요구하는 것 같아 보인다. 우선 우리가 사용하는 언어의 가장 두드러진 특징이자 성경에서도 가장 눈에 띄는 특징인 은유를 고찰하는 것에서 시작하는 것이 좋을 것이다. 은유가 어떻게 작용하는지를 이해하지 못한다면 성경에서 읽는 것의 대부분을 오해할 것이다. 히브리어와 그리스어 문장을 아무리 꼼꼼하게 해부하고 아무리 정확하게 사전을 사용하고 어원을 추적한다 하더라도, 지면에 나오는 단어들을 아무리 정확하게 정의한다 하더라도, 은유가 작용하는 방식을 받아들이지 못한다면 결코 텍스트의 의미를 이해하지 못할 것이다.

언어에서 은유가 자주 사용되고 또 두드러지게 나타남에도 불구하고 은유의 역동성을 이해하기란 우리가 생각하는 것처럼 쉬운 일이 아니며, 특히 청취자가 아니라 독자로서 은유를 대할 때 더욱 그렇다. 지면에 있는 말은 지울 수 없는 잉크로 지면 위에 고정된 글자이기 때문에 그것이 문자적이라는 인상을 준다. 그리고 변하지 않는다는 인상도 준다. 사흘 전에 읽다가 그만둔 페이지로 돌아가서 그것을 다시 읽으면, 그것은 사흘 전과 똑같다. 그런데 음성으로 하는 대화에서는 그렇지 않다.

대부분의 성경 독자들에게 이러한 어려움은 더 커지는데, 왜냐하면 기록된 말이 '하나님의 말씀'이라는 전제가 있기 때문이다. 이는 그것을 절대적으로 진지하게 받아들여야만 한다는 것을 의미한다. 그러나 오늘날의 독서 문화 속에서 '진지하게'란 종종 '문자적으로'라는 의미를 가진다. 오늘날에는 과학이 진리를 판단하는 기준을 마련해주며 진리는 실험실에서 입증될 수 있어야 한다. 여기서 진리는 실증적 사실을 의미한다. 사물일 경우에는 실험하고 조사하고 치수를 재고 무게를 달 수 있어야 하며, 언어일 경우에는 심혈을 기울인 논리적 분석에서 살아 남을 수 있어야 한다. 그것을 우리는 종종 '문자적'이라고 일컫는다.

은유는 그러한 논리적 엄밀성을 통과할 수 없는, 실험실의 과정을 이겨낼 수 없는 언어의 형식이다. 불행히도 (어쩌면 결과적으로는 다행인지도 모르지만) 성경은 은유로 꽉 차 있어서 우리가 만약 '문자적인 것'이 '진지함'의 유일한 수단이라고 생각한다면 난처해지는 경우가 많을 수밖에 없다. 은유는 문자적으로는 거짓이기 때문이다.

은유는 문자적으로는 사실이 아닌 것을 사실이라고 주장한다. 예를 들자면, 히브리인들이 하나님에 대해서 자주 사용했던 표현 중에 '반석'이라는 말이 있다["여호와는 나의 반석이시요.…우리 하나님 외에 누가 반석이냐"(시 18:2, 31)]. 만약 우리가 이 문장을 문자적으로 받아들인다면 우리는 주일 아침에 예배를 드리기 위해서 교회로 가는 대신 동네 채석장으로 가서 집 뒷마당에 세울 수 있는 바위 신을 하나 살 것이다. 이 은유를 다루는 또 다른 방법은 그 문장이 무의미하다고 보고 아예 지워 버리는 것인데, 그렇게 되면 거의 한 문장 건너서 한 문장 꼴로 삭제된 성경만이 남게 될 것이다. 그렇게 사라질 문장들 중에는 우리가 가장 아끼는 것들도 있다. "여호와는 나의 목자시니"(시 23:1), "여호와는 용사시니"(출 15:3), "나는 사론의 수선화요"(아 2:1), "나는 참 포도나무요"(요 15:1).

산드라 슈나이더스(Sandra Schneiders)는 은유를 '"이다"와 "아니다"를 포함하며 그 둘을 해결할 수 없는 긴장 속에서 지탱하고 있는' 언어라고 탁월하게 그 특성을 설명했다.[3] 그 긴장은 본질적으로 불편하며, 사람의 생각에 일종의 충격을 가하면서 문자 위주의 피상적 독서보다 더 깊이 참여하도록 자극한다. '이다'를 억압하면 은유는 죽게 되고 그 의미에서 남는 것은 미라로 만들어진 시체뿐이다. '아니다'를 억압하면 은유는 문자화되고, 남는 것은 난파되고 녹슨 단어가 쌓인 고물 수집장뿐이다.

은유를 문자적으로 취급하는 것은 매우 어리석은 일이다. 은유가 자기 나름의 뜻을 펼치도록 내버려둔다면 그것은 다른 차원의 명쾌함을 가져다 줄 것이다. 예를 들어 시편 114편에 켜켜이 쌓인 은유들을 보라.

> 바다가 보고 도망하며
> 　요단은 물러갔으니,
> 산들은 숫양들같이 뛰놀며
> 　작은 산들은 어린 양들같이 뛰었도다(3-4절).

이것이 출애굽기의 이야기임을 깨닫는 데는 그리 오랜 시간이 걸리지 않는다. "바다가 보고 도망하며." 침착한 산문의 언어로 하면 이것은 이스라엘의 이야기다. 이집트인들로부터 도망가다가 홍해가 앞을 가로막았을 때, 모세가 지팡이로 물을 치고 물이 갈라지자 백성들은 마른 땅을 걸어서 지나갔다. 하나님이 탈출구를 마련해 주신 것이다. "요단은 물러갔으니"는 이스라엘이 40년 동안의 광야 생활을 마감하고 약속의 땅으로 들어가려는 순간 만만찮은 요단강이 가로막은 일을 기억하는 표현이다. 그때 여호수아가 지팡이로 물을 치자 강이 갈라졌고 백성들이 그곳을 지나 그 땅을 정복하기 시작했다. 하나님이 승리의 길을 마련해 주신 것이다. "산들은 숫양들같이 뛰놀며 작은 산들은 어린 양들같이 뛰었도다"는, 출애굽기에 기록된 산문에 의하면 모세가 산 정상에서 율법을 받는 동안 화산이 폭발할 듯 부글거리고 지진이 나는 것처럼 흔들리는 산을 보고 두려워하며 시내 산 밑에서 기다리는 사람들의 이야기다.

그렇다면 왜 그냥 알기 쉽게 이야기하지 않는가? 왜 곧이곧대로 말해 주지 않는가? 데니스 레버토브(Denise Levertov)는 "신앙의 시학"(Poetics of Faith)이라는 자신의 시에서 그 이유를 말해 준다.

'요점만 간략하게'는
 튕겨 나갈 수 있고
  설득력이 없지만,
완곡함과 유비, 비유와 모호함은
 배경과 징검다리를
  제공해 준다.[4]

우선, 우리 가운데서 일어나는 하나님의 행동과 임재는 우리의 이해를 너무도 벗어나기 때문에 침착한 묘사와 정확한 개념 정의가 그다지 유용하지 않다. 거기서 나타나는 실재의 수준은 우리 존재를 훨씬 능가하기 때문에 더 풍부한 의미를 담는 언어를 사용하지 않을 수 없다. 그러나 이 언어가 과장된 것은 아니다. 모든 언어, 그 중 특히 초월적인 하나님을 다루는 언어는 부적절하고 미흡하다. 홍해를 도망가는 자칼에 비유하고 요단을 도망가는 겁쟁이 파수꾼에 비유하며 시내 산의 변화를 날뛰는 숫양과 새끼 양에 비유한 것은, 사건을 신문 기사처럼 설명한 것은 아니지만 그렇다고 해서 고삐 풀린 상상력이 날조한 것도 아니다. 그것은 하나님의 계시를 기록하는 자가 구원을 증언한 것이다. 모든 사람이 실재의 한계라고 생각했던 홍해와 요단 강이 공중제비를 넘은 사건과, 죽은 사막에 돌출된 거대하고 죽은 화강암 덩어리인 시내 산에서 예상치 못한 에너지가 분출된 사건은 은유 외에는 표현할 길이 없다.

이것은 은유의 거장인 월러스 스티븐스(Wallace Stevens)가 '은유를 위한 모티브'[5]라고 한 것의 실례다. 은유라는 수단을 통해서 우리는 개별적인 **사물** 이상의 것을 보며, 모든 것을 다른 모든 것과의 역동적인 긴장과 관계 속에서 인식한다. 이 세상의 원료는 물질이 아니라 에너지다. 어떻게 우리는 이 상호 연결된 생명력을 표현할 수 있을까? 바로 은유를 통해서다.

은유는 정의의 기능을 능가하는 의미를 담고 있는 단어다. 여기서 '능가하는'은 우리의 이해를 혼란스럽게 하기보다는 그것을 확장시키고 밝혀 준다. 생태학의 언어가 모든 **사물**(공기, 물, 흙, 사람, 새 등)의 상호 연결성을 표현하는 것처럼, 은유의 언어는 모든 **단어**의 상호 연결성을 표현한다. 역사적 단어(출애굽)와 지질학적 단어(작은 산들), 동물을 지시하는 단어(숫양)는 모두 다른 모든 단어와 관계가 있다.

의미는 상호적으로 연결된다. 그 어떤 것도 따로 격리되어 현미경 아래에 고정된 채로는 이해될 수 없다. 그 어떤 단어도 단순히 그것을 사전에서 찾는 것만으로는 이해할 수 없다. 우리는 말하는 그 순간부터, 지금까지 말한 모든 언어의 전체 그물망 속으로 끌려 들어가게 된다. 한 단어가 우리를 다른 단어와의 놀라운 관계 속으로 끌어들이고, 그 다음에 또 다른 단어, 그리고 또 다른 단어와의 관계 속으로 끌어들인다. 그렇기 때문에 은유가 성경에서 그처럼 눈에 띄는 자리를 차지하는 것이다. 성경에서는 모든 것이 움직이며, 모든 것이 하나님이 하시는 말씀과의 관계 속에서 제자리를 찾는다.

웬델 베리가 그것을 잘 표현했다. "지구는 재산의 개념처럼 죽은 것이 아니라 각각의 인간처럼 생생하고 복잡하게 살아 있으며…그것의 생명과 우리의 생명 사이에는 섬세한 상호 의존성이 있다."[6] 따라서 "산들은 숫양들같이 뛰놀며"라고 하는 은유적 진술은 시내 산에서 주어진 계시의 풍부함을 보여 주기 위한 단순한 묘사가 아니다. 그것은 땅이 그 계시에 반응하고 참여한다는 사실을 예리하게 깨닫는 것이다. 바울은 그러한 행위에 대해서 그것과는 다르지만 그것만큼 인상적인 은유를 사용했다. "피조물이 다 이제까지 함께 탄식하며 함께 고통을 겪고 있는 것을 우리가 아느니라. 그뿐 아니라 또한…우리까지도"(롬 8:22-23). 은유는 설명하지도, 규정하지도 않는다. 그것은 우리를 본질의 내부로 초청해 하나님의 말씀으로 존재하게 된 모든 실재에 관여하게 한다.

앙상한 생각을 가리기 위한 장식으로, 혹은 밋밋한 산문에 레이스 장식을 다는 용도로 은유를 사용할 때 언어의 가치는 떨어진다. 사실 은유적 언어란 평이한 말의 기초 원리를 터득하고 난 후에 배우는 용법이 아니라, 기술적 언어 이전에 존재하는 것이다. 아이들과 시인들이 우리의 본보기가 된다.

   은유는 연결성이라는 촉수를 사방으로 뻗는다. 우리는 성경 속에 뒤죽박죽 엉켜 있는 은유 속에서 자신을 발견함으로써 우리가 하나님에 대한 정보 혹은 '교리'를 수집하는 학생이 아님을 깨닫게 된다. 우리는 영(하나님의 영, 나의 영, 당신의 영)이 상호 침투하는 집에 사는 가족들이다. 은유는 우리를 우리가 아는 것의 일부로 만들며 각 단어가 기원하는 곳으로 우리를 더 가까이 끌어당긴다. 산들과 숫양, 작은 산들과 어린 양, 이스라엘과 유다, 야곱과 그리스도, 나와 당신을 만드는 창조적 말로 끌어당긴다. 말은, 그리고 무엇보다도 은유는, 초월성과 모든 것을 말로 존재하게 하시는 그분과의 만남을 표현한다.

   이것이 바로, 낭비라고 생각될 정도로 은유가 많은 성경을 읽을 때 꼭 필요한 독서다.

'메디타티오'

   말하기가 지배적이었던 문화에서 글의 문화로 옮겨가던 시점에 글을 썼던 플라톤은 글이 기억력을 떨어뜨릴 것이라고 예리하게 지적했다. 이반 일리히(Ivan Illich)는 플라톤을 '글을 불편하게 여긴 최초의 학자'라고 설명했는데, 왜냐하면 플라톤은 자기 학생들이 침묵의 수동적 텍스트에 의존함으로써 기억력의 폭이 좁아지고 그럼으로써 기억력이 얕아지고 둔해지는 것을 목격했기 때문이다.[7] 말이 무엇보다도 목소리와 귀를 수단으로 교환되었을 때는 언어가 살아 있었고, 말하고 듣는 행위에서 그 생명력이 유지되었다. 그러나 그 말이 기록되는 순간 기억력은 쇠퇴할 수밖에 없었다. 우리는 더 이상 누가 말하는 것을 기억할 필요가 없게 된 것이다. 그냥 책에서 찾아보면 된다. 책은 누군가의 말에 대답하는 권리와 기쁨을 앗아가 버렸다. 플라톤은 그러한 자신의 관찰을 이야기로 들려주었는데, 그 이야기는 그의 책 「파이드루스」(Phaedrus)에서 '찾아볼 수' 있다.[8]

그 이야기는 이렇다. 이집트에 토트(Thoth)라는 신이 살았다. 그는 많은 것을 발명했는데 그 중에서도 그가 가장 자랑스럽게 여기는 것은 글쓰기를 가능하게 해주는 문자였다. 어느 날 그는 타무스(Thamus) 왕 앞에서 자신의 성취를 뽐내며 자랑하고 있었다. 그 발명품이 이집트 사람들을 더 지혜롭게 해줄 것이고 그들에게 더 나은 기억력을 가지게 해줄 것이라고 그는 말했다. 그러나 타무스 왕은 그의 말을 인정하지 않았다. 그는 문자가 그들의 기억력을 망칠 것이며, 기억하기보다는 잊어버리는 일이 더 많을 것이고, 실재가 없는 말의 허식만 남게 될 것이라고 했다. 플라톤이 글쓰기를 그림에 비유하자 소크라테스가 그 이야기에 평을 했다. 화가가 그린 풍경에 나오는 인물들은 "생명이 있는 듯 보이나 그들에게 질문을 하면 굳건한 침묵을 지킨다." 마찬가지로 글쓰기도 "질문을 하면 한결같이 같은 대답을 해준다." 일단 말이 기록되면 "그것을 이해할 수도 혹은 이해하지 못할 수도 있는 사람들 사이를 이리저리 굴러 다닌다. 따라서 그 말은 누구에게 대답해야 하고 누구에게 대답하지 말아야 하는지를 알지 못한다. 그리고 혹사당하거나 남용될 때 자신을 보호해 줄 부모도 없고 스스로를 보호하거나 방어할 수도 없다." 예수님처럼 아무것도 글로 쓰지 않은 소크라테스는 '영혼을 가지고 있고…배우는 자의 영혼에 새겨져 있고, 스스로를 방어할 수 있고, 언제 말하고 언제 침묵해야 하는지를 아는 살아 있는 말'을 선호한다.

노스롭 프라이(Northrop Frye)는 플라톤의 염려를 이렇게 요약한다. "기록하는 능력은 기억보다 망각과 훨씬 더 많은 연관이 있다. 그리고 과거를 현재 속에서 계속해서 재창조하는 것보다 과거에 묻어 두는 것과 훨씬 더 많은 연관이 있다."⁹⁾

'메디타티오'는 독서의 행위에서 기억력이 계속해서 활동하게 하는 훈련이다. 묵상은 텍스트에 나오는 **말**을 바라보는 것을 넘어 텍스트의 **세계**로 들어간다. 이 텍스트를 우리 안으로 가져오면, 우리는 그 텍스트가 우리를 그 안으로 데리고 간다는 것을 비로소 알게 된다. 왜냐하면 텍스트의 세계는 우리의 정신이나 경험보다 훨씬 크고 더 진정한 실재이기 때문이다. 성경의 텍스트는 자신을 계시하는 하나님에 대한 증언이다. 이 계시는 단순히 잠깐씩 어두운 것을 밝히거나 난처한 상황을 지나가도록 우리를 인도하는 일련의 임의적 신탁이 아니다. 이 텍스트는 **하나님**을 드러낸다. 창조하시는 하나님, 구원하시는 하나님, 복 주시는 하나님 말이다. 이 텍스트가 가진 배경은 거대하고, 육중하고, 포괄적이다. 성 바울은 그 규모에 비틀거릴 정도로 놀란다. "깊도다. 하나님의 지혜와 지식의 풍성함이여, 그의 판단은 헤아리지 못할 것이며 그의 길은 찾지 못할 것이로다"(롬 11:33).

이 계시의 세계는 단순히 크기만 한 것이 아니라 일관성이 있다. 모든 것이 살아 있는 유기체처럼 서로 연결되어 있다. 살아계신 하나님이 자신을 계시하시기에, 그것을 다 이해하려면 반드시 그 거대한 생명력 안으로 들어가야 한다. 묵상은 우리의 불순종으로 인해 잘려 나간 모든 면을 다시 붙이고, 그 연결성을 인식하고, 그 일치를 깨닫고, 그 반향들을 습득하면서 이 거대함을 시연한다. 여기 있는 것 안으로 들어가는 것이다. 모든 것, 모든 단어, 모든 문장에는 언제나 우리 눈에 보이는 것 이상이 있다. 묵상은 우리가 처음에는 놓쳐 버린, 눈에 즉시 들어오지 않는 거대한 배경 속으로 들어가는 행위다.

묵상은, 성경을 영감 받은 단편의 모음이 아니라 하나의 연결되고 일관성 있는 전체로서 읽도록 훈련하는 영적 독서의 한 측면이다.

고대의 이교 사회에서는 신탁을 전하는 여자에 대한 유명한 이야기가 있었다. 그는 그리스 마을 큐메(Cumae)의 여선지자 시빌(Sibyl)이다. 이 여자를 처음 언급한 사람은 주전 500년 헤라클리투스였다. 나는 늘 그 여자를, 초점 없는 눈에 산발을 하고 동굴 입구에 앉아, 주전자에서 불쾌한 냄새를 내며 끓고 있는 차를 저으면서 신성한 문구를 웅얼거리는 할망구라고 생각했다. 그러나 그가 큐메에서 시작한 일은 그 후로도 계속 일어났다. 여러 시기와 장소에서 자꾸만 '시빌'들이 나타나서 쉰 목소리로 신탁의 선언을 했고 사람들은 그것을 신의 충고로 받아들였던 것이다. 나중에는 유대인과 그리스도인 '시빌'들이 그 행위에 동참했다. 사람들은 신탁을 수집해서 책으로 만들기 시작했고 이러한 수집이 계속 늘어나 주후 4세기 무렵에는 시빌의 신탁이 무려 열다섯 권이나 되었다. 그리고 어떤 것들은 상당히 많은 수의 그리스도인들이 퍽 진지하게 받아들였다.[10]

시빌과 그를 모방하는 사람들은 신의 조언을 들을 수 있는 손쉬운 원천이었고, 그러한 조언은 혼란에 빠진 이들에게 지혜를 주고 그들을 지도해 주었다. 신의 조언을 듣는 일반적인 방법은 시빌이 주재하고 있는 동굴 안으로 들어가서 그가 웅얼거리는 소리를 듣는 것이었다. 때로는 그 장소에 신당이 세워지기도 했다. 그가 웅얼거리는 소리는 이해하기가 어려웠고 분명 횡설수설인 경우도 많았지만, 어쨌거나 그것은 영감에 차 있었고 따라서 지혜로서(진리의 근원에서 나오는 진리로서) 크게 존중받았다. 그 신탁들은 그것이 주어지는 아무런 맥락도 없었고, 신들에게서 나오는 쉰 소리 혹은 씩씩거리는 소리의 단편들이었다. 하지만 그것이 사람들에게는 큰 매력이 있었다. 신탁은 구문이나 맥락 없이 주어지는 신의 말이었기에, 듣는 사람 스스로 그 부차적인 것들을 자유롭게 채워 넣으면 되었던 것이다.

놀라운 것은, 오늘날에도 참으로 많은 사람들이 성경을 시빌의 신탁 모음집처럼 말의 배경이나 다른 것과의 연결이 없는 구절이나 문장으로 취급한다는 것이다. 이것은 놀랍다는 말로밖에는 표현할 수 없는 현상이다. 성경은 역사 속에서 구체적인 이름을 가진 남녀들의 실제적인 공동체에 주어진, 인격적이고 관계적이고 성육신하신 하나님의 계시다. 계시의 증인들은 실제 존재했던 저자들이며, 자신이 속한 예배하는 공동체의 승인 아래 말짱한 대낮에 글을 쓰고 증언하는 사람들이었다. 모든 것이 공개되어 있었다. 이것은 어두운 에게 해의 동굴에서 웅얼거리는 소리가 아니라, 성령님이 공개된 하늘 아래에서 일하시면서 이 세대와 저 세대 사이에 연속성을 갖추신 명료하고 일관된 글, 플롯과 등장 인물과 배경이 있는 내러티브를 풀어 내신 책이다.

성경을 숫자가 매겨진 장과 절로 나누는 관습은 이와 같은 '시빌 콤플렉스'를 부추겨 왔다. 그러한 관습은 성경이 우리의 운명을 알아내기 위해서 임의로 골라 내거나 조합할 수 있는 수많은 독립적인 문장과 문구의 모음이라는 인상을 준다. 그러나 성경의 구절들은 무작위로 쪼개어 열어 볼 수 있는 점괘가 든 과자가 아니다. 그리고 성경은 오락이나 이윤을 위해서 비인격적으로 조작하는 별자리표가 아니다.

묵상은 성경 읽기를 분해해서 단절된 신탁으로 만들어 버리는 것에 대항하는 최고의 방법이다. 묵상은 일관된 하나님의 계시의 세계 속으로 들어간다. 묵상은 텍스트와 친구가 되기 위해서 기도하는 마음으로 상상력을 잘 사용하는 것이다. 그것을 공상 혹은 환상과 혼돈해서는 안 된다.

묵상은 없는 것을 만들어 내지 않는다. 우리는 역사적 신앙을 고수하면서, 인간이 만들어 낸 것이 침입하는 것을 마땅히 경계해야 한다. 묵상은 침입이 아니라 반추다. 계시 전체의 이미지와 이야기가 우리의 이해력을 꿰뚫고 들어오게 하는 것이다. 묵상을 통해서 우리는 마음 편하게 그 이야기에 나오는 모든 사람들과 친숙해지고, 모세와 엘리야와 예수님이 함께 대화하신 곳으로 들어가게 된다. 참여가 중요하다. 묵상은 바로 참여다.

나는 워렌 위어스비(Warren Wiersbe)가 공상과 상상력을 구분해서 말한 것을 좋아한다. "공상은 '메리에게는 어린 양이 있었다'라는 노래를 쓰지만, 영감 받은 상상력은 '여호와는 나의 목자시니'라는 시를 쓴다. 공상은 새로운 세계를 만들어 낸다. 상상력은 옛 세계에 대한 통찰을 준다."[11]

그 어떤 텍스트도 전체 맥락을 벗어나서는 이해할 수 없다. 그리고 가장 '전체적인' 맥락은 예수님이다. 성경의 모든 텍스트는 예수님의 살아 계신 임재 속에서 읽어야 한다. 성경에 나오는 모든 단어는 우리가 자아라고 하는 타르지로 만든 판잣집에서 나와, 하늘과 바다, 나무와 꽃, 이사야와 마리아 그리고 최종적이고 완벽하게 예수님 안에서 나타난 하나님의 계시라고 하는 위대한 바깥 세상으로 들어가게 하는 문이다. 묵상은 계시의 연결성을 분별해 내고 예수님 안에서 모아지는 화음에 귀를 기울인다.

우리는 텍스트와 공감하기 위해서 묵상한다. 우리는 비판적인 아웃사이더에서 수용적인 참여자가 되는 쪽으로 이동해 간다. 이 텍스트는 더 이상 냉정하게 거리를 두고 전문성의 눈으로 보는 것이 아니라 어린아이의 장난스런 호기심을 가지고 그 안으로 들어가야 하는 것이다.

G. K. 체스터턴이 만들어 낸 인물인 브라운 신부는 그것이 어떻게 이루어지는지를 보여 준다. 사제의 옷을 입고 탐정 활동을 벌이는 그의 화려한 이야기의 결말 부분에서, 복잡하게 꼬인 범죄 사건을 여러 건 해결한 그가 스페인의 산간 지방에 있는 친구 집에서 늦은 밤에 친구들과 함께 벽난로에 둘러앉아 이야기를 하고 있었다. 친구 중 한 사람이 그에게 그 많은 범죄 사건을 성공적으로 해결한 비결을 물었다. 작고 둥근 안경테 너머로 무표정한 눈을 깜박거리며 그는 덤덤하게 대답했다. "사실, 그 사람들을 다 죽인 것은 나였거든." 모든 사람이 깜짝 놀라 숨을 들이쉬며 이 소심하고 조용한 신부를 경악에 찬 시선으로 바라보았

다. 그러자 그가 말을 이었다. "나는 정확히 어떻게 그런 일이 일어날 수 있는지, 어떤 정신 상태로 혹은 어떤 방식으로 사람이 그렇게 할 수 있는지를 곰곰이 생각했지. 그렇게 해서 내가 그 살인자와 똑같은 기분이라는 확신이 들면 당연히 그가 누구인지를 알아낼 수 있었던 거야."[12]

'오라티오'

다음으로, 기도 즉 '오라티오'가 있다. "성경을 탐구하는 것과 탐구의 기도는 함께 간다. 하나님이 성경의 메시지에서 주시는 것에 우리는 기도로 이자를 붙여서 하나님께 돌려 드린다"라고 P. T. 포사이스(Forsyth)는 말했다.[13] 영적 독서는 텍스트가 기록된 정확한 방식에 훈련된 주의를 기울일 것을 요구한다. 묵상과 수용의 자세로 텍스트의 세계로 들어갈 것을 요구하며, 또한 우리의 반응을 요구한다. 우리는 텍스트를 읽으면서 그 안으로 들어가며, 머지않아 다소 놀라며 이렇게 말한다. "어, 이건 **나하고 관련이 있네**! 하나님의 말씀이 나에게 전해졌네. 내가 바로 그 말씀의 대상이구나!" 험준한 바위산인 시내 산에서 하나님이 모세에게 하시는 말씀을 듣거나 갈릴리 언덕의 잔디 위에서 예수님이 팔복을 설교하시는 것을 들으면서 그 진리에 오싹해지고 그 위엄에 감탄하는 것과, 빗속에서 자전거를 타고 켄터키 주의 시골길을 내려가는 나에게 하나님이 말씀하고 계심을 깨닫는 것은 전혀 다른 것이다. 그럴 때 나는 할 말을 잃거나 더듬거린다. 하나님께 어떻게 응답해야 하는가? 하지만 나는 응답한다. 텍스트가 그것을 요구하기 때문이다.

기도는 하나님과의 관계에서 사용되는 언어다. 그것은 언어 중에서도 가장 보편적인 언어, 인간 영혼의 공통어다. 기도는 "말할 수 없는 탄식"(롬 8:26)에서부터 서정적 시와 장중한 산문으로 지어진 간구와 감사, "시와 찬송과 신령한 노래"(골 3:16), 주의를 집중하는 예배 가운데 하나님 앞에 앉는 침묵(시 62:1)에 이르기까지 다양하다.

모든 기도의 기본 전제는 하나님이 언어를 통해서 자신을 인격적으로 계시하신다는 것이다. 하나님의 말씀은 차를 몰고 가는 우리가 보도록 게시판에 붙여 놓은 글이나 하나님이 한때 하신 말씀이나 하신 일에 우리가 주목하도록 하기 위해서 붙여 놓은 비인격적 공지가 아니다. 하나님은 말씀으로 우주를 창조하시고, 우리 존재도 말씀으로 창조하신다. 하나님은 말을 사용해서 우리를 부르시고, 우리에게 말씀하시고, 우리에게 속삭이신다. 그리고 인간 피조물인 우리에게 언어의 선물을 주신다. 우리는 하나님이 말씀하실 때 그것을 듣고 이해할 뿐만 아니라, 하나님께 말할 수 있다. 반응하고, 대답하고, 대화하고, 논쟁하고, 질문할 수 있는 것이다. 우리는 기도할 수 있다. 하나님은 그분과 우리 사이의 쌍방향의 언어를 시작하셨고 그것을 보증하시는 분이다. 하나님이 우리에게 말씀하신다는 것은 신비이며 하나님이 우리의 말을 들으신다는 것도 그에 못지않은 신비다. 성경의 계시는 우리에 대한 하나님의 언어의 유효성과 하나님에 대한 우리의 언어의 유효성을 모두 동등하게 주장한다. 우리가 하나님의 말씀을 듣는 것은 단속적으로 일어나지만, 하나님은 항상 우리의 말을 들으신다. 기도의 본질적 실재는 그 근원과 성질이 전적으로 하나님께 있다는 것이다. 우리는 기도할 때 가장 우리답다. 그러나 기도는 인간에게서 시작되는 활동이 아니다. 심리학으로는 기도를 제대로 이해할 수도 실천할 수도 없다. 우리가 인식하든 그렇지 않든(사실 인식하지 못하는 경우가 많다), 기도는 삼위일체의 사귐에서 시작되고 끝나며 그 안에 존재한다.

우리가 읽고 기도하는 성경은, 우리에게 자신을 계시하는 하나님께 다가가는 최고의 규범적인 접근 방법이다. 성경은 영혼의 언어, 즉 하나님이 우리에게 말씀하시는 방식을 배우는 청음 초소다. 성경은 또한 우리 편에서 하나님께 말할 때 우리에게 적합한 단어와 문법을 제공해 준다. 성경과 분리된 기도, 하나님의 말씀을 듣는 것과 분리된 기도, 우리에게 주시는 하나님의 말씀에서 끊어진 기도는 관계의 언어인 기도를 방해한다. 그리스도인들은 이와 같은 인격적이고 관계적인 기도의 습관을, 무엇보다도 시편과 예수님의 영향을 받으면서 익히고 그 영향에 따라 구체화한다.

시편은 하나님의 말씀을 읽거나 들을 때 기도로 참여한다는 것이 무엇인지를 탁월하게 보여 준다. 아타나시우스는 시편의 천재성을 다음과 같이 간결하게 표현했다. "대부분의 성경은 우리를 **향해서** 말한다. 반면, 시편은 우리를 **위해서** 말한다." 그리고 시편이 말하는 방식도 중요하다. 시편은 단순히 "예, 하나님 제가 동의합니다. 예, 맞습니다. 저라도 그 이상 더 잘 표현할 수는 없을 겁니다." 혹은 "예, 다시 한 번 말씀해 주시겠습니까? 받아 적어서 제 친구들에게 보여 주려고요" 하는 식으로 말하지 않는다. 시편은 논쟁하고 불평하고 애도하고 찬양하고 부인하고 변론하고 감사하고 노래한다. 어느 장에서는 하나님이 자신들을 배신하고 버렸다고 비난하다가 다음 장에서는 할렐루야를 외치며 날뛴다. 때로 우리는 성경을 읽는 바른 자세는 아늑한 벽난로 앞 안락의자에 웅크리고 앉아서 유순하고 예의 바르게 있는 것이라고 생각한다. 어떤 사람들은 성경 읽기는 하나님의 강의실에 앉아 있는 것을 의미하며 기도는 하나님이 신명기 강의에서 가르치시는 것에 대해 질문이 있을 때 공손하게 손을 드는 것이라고 가르침을 받았다. 그러나 성경 안에 있는 기도 텍스트인 시편은 그것과는 퍽 다른 것을 보여 준다. 기도는 하나님을 **끌어들이는** 것이다. 그것은 대충 인사하며 습관적으로 악수하는 것으로는 성취되기 힘든 것이며, 적어도 그 시작 단계에서는 인사보

다는 말다툼 같고 따뜻한 포옹보다는 레슬링 시합 같다.[14]

어떻게 그렇지 않을 수 있겠는가? 하나님이 말씀하심으로써 드러난 이 세계, 이 실재는 우리에게 익숙한 세계가 아니다. 우리가 통제할 수 있는 깔끔하고 정돈된 세계가 아니다. 익숙해지기까지는 상당한 노력이 필요한 신비가 곳곳에 있고, 또 그렇게 익숙해지기 전까지는 그 신비가 우리를 두렵게 한다. 그것은 우리의 일을 계획하고 미래를 견고하게 할 수 있는 예측 가능한 원인 결과의 세계가 아니다. 우리를 끝도 없이 당황하게 만드는 기적들이 곳곳에서 일어난다. 물론 우리에게 유익이 되는 기적이 일어날 때는 당황하지 않겠지만 말이다. 이 세상은 우리들의 미숙한 기대에 따라서 모든 것이 해결되는 꿈의 세상이 아니다. 거기에는 고통과 가난과 폭력이 있고, 우리는 아픔과 분노에 차서 "이런 일이 일어나게 하실 수는 없습니다!"라고 외친다. 대부분의 사람들은 자신의 꿈의 세계를 은혜와 자비, 희생과 사랑, 자유와 기쁨이 있는 실제 세계로 바꾸는 데 참으로 오랜 세월이 걸린다.

시편을 기도의 학교로 사용할 때, 즉 그 기도를 가지고 기도할 때, 우리는 말씀하시는 하나님께 삶으로 반응함으로써 주의 깊은 예배를 드릴 때 어떤 말을 해야 적절한지 감각을 익히게 된다. 시편으로 기도할 때 첫 번째로 깨닫게 되는 것은, 우리는 무엇이든 기도할 수 있다는 것이다. 사실상 인간적인 모든 것이 기도의 재료로 적합하다. 반성과 관찰, 두려움과 분노, 죄책과 죄,

질문과 의심, 요구와 욕망, 찬송과 감사, 고통과 죽음 등 무엇이든 괜찮다. 인간적인 것은 아무것도 배제되지 않는다. 시편은, 기도란 하나님 앞에서 '친절하게 구는 것'이 아니라고 아주 길게 반박하는 책이다. 그렇다. 기도는 우리 자신을 있는 모습 그대로 바치는 것이다. 두 번째로 깨닫게 되는 것은, 기도가 하나님이 우리를 위해 가지시는 모든 속성(거룩, 정의, 자비, 용서, 주권, 축복, 변호, 구원, 사랑, 위엄, 영광)에 접근하는 길이라는 점이다. 시편은, 기도가 있는 모습 그대로를 관대하게 내어 주시는 하나님의 따뜻한 임재로 우리를 인도한다는 사실을 자세하게 보여 주는 예시다.

루터는 자신의 독일어 시편(1528)의 서문에 이렇게 썼다.

> 빛나는 색으로 채색된 거룩한 기독 교회를 정말로 살아 있는 형태로 보고 싶다면, 그리고 그것을 축소된 모형으로 보고 싶다면, 반드시 시편을 붙잡아야 한다. 거기에서 당신은 기독교가 정말로 무엇인지를 보여 주는 맑고 깨끗하고 순수한 거울을 얻을 것이다. 그렇다. 거기에서 당신 자신의 모습을 발견하게 될 것이고, 진정한 '그노티 세아우톤'(*gnothi seauton*, 너 자신을 알라)과 하나님 그분과 하나님의 모든 피조물도 보게 될 것이다.[15]

시편이 우리의 최고의 기도 텍스트이고 그것이 하나님 말씀에 대한 우리의 답변이라면, 육신이 되신 말씀인 예수님은 우리의 최고의 교사다. 예수님은 기도의 삶을 이루는 데 중심이 되는 인격적 신/인간이다. 예수님은 우리를 위해 기도하신다. "그가 항상 살아 계셔서 그들을 위하여 간구하심이라"(히 7:25). 여기서 동사가 현재 시제로 되어 있다는 것이 바로 기도에서 우리가 알아야 하는 가장 중요한 사실이다. 우리가 기도해야 한다거나 어떤 특정 방식으로 기도해야 한다는 것이 아니라 예수님이 바로 지금 우리를 위해서 기도하고 계신다는 것이다(히 4:16과 요 17장도 보라). 우리를 창조하신 말씀(요 1:3; 골 1:16)이신 예수님은 또한 우리 가운데 계셔서 우리의 말이 인격적으로 하나님을 향하도록 가르치신다. 대부분의 경우 예수님은 본보기를 통해서 그것을 가르치셨다. 누가는 아홉 번의 사례를 열거하고 있는데 5:16; 6:12; 9:18, 28; 11:1; 22:31, 41, 44; 24:30), 예수님의 실제 기도가 어떠했는지에 대한 기록은 빈약하다. 어떤 것들은 의미가 모호하고(막 7:34; 8:12; 요 11:33; 히 5:7), 또 어떤 경우는 기도하신 그대로 받아 적은 것들이다(마 11:25; 26:39; 27:46; 눅 23:46; 요 11:41; 12:27-28; 17:1-26).

예수님이 기도를 가르쳐 주신 유일한 경우는 제자들이 "기도를…우리에게도 가르쳐 주옵소서"(눅 11:1)라고 요청한 것에 대한 응답이었다. 소위 우리가 주기도문이라고 부르는 기도(눅 11:2-4; 마 6:9-13)는 그리스도인들을 인격적이고 정직하고 성숙한 기도의 삶으로 인도하는 교회의 최고 텍스트다(그리고 시편이 그것을 지지해 주고 있다). 예수님의 처음이자 마지막 기도

수업의 단순함과 간결함은 참으로 놀라운데, 그것은 기도의 기술을 개발하려고 하는 혹은 기도의 '비결'을 발견하려고 하는 모든 시도를 비난하는 역할을 지금까지 해 오고 있다. 예수님이 실천하시고 가르치신 기도는 하나님을 움직이게 하는 언어적 도구가 아니다. 하나님과의 관계에서 우리가 하고 싶은 대로 하게 해 주는 내부자의 공식이 아닌 것이다.

우리는 예수님의 이름으로 기도하며, 기도는 그 이름에 의해서 구체화된다. 우리의 지식과 우리의 요구, 우리의 감정이 진지하게 받아들여지기는 하지만 그것이 기초를 이루지는 않는다. 우리가 읽고 묵상하는 성경에 계시된, 그리고 우리가 말하는 대상인 예수님 안에 계시된 하나님은 기도의 형식과 내용을 모두 주신다. 기도할 때 우리는 가장 자기답다. 기도는 우리가 전적으로 자기 자신일 수 있는, 그리고 **반드시** 자기 자신이어야 하는 유일한 행위다. 그러나 그것은 또한 우리가 자신을 넘어서는 행위이기도 하다. 그 '넘어서는' 행위에서 우리는 자기 경험의 총합이 아니라, 우리가 기도하는 대상이자 우리가 그 이름을 의지해서 기도하는 성부, 성자, 성령에 의해서 형성되고 규정된다.

하나님은 연설을 하지 않으신다. 하나님은 대화에 들어오시고 우리는 그분의 대화 상대다. 우리는 하나님의 말씀이 표현되는 구문론과 문법 안으로 들어간다. 거기에서는 우리가 가장 큰 부분을 차지하지 않으며, 우리가 동사나 명사를 공급하는 것도 아니다. 그러나 우리가 그 안에 있다는 것은 의문의 여지가 없다. 우리는 여기저기에 전치사나 접속사를 집어넣고, 가끔씩 전접어나 후접어도 집어넣고, 이따금씩은 부사나 형용사를 집어넣는다. 어떤 때는 그저 세미콜론이나 쉼표, 느낌표나 물음표만 표시할 때도 있다. 그러나 우리는 그 구문론의 **일부**이지 그 외부에 있지 않다. 그 텍스트는 우리가 거기 기록된 내용에 참여하는 이들임을 가정한다. 우연히 들렀거나, 무엇을 하든 상관없는 방관자이거나, 부록이나 각주가 아니다. 언어는 본질적으로 연결성을 가지고 있다. 그것은 대화체다. 대화를 만들어 내는 것이다.[16] 기도는 우리가 계시의 문법, 하나님 말씀의 문법 안으로 들어가는 입구다.

하나님의 말씀에 의해 계시된 세계는 죄로 가득한 우리의 세계보다 너무도 커서 단번에 다 파악할 수 없다. 하나님의 말씀에 의해서 계시된 세계는 우리의 자아 중심적 세계보다 훨씬 더 많은 것에 에워싸여 있어서 단번에 다 이해할 수 없다. 그러나 하나님은 그런 우리를 인내하신다. 그렇기 때문에 우리는 우리가 읽는 것을 **기도하는** 것이다. 기도는 편안하지만 비좁은 자아의 세계로부터 나와서 자기 부인의 세계, 드넓은 하나님의 세계로 찾아가는 길이다. 그것은 우리가 하나님을 자각하고 하나님 차원에 딱 들어맞는 존재가 될 수 있도록 자아를 제거하는 행위다.

하나님이 예수님 안에서 말씀으로 계시하는 실재는 낯설고

의외이고 실망스럽다. 만약 우리에게 세상을 창조할 임무가 주어졌다면 우리는 결코 이런 세상을 만들지 않았을 것이다. 우리가 구원을 논의하는 위원회에 있었다면 결코 이러한 방식의 구원을 결정하지 않았을 것이다. 우리에게 투표권이 있었다면 결코 이런 구조의 보상과 처벌을 법률로 제정하지 않았을 것이다. 나는 아빌라의 테레사가 갈멜 수도회를 개혁하는 일에 열정적으로 참여하여 소달구지를 타고 불편한 도로 위를 다니며 스페인 전역을 여행할 때 했던 대담한 발언을 무척 좋아한다. 하루는 그가 달구지에서 떨어져 진흙투성이 개울에 빠졌는데, 하나님을 향해 주먹을 흔들며 이렇게 말했다. "하나님, 당신이 이런 식으로 친구들을 대하시니 당신에게 친구가 별로 없지요."[17]

그렇다. 하나님이 말씀 안에서 계시하는 실재는 아주 다르다. 우리가 생각해 낼 수 있는 그 어떤 것과도 다르다. 우리와는 절대적으로 다른 분이시니 그럴 수밖에 없다! 하지만 그것이 얼마나 감사한지 모른다. 왜냐하면 우리가 꾸준히 기도하기만 한다면 훨씬 크고, 훨씬 아름답고, 훨씬 나은 실재 속에 우리가 살고 있음을 발견하게 될 것이기 때문이다. 그러나 그것에 익숙해지기까지는 상당한 노력이 필요하다. 기도는 거기에 익숙해지는 과정이다. 작은 것에서 큰 것으로, 통제에서 신비로, 자아에서 영혼으로, 즉 하나님께로 나아가는 과정이다.

그것은 쉽지 않다. 예수님도 산에서 여러 날 밤을 보내고 겟세마네에서 밤을 지새고 십자가에서 몇 시간을 보낸 일이 결코 쉽지 않았을 것이다. 그 누구도 그것이 쉬우리라고 말한 적이 없다. 하나님도 그것이 쉬울 것이라고 말씀하지 않으셨다. 하지만 그것이 바로 일이 이루어지는 방식이며, 세상이 돌아가는 방식, 우리가 존재하는 방식, 하나님이 존재하는 방식이다. 참된 세상에 살고 싶은가? 여기가 바로 그 세상이다. 하나님은 우리가 그것에 대해서 단지 **알기만** 하도록 말씀으로 계시해 주시는 것이 아니라, 우리가 기도하고 그 세계에 참여할 때에 우리 안에 지속적으로 그 계시를 주신다.

우리가 그 텍스트를 읽을 때 견고하게 그리고 기꺼이 성령께 반응해야 하는 필요성을 줄이런 그린(Julian Green)은 1941년 10월 6일자 일기에서 이렇게 제시하고 있다.

> 히브리인들이 따로 챙겨 둔 만나의 이야기는 매우 의미심장하다. 만나를 보관해 두면 상해 버렸다. 그리고 이것은 어쩌면 기도와 행위로 소비되지 않는 모든 영적 독서는 우리 안에서 일종의 부패를 일으키게 됨을 의미하는지도 모른다. 머릿속에는 온갖 좋은 말들이 가득 차 있지만 마음은 텅 빈 채로 죽는 것이다.[18]

우리는 충분히 경고를 받았다. 성경을 이해하거나 그것에 감탄하는 것으로는 충분하지 않다. 하나님은 말씀하셨고, 이제는 우리 차례다. 우리는 우리가 읽는 것을 **기도**하면서 하나님이 말씀 안에서 계시하신 것에 적극적인 삶으로 반응해야 한다. 하나님은 우리가 드러누운 채 손쉽게 이 새로운 실재를 받아들이리라 생각하지 않으신다. 하나님은 그 말씀이 우리를 일으켜 세워서 걷고 뛰고 노래하게 만들고자 하신다.

그런데 하나님은 결코 이것을 강제로 시키지 않으신다. 하나님의 말씀은, 초대하고 명령하고 도전하고 꾸짖고 판단하고 위로하고 지도하는 개인적인 요청이다. 그러나 강요하지 않는다. 우리는 응답할 여유와 자유를 얻었으며, 대화에 참여할 수 있다. 처음부터 끝까지, 하나님의 말씀은 대화체의 말씀이다. 참여하도록 초대하는 말씀인 것이다. 기도는 하나님이 성경에서 계시하시는 창조와 구원 그리고 공동체에 참여하는 행위다.

'콘템플라티오'

'렉치오 디비나'의 마지막이자 그것을 완결 짓는 요소는 관상이다. '렉치오 디비나'의 개요에서 관상은 읽고/묵상하고/기도한 텍스트를 나날의 일상에서 산다는 것을 의미한다. 그 텍스트를 우리의 근육과 뼈, 산소를 만드는 폐와 피를 펌프질하는 심장에 받아들이는 것을 의미한다. 그러나 만약 우리가 그 단어를 이와 같은 포괄적이고도 일상적인 방식으로 사용하고자 한다면, 먼저 그 단어를 그것의 전형적 의미로부터 해방시켜야 한다. 일반적으로 많은 사람들이 생각하는 관상의 전형은 수사와 수녀들이 수도원에서 하는 일이다. 진지한 관상은 하나님의 임재 속에서 아무런 방해를 받지 않고 기도하고 성찰하며 연구하는 삶을 살기 위해서 가족과 가정 생활, 도시와 사업의 세계를 떠나서 가난과 금욕과 순종의 서약을 하는 것이라고 생각한다. 물론 역사적으로 볼 때 그 단어가 그러한 삶을 일컫는 데 사용되지만, 오직 그러한 삶만을 일컫는 것은 아니다. 1,500년 혹은 그보다 오랜 시간 동안 '관상'이라는 단어를 사용한 사람들이 그와 같은 환경에서 산 것은 사실이지만, 그러한 행위 자체가 '세상'으로부터 격리된 삶에 대한 서약을 요구하는 것은 결코 아니다. 그래도 여전히 이집트의 사막 교부들과 스페인 갈멜 수녀원의 아빌라의 테레사, 몬테카시노 수도원의 베네딕투스와 수사들, 빙엔에 설립한 수녀원에서 수녀들을 이끌었던 힐더가르트, 클레르보에서 수사들에게 설교했던 베르나르, 혹은 현대에 와서는 켄터키 주의 토머스 머튼과 트라피스트 수도회의 글들로부터 파생되는 그 단어의 이미지로부터 우리의 생각을 분리하기란 쉽지 않다. 이러한 맥락에서는 관상의 삶이 늘 활동적인 삶과 대치된다. 여기에서 활동적인 삶은 수도원 밖에서의 삶으로 이해된다. 평생 관상의 삶을 연구하고 실천해 온 가톨릭 신학자 폰 발타자르는 관상을 지성소에서의 예배와 세상에서의 일을 하나로 묶어 주는 '고리'라고 부름으로써 왜곡된 전형에 맞서고자 최선을 다한다. 그 연결은 세속적이면서도 동시에 신성한 것이다. "관상의 삶은 필연적으로 일상적 삶, 사랑의 정신으로 행하는 작은 성실과 섬김의 삶인데 그 사랑의 정신은 우리의 임무를 가볍게 해주고 그 임무에 따뜻함을 전해 준다."[19]

나는 수도원에서 행하는 관상에 대해 아무런 이의도 없고 또 그것을 비판하지도 않는다. 사실상 나는 우리 주님께 그와 같은 훈련된 주의를 기울이는 데 자신을 드린 (그리고 계속해서 드리고 있는!) 이들에게 크게 감사하고 있다. 그러나 나는 또한 '관상'이라는 단어를 일상의 세계, 캐슬린 노리스(Kathleen Norris)가 '세탁, 예전 그리고 "여성의 일"이라고 하는 일상의 신비들'이라고 부른 그 세계 속으로 확장하기 위해서 내가 할 수 있는 일은 다 하고 싶다. 노리스는 이렇게 썼다.

> 나는 진정한 일상의 신비가는 격리된 채 거룩을 관상하는 사람들, 고요한 침묵 가운데 신과 같은 깨달음에 도달하는 사람들이 아니라, 소음으로 가득 찬 삶, 자신을 소진시키는 다른 사람들의 요구와 끝도 없는 의무들로 가득 찬 삶 속에서 하나님을 발견해 내는 사람들이라고 믿게 되었다. 그들은 자녀 양육과 생계 유지 활동을 조화시키느라 애쓰는 젊은 부모들일 수 있다.…만약 그들이 지혜롭다면, 어쩌다가 생기는 고독과 침묵의 드문 순간들을 소중하게 여기며, 그 시간을 텔레비전과 같은 것들에 정신을 팔면서 도피하는 데 보내지 않을 것이다. 대신에 하나님의 임재의 신호에 귀기울일 것이며 기도를 향해 그들의 마음을 열 것이다.[20]

세 살에서 다섯 살까지의 어린아이들은 사실상 모두가 타고난 관상가라고 하는 관찰에 근거해서 나는 관상의 민주화를 주장하고자 한다. 아이들은 눈앞에 있는 꽃의 존재에 무의식적으로 즉각 반응하며, 개미가 길을 더듬어서 통나무를 지나가는 모습을 지켜보는 동안에는 거기에 열중하며 다른 것은 안중에 없다.

시인 데니스 레버토브는, 관상을 말을 진지하게 대하는 모든 사람의 출생지라고 이해한다. 그는 옥스퍼드 영어 사전이 관상을 '"템플럼"(*templum*), 신전(temple), 예언자가 내다보고 관찰하는 장소'에서 비롯된 단어로 정의하고 있다는 점에 주목한다. 그 의미는 '그냥 단순히 관찰하거나 주시하는 것이 아니라 **신의 임재 가운데서** 그렇게 하는 것'이라고 그는 말한다.[21] 즉 주변의 상황 전체를 의식하게 된다는 뜻이다. 신이 존재하는 상황 속에서 인간의 존재를 관상하는 것이다. 레버토브가 자신의 주장을 펼치는 어휘의 영역은 시다. 그는 말을 가지고 일하는 시인이다. 성경의 말을 가지고 일하는 독자로서 나 또한 성경의 말을 '템플럼'으로 회복하고, 내가 '신의 임재 가운데서'(내 경우 그 신은 하나님이자 우리 주 예수 그리스도의 아버지일 것이다) 읽는 그 말을 삶으로 살고자 하는 굳은 결의를 가지고 있다.[22]

'렉치오 디비나'가 오늘날 기독교 공동체 안에서 통용되기 원한다면, 모든 성경 읽기와 성경 살기의 본질로서 관상이 제자리를 회복해야 한다. 그것은 선택 사항이 아니라 필수다. 그 단어의 낯설음과 일상으로부터의 괴리감은 그 단어가 가진 독특한 충격적 요소를 회복하는 데에 오히려 장점이 될 수도 있다. 말씀은 우리의 귀에 언어적 충격을 전달하면서 우리가 성취와 행복의 추구라고 익숙하게 부르는 것, 즉 미국 문화의 김빠진 천국에 중독되어 서두르고 허둥대며 자멸하는 상태에서 우리가 깜짝 놀라 깨어나게 한다. 그렇기 때문에 그 단어는 우리들 사이에서 감탄과 모방의 대상으로 제시되는 것들(영적 기술, 심리적 조작, 제도화된 통제, 인가된 중독, 성급한 전도, 메시아의 이름으로 행해지는 폭력, 경건을 빙자하는 방종)에 대한 저항의 단어로서 훌륭한 기능을 한다.

관상은 성경의 계시에 굴복하는 것을 의미한다. 그것을 우리 안에 받아들이고, 허세 부리지 않으면서 그것을 사는 것을 의미한다. 그것은 조용하고, 사람 만나기를 꺼려하고, 은둔하고, 고요하고, 온화한 것(이것이 바로 그 단어에 대한 전형적인 오해다)을 뜻하지 않는다. 자동차 밑에서 일하는 정비공으로 하루하루를 보내든 성가대에서 무릎을 꿇고 있든, 그러한 것과는 아무런 상관이 없는 단어다. 그것은 '전체적으로 잘 정리된' 것 혹은 감정적·정신적으로 균형이 잘 잡힌 것을 의미하지 않는다.

관상가들은 욱하는 성질을 부리기도 하고, 잘못된 판단을 내리기도 하고, 실수로 말을 잘못해서 자신이 뱉은 말을 후회하기도 하고, 정지 신호등을 무시하고 달리기도 하고, 속도 위반 딱지를 얻기도 한다. 관상가들은 우울해하기도 하고, 혼란스러워하고, 살도 찌고, 길도 잃고, 때로는 전혀 감을 잡지 못하기도 한다. '관상가'는 성취를 표시하는 단어가 아니다. 공로 훈장이 아닌 것이다.

관상가는 누구든지 스스로 사용할 수 있는 칭호이며 우리 모두가 사용해야 하는 칭호다. 그렇게 하지 않으면 우리는 결코 성경을 바르게 읽고 살 수 없기 때문이다. '렉치오 디비나'에는 관상이 꼭 필요하다. '실패한'이라는 형용사를 붙여서 좀더 마음 편하게 그 단어를 받아들일 수 있다면 그렇게 하라. 실패한 관상가. 모든 관상가들은 실패한 관상가들이다. 그러나 그 단어 자체는 늘 변함이 없다.

관상은 읽는 바를 살아내는 것을 의미한다. 그 어떤 것도 낭비하지 않고 그 어떤 것도 저장해 두지 않고 삶에서 그것을 다 써 버리는 것이다. 그 삶은 하나님의 계시의 말씀, 읽고 듣고, 묵상하고 기도한 하나님의 말씀에 의해 형성된 삶이다. 관상의 삶은 특별한 삶이 아니다. 그것은 기독교적 삶 그 이상도 이하도 아니다. 그러나 그것은 반드시 **살아낸** 삶이어야 한다. 조셉 콘래드(Joseph Conrad)는 관상적 삶의 본질을 다음과 같이 포착했다.

> 그것은 우리가 취득한 것이 아니라 선물로 받은 우리 존재의 일부다. 그것은 기뻐하고 경외하는 능력이며…연민과 고통을 느끼는

감각이고, 모든 피조물에 동료 의식을 느끼는 보이지 않는 감정이다. 그리고 헤아릴 수 없이 많은 영혼들의 외로움을 한데 엮는 희미하지만 꺾을 수 없는 연대의 신념이다.…그것은 모든 인류를 하나로 묶는다. 죽은 자에서부터 산 자까지, 그리고 산 자에서부터 태어날 자까지.[23]

관상가는 엘리트 그리스도인을 일컫는 말이 아니다. 이 단어를 회복하는 것이 중요한 이유는, 우리 문화가 '그리스도인'이라는 단어를 공산주의자나 범죄자가 아닌 사실상 모든 사람에게 사용하는 습관이 생겼다는 데 있다. 우리에게는 예수 그리스도를 믿는 믿음으로 사는 사람들의 특이성을 어느 정도 의식하게 만드는 인기 없는 단어가 필요하다. 하나님의 말씀으로 형성된 이 삶의 독특성에 주의를 기울이게 만드는 언어적 도구가 필요한 것이다. 이 시대의 풍토 속에서 이 단어가 가지는 어색함은 그리스도 안에서 우리가 가진 정체성의 날카로운 모서리를 부식시키는 세속주의에 저항하는 푯말이 될 수도 있다.

영적으로 성경을 읽는 '렉치오 디비나'의 맥락에서 관상에 잠긴다는 말은 '읽다'라는 단어와 '살다'라는 단어가 유기적으로 연합되어 있음을 인식한다는 뜻이다. 관상의 삶은, 태초에 있었던 그 말씀이 육신이 되셨으며 현재에도 "주의 말씀대로 **나에게** 이루어지이다"(*Fiat mihi*)라고 반응할 때 계속해서 우리 가운데 존재한다는 사실을 깨닫는 삶이다.

관상의 근저에 있는 가정은 말씀과 생명이 그 근원에서는 서로 같다는 것이다. 생명은 말씀에 기원을 두고 있다. 말씀은 생명을 만든다. 우리가 살아내도록 하나님이 의도하지 않으신 말씀은 하나도 없다. 모든 말이 육화될 수 있는데, 그 이유는 모든 말이 육신이 되신 말씀에서 비롯되기 때문이다.

마찬가지로 모든 말은 탈(脫)육화될 수 있다. 말이 우리의 살과 피 속에서 생명으로 품어지는 것이 아니라 거짓말이 되어 버릴 수 있는 것이다. 뛰어난 스승들에 의하면 사탄은 탈육신의 존재다. 육신을 입을 수 없는, 생명을 입을 수 없는 존재다. 사탄이 이 세상의 일에 끼어들 수 있는 유일한 방법은 우리를 '매개체'로 사용하는 것이다. 사탄이 자신의 일을 하기 위해서는 인간의 육신이 필요하기 때문이다. 사탄은 완전히 저 세상의 존재, 너무도 비**세상적**인 존재이기 때문에, 살과 피를 가진 사람인 우리가 그의 거짓말을 하고 그의 헛된 환상을 실행하지 않는 한 '지옥에서 이루어진 것같이 땅에서도'를 실행할 능력이 없다.

고의이건 실수이건 관상의 삶을 수용하기를 거부하면 우리는 사탄의 거짓말의 매개체가 될 위험에 처하게 되며, 별 생각 없이 경건하게 성경을 인용하는 바로 그 행위에서 하나님의 말씀을 탈육화할 위험에 처하게 된다. 성경에 계시되고 읽혀진 모든 하나님의 말씀은 우리 안에서 잉태되고 태어나기 위해서 있는 것이기 때문이다. 육신이 되신 말씀인 그리스도는 우리의 육신에서 육신이 되셨다.

말은 물질적인 것과 반대되는 의미로서 영적인 것이 아니다. 말에 관련된 모든 것이 물질적이다. 우선 말은 공기 중에서 획하는 바람으로 시작된다. 폐의 수축에 의해 작동되어서 식도를 통해 밀려 올라와 후두와 인두의 좁은 길을 지나서 탁월한 삼인조인 혀와 치아와 입술의 작용을 통해서 말이 만들어진다. 말이 가진 물리성과 물질성은 그것뿐만이 아니다. 몇몇 종류의 가스로 조합되어 있고 대기 중에 있는 다양한 오염 물질과 뒤섞인 공기가 우리의 귀를 통해 말을 전달해 준다. 축소 모형과도 같은 귀의 경로는 참으로 놀라운 기적의 공학인데, 그 어느 다리나 아스팔트 도로 못지않게 물리적이다. 말은 얇은 막에 부딪혀서 미세한 음향 장치들을 작동시키는데 이 장치들은 소리를 뇌의 염색체 시냅스로 보내 준다. 바로 그 시점에서 우리는 자신의 죄를 회개하거나 예수님을 믿거나 원수를 사랑하거나 병든 자를 방문하거나 하는데, 이 모든 행위가 다 물리적이다. 이와 같이 말은 육신이 된다. 독일의 도미니크회 설교자인 마이스터 에크하르트(Meister Eckhart)는 어느 설교에서 관상을 이와 같은 현실 세계의 상황 속에 놓은 것으로 유명하다. "누군가가 성 바울처럼 삼층천을 방문하는 황홀경에 빠져 있는데 어떤 병자가 그로부터 국 한 그릇을 얻어 먹어야 할 처지에 있다는 것을 알았다면, 나는 사랑을 위해서 황홀경을 버리는 것이 훨씬 더 낫다고 생각할 것이다."[24]

'말이 육신이 된다'는 것은 영적인 것을 물리적인 것으로 만든다는 의미가 아니다. 말은 이미 물리적이다. 그것은 말을 **예수님의** 육신으로 만든다는 의미다. 즉 지역적이고 구체적인 이름을 가진 육신을 의미한다. 우리가 "당신의 말씀대로 나에게 이루어지이다"라고 기도할 때 우리는 그 말씀이 우리의 육신 가운데서 이루어지기를 바란다는 뜻에서 그렇게 말한다. 그것은 우리의 삶이라는 자궁에 기적적인 잉태가 이루어지는 것이다. '내 안에 그리스도'가 잉태되는 것이다. 그 말씀은 우리가 걷는 길만큼이나 물질적으로 현존하는 말씀, 우리가 들고 있는 램프에서 빛나는 불빛처럼 자명하면서도 신비로운 말씀이다.

최고의 문학 비평가 중 한 사람인 데니스 도너휴(Denis Donoghue)는, 최고 중에서도 최고 시인인 윌리엄 칼로스 윌리엄스(William Carlos Williams)에 대해서 이렇게 평했다. "그는 발자국을 보았을 때 지식, 지각, 비전, 심지어 진리로서의 그 경험의 의미에는 관심이 없었다. 그는 단지 그 자국을 만든 발을 찾고 싶어할 뿐이었다."[25] 이것이 바로 관상가들이 하는 일이다. 자기 주변과 자기 안을 둘러보며 (성경이 남긴) 발자국에 맞는 발을 찾는 것이다.

'콘템플라티오'는 다른 세 개의 요소들과는 달리 우리가 의식적으로 하는 일이 아니다. 그것은 그냥 일어난다. 그것은 선물이다. 그것은 우리가 잘 수용하고 복종해야 하는 것이다. 우리의 전통 언어로 표현하자면 그것은 '주입되는'(infused) 것이다. 관상은 "우리가 생산하거나 실행할 수 있는 것이 아니다.…우리는 그것을 받아들일 채비가 되어 있을 수도 있고, 그것을 위해 준비할 수도 있지만, 그것을 유도할 수는 없다.…"[26] 우리는 성경을 객관적 대상으로 대함으로써, 즉 대상을 놓고 조직하고 분석하면서 작업하는 적극적 지성을 가짐으로써 관상적이 되는 것이 아니다. 관상은 단지 '사랑의 지식, 갈망과 기쁨의 지식, 거룩한 아름다움에 이끌리는 의지'일 뿐이다.[27] 관상은 우리의 읽기와 묵상하기와 기도하기에 또 한 가지 덧붙이는 무엇이 아니라 하나님의 계시와 우리의 반응이 한 자리에 모이는 것, 무의식적으로 예수님을 따르는 것, 즉 예수님과 일치하는 삶이다. 그것은 하나님에 대해서 생각하는 것도, '예수님이라면 어떻게 하실까?' 하고 계속해서 묻는 것도 아니며 그냥 강으로 뛰어드는 것이다. 내 인생의 성공 전략을 세우는 것이 아니라 그냥 나 자신이 되는 것, 내 안에 그리스도가 계신 삶을 사는 것이다. 효과를 계산하는 것이 아니라 '하늘에서 이루어진 것같이 땅에서도'의 조건을 받아들이고 그것에 굴복하는 것이다.

이는 대부분의 관상은 누구도 알아보지 못하고, 주목하지 않고, 의식적이지도 않다는 것을 의미한다. 참으로 많은 하나님의 말씀이 침묵, 숨김 그리고 신비 속에서 드러나기 때문에[28] 우리가 평생 관상가와 어깨를 비비며 살았다 하더라도 아마 그를 알아보지 못할 것이다. 거울 속에 비친 자기 모습에서 관상가를 보는 일은 더더욱 드물 것이다.

평가가 불가능하다는 것, 적어도 자기 평가가 불가능하다는 것은 성경을 읽으면서 그것과 씨름하고 그것을 즐거워하고 또한 받아들이는 우리에게 엄청난 자유를 준다. 우리는 너무 애쓰지 않을 것이다. 자신에게 완벽한 목표를 설정하지도, 자신이 주도하려 하지도 않을 것이다. 향상 정도를 측정해야 한다고 고집하거나 경쟁하지도 않을 것이다. 읽고 묵상하고 기도했기에, 또한 계속해서 읽고 묵상하고 기도하고 있기에, 우리는 한 발 물러서서 축복하고 사랑하고 순종하며, "당신의 말씀대로 내게 이루어지이다"라고 숨을 내쉬며 말할 것이다. 긴장을 풀고 받아들이라.

독자여, 주의하라.

'렉치오 디비나'는 성경을 읽는 방법론적인 기술이 아니다. 그것은 예수님의 이름으로 그 텍스트를 **살아내는** 습관이 계발되고 발전된 것이다. 그것은 성경이 기독 교회를 형성하고 성경이 이 세상에서 소금과 누룩이 되는 **유일한** 길이다. 그러한 일은 교리적 논쟁과 교리의 공식화를 통해서 이루어지지 않으며, 야만인들을 정복하려는 전략을 통해서도, 평신도에게 성경의 '원칙과 진리'를 교육하려고 하는 교회의 프로그램을 통해서도 이루어지지 않는다. 비인격적 무기나 도구 혹은 프로그램으로서의 성경을 그토록 흔하게 그리고 활발하게 장려하는 그 어떤 방법을 통해서도 이루어지지 않는다. 육신이 되신 말씀을 받아들이고 수용하는 일에 개인적이고 집단적으로 그리고 믿음으로 순종하는 것을 회피하기 위해서 우리가 얼마나 많은 성경의 용도를 고안해 내는지를 보면 참으로 놀랍다.

그렇다, 반드시 **주의하라**.

제3부

한 무리의 번역가들

"우리가 우리 각 사람이 난 곳 방언으로 듣게 되는 것이 어찌 됨이냐.…
하나님의 큰 일을 말함을 듣는도다."

사도행전 2:8, 11

"모든 번역은 구속을 더 가까이 가져오는 메시아적 행위다."

프란츠 로젠츠바이크

8

하나님의 비서들

성경에 계시된 대로 그리고 선포에 의해서 하나님의 말씀을 듣거나 읽은 사람들의 압도적 다수는 엄청난 무리의 번역가들에게 도움을 받았다. 대부분이 익명인 그 번역가들이 없었다면, 좀처럼 하나님의 말씀을 읽거나 들을 수 없었을 것이다. 우리가 가진 성경은 이 세상에서 가장 많이 번역된 책이다.

골고다에서 십자가에 달리신 예수님의 정체성 '유대인의 왕'은 빌라도에 의해서 그 당시 예루살렘에서 통상적으로 사용되던 세 개의 언어로 간판에 붙여졌다. 아람어,[1] 라틴어 그리고 헬라어. 예수님께 십자가형을 선고한 로마의 총독 본디오 빌라도가, 자신이 의도한 바는 아니었지만, 어쨌거나 예수님의 주권을 선언하는 말을 지시하고 번역했다는 것(요 19:19-20)은 상당한 역설이다. 우리가 빌라도를 일단의 번역가에 속한 사람으로 보는 경우는 드물지만, 이것이 그 실상이다.

성경의 번역이 필요하게 된 것은 예수님의 시대 그리고 초대 교회의 시대보다 몇 백 년 전이다. 성경이 원래 기록된 언어인 히브리어가 하나님의 백성의 일상 생활에서 처음에는 아람어로 그 다음에는 헬라어로 서서히 대체되면서 성경 번역이 필요하게 되었다.

아람어로 번역되다

아람어로의 번역은 주전 6세기에 이스라엘이 바벨론에서 돌아온 이후의 생활에 결정적인 역할을 했다. 주전 538년, 자유주의적 사고를 가진 페르시아의 지도자 고레스가 이스라엘을 유배 생활에서 풀어 주어 팔레스타인에 있는 그들의 고향으로 돌아갈 수 있게 해주었다. 아람어는 페르시아 제국의 공식 언어였다. 세월이 지나는 동안, 엄청나게 넓은 땅에 걸쳐 나타난(에스더서는 '인도로부터 구스까지'라는 문구로 시작된다) 여러 지역 언어들, 이스라엘의 히브리어도 포함되는 그 언어들은 정부 및 사업계의 공식 언어인 아람어에 의해 주변부로 밀려났다.

빌라도가 예수님의 십자가에 원고료도 몇 푼어치 안 되는 번역을 덧붙였을 시점에 이르러서는, 아마도 대부분의 지역에서 히브리어가 일상적인 회화에서 더 이상 제 구실을 하지 못하고 아람어로 대체되었을 것이다. 아람어는 바로 예수님과 그의 초기 추종자들이 주로 사용했던 언어다. 아람어가 예수님과 그의 첫 추종자들이 사용한 지배적인 언어였다는 사실이 우리에게는 별로 부각되지 않는데, 그 이유는 우리가 가진 성경이 그 사실을 매우 미약하게 제시하고 있기 때문이다.

구약 성경에서 아람어로 되어 있는 부분은 에스라서의 몇 페이지(4:8-6:18 그리고 7:12-26), 다니엘서의 절반 약간 넘는 분량(2:4-7:22), 창세기에서 두 단어(31:47), 시편에서 한 단어(2:12), 그리고 예레미야에서 한 구절(10:11)이다.

신약 성경에서는 예수님과 그의 초기 제자들이 사용했던 풍성한 언어의 퇴적물 가운데 남아 있는 흔적이 불과 21개의 단어 혹은 문구뿐이다. 그 중 복음서와 바울의 저작에서 열 개의 단어 혹은 문구가 나온다. '라가'(*raca*, 마 5:22), '사탄'(*satanas*, 마 16:23), '달리다굼'(*talitha koum*, 막 5:41), '에바다'(*ephphatha*, 막 7:34), '파스카'(*pascha*, 유월절, 막 14:1), '아바'(*abba*, 막 14:36; 롬 8:15) '엘리 엘리 라마 사박다니'(*eloi, eloi, lama sabachthani*, 막 15:34), '메시아'(*Messias*, 요 1:41), '랍오니'(*rabboni*, 요 20:16), '마라나타'(*marana tha*, 고전 16:22).[2] 그리고 아람어 지명 세 개가 나온다. 가바다, 골고다, 아겔다마(요 19:13, 17; 행 1:19). 마지막으로 여덟 개의 아람어 인명이 있다. 게바, 바돌로매, 바디매오, 바나바, 마르다, 도마, 다대오, 바라바. 그것이 전부다.

사해 사본 중에서(그 가운데 일부는 주전 3세기 중반으로까지 거슬러 올라간다)성경의 욥기 일부를 포함하여 아람어로 번역된 항목이 61개가 된다는 사실이, 구약과 신약 시대 사이의 기간 동안 "아람어가 폭넓게 그리고 유력하게 사용되었다"는 사실을 확인해 준다고 볼 수 있다.[3]

히브리어에서 아람어로 넘어가는 과정의 시초를 에스라와 느헤미야의 이야기에서 얼핏 볼 수 있다. 때는 주전 450년경이었고,[4] 에스라와 느헤미야는 바벨론에서 돌아와 혼란에 처한 유대인들을 규합하기 위해 페르시아 제국의 동부 지역에서 예루살렘으로 돌아왔다. 그러나 고향 땅으로의 영광스런 귀환, 파괴된 솔로몬 성전의 승리에 찬 재건에 대한 기대는 사그라지고 말았다. 처음 고향에 도착했을 때 유대인들은 이사야의 비전의 설교로 인해 무척 들떠 있었다.

> 네가 내 종이 되어서, 야곱의 지파들을 일으키고
> > 이스라엘 가운데 살아 남은 자들을 돌아오게 하는 것은,
> > 네게 오히려 가벼운 일이다.
> 땅 끝까지 나의 구원이 미치게 하려고,
> > 내가 너를 '뭇 민족의 빛'으로 삼았다(사 49:6, 표준새번역).

그들이 팔레스타인으로 돌아오면서 품었던 그 들뜬 희망, '뭇 민족의 빛'이 되리라던 기대는 곧 사그라졌다. 유배를 갔던 그들의 많은 형제 자매들이 바벨론에 편안하게 자리를 잡았고 그들과 함께 돌아가기를 거부했다. 귀환한 사람들은 여러 해 동안 가뭄과 흉작을 겪었고, 자원이 희박했으며, 북쪽에 사는 사마리아인들로부터 잔인하게 괴롭힘을 당했다. 그 공동체가 살아 남을 가능성은 별로 없어 보였다. 몇 년이 지나도 어려움이 해결되지 않자 이사야가 제시한 비전의 거창한 그림은 지워져 버렸다. 하나님의 백성이라는 그들의 정체성은 극도로 불안한 상태에 처하게 되었다.

먼저는 에스라 그 다음에는 느헤미야의 도착으로 구조의 손길이 임했는데, 두 사람 모두 페르시아 정부에서 높은 위치를 차지한 이들이었다. 이들은 팔레스타인 형제 자매들의 절박한 곤란에 대해서 알게 되자 그들의 사기를 끌어모으기 위해 나섰다. 모세가 이 공동체의 형성에 결정적이었던 것만큼이나 이 두 사람이 공동체의 생존에 결정적이었다고 말하는 것은 결코 과장이 아니다. 이들은 하나님의 백성으로서 공동체의 정체성을 다시 세우는 데 필요한 일을 정확하게 해냈고 공동체가 그 길을 계속 가게 해주었다. 에스라는 그들의 영적 삶을 개혁했고, 느헤미야는 요새를 재건함으로써 정치적으로 그들을 하나로 모았다.

에스라는 히브리어로 기록된 모세의 율법 사본을 가지고 도착했다. 가난하고 고통받는 수십 년의 세월 동안 고생한 이 유대인들은 예루살렘에서 겨우 생계를 유지하느라 자신들의 과거와는 단절되어 있었다. 모세가 이끈 구원에 대한 기억을 잃어버렸고, 시내 산의 계시와 멀어졌고, 광야에서 받은 훈련과의 연결고리도 끊겼으며, 아브라함과 사라, 룻과 보아스, 다윗과 아비가일의 가족사도 낯선 것이 되어 버렸다. 에스라는 처음부터 다시 시작해야 한다는 것을 알았다. 그는 성경에서부터 시작하기로 했다. 그는 도시 광장에 나무 연단을 짓게 하고 사람들을 모아 놓고는 연단 위로 올라가 히브리어로 적힌 두루마리를 펼쳐서 읽기 시작했다. 그들이 누구이며 어디에서 왔는지, 즉 그들의 정체성과 운명에 대한 이야기였다.

그런데 문제가 하나 있었다. 자신들의 과거와 단절된 이 사람들은 자신들의 언어와도 단절되어 있었다. 분명 대부분의 사람들이 히브리어를 이해하기는 했지만 히브리어는 더 이상 그들의 제일 언어, 일상어가 아니었다. 그들의 선조들이 바벨론으로 유배된(주전 586년) 이래 130여 년의 세월이 흐르면서 그들의 모국어인 히브리어는 생활의 주변부로 밀려나 있었다. 그들은 페르시아 제국의 만국 공통어인 아람어를 쓰면서 자랐고, 몇 세대 위인 그들의 부모와 조부모들도 그러했다. 그리고 아람어는 앞으로도 오랫동안, 예수님의 시대에 이르기까지 제일 언어가 될 운명이었다.

그 날 정체성을 회복하고자 하는 에스라의 거대한 과업에는 번역의 도움이 필요하다는 사실이 곧 분명해졌다. 다행히도 모세의 뿌리와 단절되지 않도록 하는 책임을 지고 있던 사제 계급인 레위인들은 여전히 히브리어에 매우 능숙했다. 그래서 에스라가 히브리어로 기록된 두루마리를 읽는 동안, 회중 사이에 전략적으로 배치된 열세 명의 레위인들이 "그 뜻을 해석하여 백성에게, 그 낭독하는 것을 다 깨닫게"(느 8:8) 했다. '그 뜻을 해석하여'는 아마도 엄격한 의미에서의 번역이 아니라, 그토록 오래 방치되어 이제는 낯선 것이 되어 버린 텍스트에서 에스라가 읽는 것을 설명하고 해석함으로써 백성들을 도와준 것에 더 가까울 것이다. 그 날 일어난 일은, 예루살렘에 있는 이 귀환 이후의 공동체가 히브리어 성경을 듣는 데에는 **해석**의 도움이 필요했음을 보여 준다. 여기에는 히브리어 단어나 문구를 아람어로 번역하는 일도 간혹 포함되었는데, 이 무렵 아람어는 팔레스타인의 일상어로서 히브리어를 대체해 가고 있었다.

그러나 '그 뜻을 해석하여'는 단순히 그 날 읽혀진 단어들의 사전적인 번역어를 제공하는 것 이상의 일이었다. 레위인들이 해석해 준 번역은 단순히 그 백성의 머리가 아니라, 가슴과 영혼, 그들의 **삶**을 참여시켰다. 처음에 그들은 울었고 그 다음에는 즐거워했다. "이는 그들이 그 읽어 들려 준 말을 밝히 앎이라"(느 8:9-12). 이것이 바로 진정한 번역이 의도하는 바다. 진정한 번역은 그 쓰인 글, 전해진 말에 대해, 눈물과 웃음, 가슴과 영혼으로 전인을 참여시키는 이해를 돕는 것을 목적으로 한다.[5]

이 열세 명의 남자들은 성경 다른 곳에서는 언급되지 않지만 그렇다고 익명으로만 등장한 것도 아니다. 에스라의 보조로서 그들은, 당시 '하나님의 백성'이 **자신들**을 일컫는다는 사실은 말할 것도 없거니와 그 말의 의미가 무엇인지도 몰랐던 하나님의 백성을 위해서, 에스라가 읽고 있는 하나님의 말씀을 일상 언어를 통해 뜻을 해석하고 분명하게 밝혀 줌으로써 그 날의 행사를 구원해 준 것이다. 이 사람들은 적어도 한 번 더 자신의 이름이 밝혀지는 정도의 존경은 받아야 할 것이다. 그 이름은 다음과 같다. 예수아, 바니, 세레뱌, 야민, 악굽, 사브대, 호디야, 마아세야, 그리다, 아사랴, 요사밧, 하난, 블라야(느 8:7). 이 열세 명의 통역가들은 과거와 현재의 연결에 필요한 것(아람어!)을 구두로 제공해 주었다. 백성들이 그 뜻을 이해할 수 있도록 그들이 '그 뜻을 해석하여' 주었기 때문에 하나님의 백성은 그로부터 400여 년의 세월 동안 계속해서 아람어를 사용했고, 이는 예수님이 예루살렘에서 십자가에 달리시게 되는 그 시대까지 계속되었다. 바로 그 아람어로 예수님이 그들의 왕이라는 사실이 십자가의 푯말에 명시되었다.[6]

헬라어로 번역되다

히브리어 성경이 헬라어로 번역된 것은 처음으로 완역이 이루어진 사례다. 아람어 번역에서는 부분과 단편들, 여기저기 흩어진 파편들로만 번역본이 존재하고, 에스라와 열세 명의 레위인들의 이야기에서처럼 다만 그러한 번역이 있을 것이라는 암시만 주어진 반면, 헬라어 번역은 히브리어 성경 전체가(그리고 또 그 일부가) 예수님의 시대와 오순절의 성령 강림 훨씬 이전에 완성되었다.

결과적으로 이 헬라어 번역은 초대 기독 교회의 **정경**이 된 성경, 그들의 '공식 인증' 성경이 되었다. 바울이 새로 형성된 기독교 공동체에 편지를 쓰면서 성경 인용을 할 때는 거의 언제나 이 헬라어 번역본을 이용했다. 그는, 이 초대 그리스도인들이 이집트의 노예살이에서 해방되어 광야와 약속의 땅에서 사랑과 순종의 삶을 살도록 훈련받고 이스라엘의 위대한 선지자들의 설교로 지도와 도전을 받은 하나님의 백성과 공통된 관계가 있음을 입증하고 확증하기 위해서 성경을 인용했다. 마가는 자신의 획기적인 복음서를 기록하면서 68회에 걸쳐 분명하게 구약 성경의 내용을 언급하는데, 그 중에서 25개가 헬라어 번역본의 정확한 혹은 거의 정확한 인용이다. 바울과 실라가 베뢰아라는 그리스의 도시에 도착해서 그 곳 회당에서 몇몇 유대인들과 성경 공부를 하면서 '이것[복음]이 그러한가 하여 날마다 성경을 상고'했을 때, 그들이 공부를 했던 '성경'은 의심의 여지없이 공식 헬라어 번역본이었다(행 17:10-12). 그로부터 여러 세기 후에 월터 바우어(Walter Bauer)는 신약 성경 헬라어 사전에 서문을 쓰면서 이렇게 말했다. "70인역이 우리 문학에 미친 영향은 다른 모든 영향을 능가한다는 것을 이 사전의 모든 장이 보여 준다."[7]

여러 언어가 사용되었던 거대한 페르시아 제국에서 아람어를 공식 언어로 제정한 고레스의 법령 이후로 성경을 아람어로 번역할 필요가 생겨난 것처럼, 그로부터 200년 후 알렉산더 대제가 페르시아의 전부를 정복하고 (역사에 의하면) 거의 하룻밤 사이에 모든 사람을 헬라인으로, 최소한 헬라어를 말하는 사람들로 바꾸어 놓자 성경을 헬라어로 번역할 필요가 생겨났다. 고레스의 페르시아 제국에서 아람어가 만국 공통어가 되었던 것처럼, 알렉산더의 헬라 제국에서는 헬라어가 만국 공통어가 되었다. 그 이유도 같았다. 참으로 많은 언어를 사용하는 참으로 다양한 인구들(말 그대로 바벨탑이었다)을 통치하고 나라를 운영하려면 공통어가 필요할 수밖에 없었다. 이번에는 헬라인들이 주권을 잡았으니, 그 언어는 헬라어가 되었다.

그러나 그 200년 동안에 또 다른 일도 일어났다. 고레스가 지배하던 시기와 알렉산더가 지배하던 시기 사이에 유대인 공동체가 서서히 페르시아와 헬라 세계 전역에 흩어지게 된 것이다. 바벨론의 통치하에서 시작된 이러한 흩어짐을 페르시아가 되돌려 놓았는데, 페르시아의 정책은 유배당한 사람들을 그들의 고향으로 송환시켜서 그 곳에서 그들의 예배 장소를 재건할 수 있게 하는 것이었다.[8] 이처럼 왔다갔다 하는 정책은 장소에 대한 감각을 약화시키면서 거대한 이산의 도가니를 더 휘저어 놓았다. 이산의 과정은 거대한 식민주의자들이었던 헬라인들에 의해서 계속 이어졌다. 터전을 빼앗겼다가 다시 팔레스타인으로 돌아온 유대인들은 헬라인들의 통치하에서 사실상 그 어느 곳에서든 정착하는 법을 터득했다. 헬라인들이 통치한 지 약 100년 정도가 지나자 지중해와 중동 대부분의 주요 도시에 유대인들이 살게 되었다. 어느 곳에 정착하든 그들은 회당을 세워 성경이라는 자신들의 토양(그들에게는 유일하게 남은 토양)에서 하나님의 백성으로서 정체성을 성실하게 키워 나갔다. 10년 안에 마케도니아에서부터 인도까지 길을 트기 위해 전격전을 벌인 후 2년 만에 알렉산더 대제는 이집트를 정복했고 즉시 그 곳에 자신을 기리는 새로운 도시를 건설했다. 주전 332년이었다. 전형적으로 알렉산더다운 오만으로 그는 그 도시의 이름을 알렉산드리아라고 지었다. 그리고 불과 두 세대 만에 헬라어를 사용하는 유대인들이 그 도시 거주민의 3분의 1을 차지하면서 예루살렘에 사는 유대인들의 숫자를 능가하게 되었다. 유대인 인구는 비단 알렉산드리아에서뿐만 아니라 헬라 제국 전역에서 계속 배가되었다. 세월이 지날수록 유대인들은 자신들의 성경이 기록된 원래의 언어에서 더 멀어졌다. 이제 회당에서 읽기 위해서는 헬라어로 번역된 성경이 필요했다.

따라서 성경을 헬라어로 번역하는 작업이 알렉산드리아에서 주도된 것도 그럴 만하다고 하겠다. 이러한 역사적 사실의 핵심을 전설로 정교하게 다듬은 「아리스테아스의 편지」(*The Letter of Aristeas*)에서 이 번역에 대한 이야기가 전해지고 있다. 이 전설은 그러한 번역에 대한 유대인들의 관심이 어떠했는지를 보여 주기 때문에 언급할 가치가 있다고 본다. 전설에 의하면 아리스테아스는 프톨레마이오스 2세(주전 285-247년)의 궁정에서 높은 자리에 있는 관리였는데 그는 학문을 적극 장려하는 사람으로서 20만 권이 넘는 책이 갖춰진 도서관을 가지고 있었다. 아리스테아스가 들려주는 이야기에 의하면, 프톨레마이오스의 왕정 사서인 드미트리우스가 왕에게 유대인들이 그 도서관에 비치될 만한 소중한 책들을 가지고 있다고 보고했다. 왕은 그에게 그 책을 입수하라고 했다. 드미트리우스는 이 책이 특이한 언어로 기록되어 있어서 번역이 필요하다고 말했다. 그래서 왕은 예루살렘에 있는 대제사장 엘리아살에게 편지를 보내어 그 사본을 입수하고 번역가들도 함께 데리고 오라고 명령했다. 대제사장은 열 두 지파에서 각각 여섯 명의 장로를 선별했다. 72명의 장로들이 알렉산드리아에 도착하자 왕은 그들에게 호화로운 만찬을 벌여 대접하면서 어려운 질문으로 그들을 시험했다. 그들은 시험을 통과했고 사흘 후 사서 드미트리우스에 의해서 알렉산드리아 앞바다에 있는 (등대로 유명한) 파로스(Pharos) 섬으로 보내져 그들을 위해서 마련된 건물에서 작업을 하게 되었다. 72일 후 72인의 장로들은 그 작업을 완수했다. 이 72인을 어림잡아 70인으로 쳐서 그 때 이후로 그 번역본은 '70인역'(*Septuagint*, 로마자로는 LXX)으로 불려졌다.

흔히 그렇듯 이 전설에는 살이 덧붙여졌다. 훗날 이 이야기를 들려주는 사람들은 72명의 장로들이 각자 따로 떨어진 방에서

서로 보지도 못하고 이야기도 못하면서 독립적으로 일을 했다고 말했다. 그런데 72일 후에 보니 모든 사람의 번역이 단어 하나하나가 모두 똑같았다고 한다.

전설이란 것이 원래 그렇듯 이 전설은 우리에게 재미를 준다. 그러나 핵심은 분명하다. 프톨레마이오스 2세가 통치하던 시절에 알렉산드리아에서 이루어진 성경의 헬라어 번역이, 널리 흩어져 살던 유대인 공동체의 공식 성경이 되었고 나중에는 초대 기독 교회의 성경이 되었다는 것이 그 요지다.[9]

그러나 이「편지」가 우리에게 중요한 것은 유대인 공동체 내에서 (그리고 나중에는 기독교 공동체 내에서) 이 번역본과 그 번역가들에게 주어진 엄청난 존경과 영예 때문이다. 그들은 성경의 기록에 역사하신 하나님의 영이 성경의 번역에도 역사하셨다고 믿었다.「편지」가 기록되고 약 100년 후에 예수님과 동시대에 살았던 알렉산드리아 출신의 유대인 필로는, 이「편지」는 언급하지 않았지만 그 번역본에 대해서 비슷한 평가를 하면서 원래의 히브리어 성경과 헬라어 번역본을 '자매'라고 지칭했다.

> 히브리어와 헬라어를 병용하는 유대인들은 그것들[성경의 원본과 번역본]을 자매로서 경외하고 경의를 표한다. 아니 오히려 그 내용과 표현 모두에서 서로 하나이자 같은 것으로 간주하며, 그 저자들을 번역가들이 아니라 영들 중에도 가장 순수한 영, 모세의 영과 손을 맞잡은…신비의 선지자이자 사제들로 말한다.[10]

유대인과 그리스도인 모두에게 원본과 번역본은 권위 있는 성경으로서 서로 동등했다.

미국어로 번역되다

그로부터 2,000년이 지난 지금 나 자신도 이 번역가들의 무리 속에 서게 되었다. 그러나 나 자신이 번역가라는 자각이 전혀 없이 그렇게 되었다. 나는 미국에서 목사로 일하고 있었다. 내 일은 200-300명 정도 되는 회중을 예배로 부르고 성만찬을 인도하는 것이었다. 나는 설교를 하고 성경을 가르치고, 그들과 함께 그리고 그들을 위해서 기도하고, 병든 자를 위문하고 영혼을 돌보고, 세례를 주고 안수하며, 결혼과 장례를 치러 주었다. 우리는 모두 미국 영어를 사용하는 사람들이었다. 이들에게 그리고 그러한 상황 속에서 번역가가 왜 필요하겠는가?

그럼에도 불구하고 나는 종종 나 자신을 유배 이후의 시기에 예루살렘에 있었던 에스라의 열세 명의 레위인들과 동일시하였다. 조지 스타이너(George Steiner)는 번역을 폭넓게 다룬 그의 책 「바벨 이후」(*After Babel*)에서 한 언어 **내에서의**(언어 내적) 번역은 두 언어 **사이의**(언어간) 번역과 연속선상에 있다고 설득력 있게 주장한다.[1)] 나는 강단에 서서 오늘날의 일상 언어로 성경을 이해시키려고 할 때 나 자신이 그 레위인들과 같다는 생각이 가장 강하게 들었다. 성경적 문화가 급격하게 붕괴되고 있던 그 유배 이후의 시기에 유다에서 성경을 이해시키기 위해서 '그 뜻을 해석하여' 에스라를 도왔던 그 레위인들처럼, 나는 포스트모던 미국 사회에서 그와 매우 흡사한 일을 목사로서 하고 있었다. 나의 회중도 그들의 과거, 그들의 성경, 성경적으로 형성된 자신들의 정체성에 대해서 잘 알지 못했기 때문이다. 현지어인 아람어를 사용했던 레위인들과 마찬가지로 내가 하는 '번역'도 대체로 구두로 이루어졌고, 교회에 모여 있는 나의 회중 앞에서 성경이 큰소리로 읽혀질 때 그것을 해석해 주거나, 즉 성경을 '이해'시키거나, 간혹 낯선 숙어나 비유가 나오면 그것과 대등한 미국식 표현을 알려 주는 식이었다.

그러다가 당시에는 그 의미를 깨닫지 못한 채 나 자신이 번역가 대열에 서게 되는 사건이 일어났다. 그 일은 1980대 초, 볼티모어 시에서 30킬로미터 정도 떨어져 있는 작은 도시에서 일어났다. 경기 침체 때문에 대부분이 중산층인 우리 교인들 사이에는 불안한 기운이 돌기 시작했다. 가까이에 있는 볼티모어를 포함해서 미국 여러 도시에서 일어나고 있는 인종 폭동이 그 불안감을 고조시켰다. 내가 살고 또한 일하고 있던 지역 사회 전체가 갑자기 보안에 신경을 쓰기 시작했다. 이웃들은 대문에 이중 잠금 장치를 달았고 경보기도 설치했다. 한 번도 총기를 소유해 본 적이 없는 사람들이 총을 구입했다. 인종적 공포는 인종적 비방으로 발전했다. 길모퉁이와 이발소에서 엿듣게 되는 잡담마저도 피해망상증에 감염되어 있었다. 이 모든 것이 아무런 저항도 유발하지 않고 우리 교인들 속으로 침투해 오는 것을 보고 나는 경악했다.

경악은 이내 분노로 바뀌었다. 어떻게 이 그리스도인들의 공동체가 그처럼 아무 생각 없이, 그리고 그처럼 쉽게 이 세상의 두려운 불안과 증오에 찬 불신을 빨아들일 수 있단 말인가? 내가 보기에 이들은 하룻밤 사이에 자신의 집을 무장한 막사로 바꾸어 놓은 것 같았다. 그들은 방어적이고, 경계하며, 소심하게 살고 있었다. 그리스도인이 말이다! 나는 20년 동안 그들의 목사였고, 예수님이 세상을 이기셨다는 복음을 설교하고, 예수님이 들려주신 선한 사마리아인 이야기를 가지고 그들의 이웃이 누구인지 규정해 주고, 자신의 달란트를 땅에 묻어 버린 신중한 종의 이야기를 통해서 그들이 현상 유지에만 머물지 않게 해주었다. 나는 그들의 성경공부를 인도했고, 그 성경공부가 그리스도께서 해방을 통해 우리에게 주시고자 했던 그 자유 안에 그들이 뿌리박게 해주고, 그리스도께서 죽음으로 구원하신 우리 주변의 세상에 그들이 '속하지는 않았지만' 그 속에 두 발을 굳건히 디디게 해주고 있다고 생각했다. 그런데 그들이 이렇게 내 눈앞에서 공포에 마비된 채 '내일 일을 염려하고' 있었던 것이다.

분노와 경악이 사그라지면서 나는 그들에게 그리스도 안에서 자유로운 사람, '이 세상을 따르지' 않지만 성령 안에서 강건하고도 자연스럽게 사는 사람의 정체성을 회복시켜 주기를 바라며 목회 전략을 짜기 시작했다. 그러한 일을 시작하기에는 갈라디아서가 좋을 것 같았다. 나는 화가 나 있었고, 갈라디아서는 바울이 가장 크게 화를 내며 쓴 편지다. 바울이 몇 년 전에 세워 놓은 그리스도인의 공동체가 자유의 삶을 버리고 옛 유대교의 규칙을 따르는 안전한 체제를 따라갔다는 보고에 자극을 받아서 쓴 편지인 것이다. 나는 우리 공동체에 갈라디아서의 때가 왔다고 생각했다. 중산층이라는 안전하고 신중한 조건들이 복음의 날카로운 모서리들을 깎아내고 무디게 했기에 이들은 당대의 불안 앞에서 무방비 상태가 되어 버렸다. 갈라디아에 있는 바울의 회중과 메릴랜드에 있는 나의 회중, 이 두 회중의 유사성은 절묘한 뜻밖의 발견이라고 여겨졌고, 따라서 그것을 최대한 활용하기로 했다.

그러나 나는 또한 그렇게 하려면 시간이 좀 걸릴 것이라는 사실도 알았다. 우선은 1년 동안 성인 반을 구성해서 갈라디아서를 가르치고 그 다음에 이어서 1년 동안 갈라디아서를 설교하기로 했다. 그들을 갈라디아서에 푹 담그리라. 땀구멍에서 갈라디아서가 흘러나올 정도가 되게 하리라. 2년 후면 그들이 갈라디아에 살고 있는지 미국에 살고 있는지 구분하지 못하게 되리라. 하지만 자유에 대해서는 알게 되리라. 그리스도께서 그들을 해방시켜서 주시고자 했던 자유 말이다.

나는 교인들에게 성인들을 위한 갈라디아서 공부를 시작한다고 알렸다. 이렇게 시작된 우리의 성인 주일학교는 주일 아침마다 교회 건물의 교육관 지하에서 모였다. 시멘트가 그대로 드러난 벽, 접의자, 말굽 모양으로 배치된 비닐 표면의 탁자들, 신문지로 묶어 만든 이젤 등, 그야말로 교외에 위치한 장로교회의 카타콤이라고 할 만한 장소였다. 친밀감과 여유, 성경으로의 몰입, '하나님의 말씀이구나!' 하고 깨닫고 놀라는 경험, 그리고 정직과 계시의 분위기가 늘 진전하는 것 같아 보이는 이 모임을 나는 늘 사랑했다. 하나님의 계시의 영역에 들어갈 때면, 이 세상에서 자기 자신을 존경받고 용납받을 만한 모습으로 만들기 위해 우리가 내세우는 가장과 겉치레 뒤에서 한 사람씩 조심스럽게 나오면서 자기 자신을 드러내는 것이 가능해지는 순간이 늘 생기는 것 같다.

성경 공부를 처음 시작하는 그 주일날 열네 명의 사람이 모였다. 보통 그 정도의 숫자였다. 내가 하는 일은 일찍 도착해서 커피를 한 주전자 내려 놓고, 홍차를 만들 뜨거운 물을 준비하고, 설탕과 크림 그리고 1회용 컵을 꺼내 놓고, 탁자 위에 성경을 펼쳐 두는 것이었다. 각자 커피를 타고 탁자에 자리를 잡으면서 하는 잡담이 몇 분의 시간을 잡아먹었다. 그렇게 처음 10여 분 동안은 탁자 위에 놓인 성경들이, 커피 잔에 크림과 설탕을 넣고 젓는 예전적 행위의 틈 속에서 관심을 끌기 위한 경쟁을 벌인다는 생각이 늘 들었다. 대부분의 주일에는 결국 성경이 그 경쟁에서 이기지만, 그 날만큼은 1회용 컵이 이기는 것 같아 보였다. 그 곳에서 나는 교인들이 성령으로 불붙여진 상상력의 부흥을 이루게 될 기초 작업을 하고 있었다. 자신의 공동체가 문화의 노예로 전락하는 것을 막아 준 편지, 바울이 분노와 열정과 격렬함으로 쓴 편지인 갈라디아서가 탁자 위에 놓여 있는데 아무도 손을 대지 않고 있었다. 그들은 사랑스럽게 웃으면서 바울의 비유와 구문 속에서 고동치고 있는 성령의 말보다는 그 커피를 젓는 데 더 주의를 기울이고 있었다. 그들이 이 상황을 전혀 이해하지 못하고 있음이 분명했다. 그리고 나는 그것이 불쾌했다. 엄청나게 불쾌했다.

내가 왜 유독 그 날 그렇게 마음이 상했는지 나도 잘 모르겠다. 그런 일은 늘 있는데도 말이다. 부모와 자녀, 목사와 교인, 선생과 학생, 코치와 선수, 친구들 사이에 늘 일어나는 일이다. 진리를 발견하게 하는 아이디어, 일순간 타오르는 아름다움, 열정적인 사랑 등 인생을 송두리째 뒤집는 무엇을 포착하면 우리는 다급하게 누군가를 찾아가서 밀어붙이듯 우리의 발견에 대해 말한다. 예의 바르게 잠시 우리의 말을 듣다가 그 사람은 분명 지루해하며 슬슬 자리를 피하거나 아니면 화제를 바꾼다. 청소년 시절에 우리가 누군가와 사랑에 빠지면 가장 친한 친구에게 얼른 말해 주고 싶어서 안달이 나는 경우와 비슷하다. 그런데 그럴 때 친구들은 "그애가 뭐 볼 게 있다고"라고 말했었다. 이제 막 엄청나게 아름다운 사람, 그 입술에서 나오는 모든 말이 노래이고, 내딛는 모든 발걸음이 춤 같은 사람을 발견했는데, 우리의 친구는, 우리의 **가장 친한** 친구는 이렇게 말한다. "그애가 뭐 볼 게 있다고."

메릴랜드에 있는 그 장로교회의 지하실에서 그 주일날 아침 내가 느낀 기분이 바로 그런 것이었다. 혁명을 모의하는 그 문장들을 읽으면서 커피에 설탕을 넣고 젓고 있다니.

그 날 오후 나는 아내에게 아침에 있었던 갈라디아서 공부의 매끄럽지 못한 출발에 대해서 이야기했다. 좌절감에 씩씩대며 나는 말했다. "그래 이렇게 해야겠어. 그 사람들에게 헬라어를 가르치는 거야. 그걸 헬라어로 읽으면 그 사랑스런 미소는 곧 사라지고 말 걸. 헬라어로 읽으면 말이야, 이리 뒤집고 저리 뒤집으면서 자유를 외치는 바울의 헬라어로 읽으면, 그러면 이해하겠지." 그러자 아내는 사랑스런 미소를 지으며 말했다. "교실을 텅 비게 하려면 그것만큼 좋은 방법이 없겠네요."

그 미소가 결정타였다. 헬라어 프로젝트는 그만두기로 했다. 대신에 나는 그 한 주간을 바울의 헬라어를 가지고 끼적거리면서 그것을 영어로 하면 어떤 느낌일지 내가 생각하는 표현으로 바꾸어 보려고 애를 썼다. 나는 바울을, 그리스도 안에서 힘겹게 얻어낸 자유가 손가락 사이로 빠져나가도록 놔두는 사람들의 목사로 상상해 보고자 했다. 그들이 교회 밖에서 사용하는 언어를 사용한다면 바울은 어떻게 쓸까? 나에게는 아무런 계획도, 프로그램도 없었고, 헬라어처럼 야심찬 것은 아무것도 없었다. 다만 나는 그들이 이 말을 내가 들은 방식대로, 갈라디아 교인들이 들은 방식대로, 루터가 들은 방식대로, 기독교 역사 속에서 참으로 많은 사람들이 들은 방식대로 듣기를 바랄 뿐이었다. 그들은 그렇게 듣고 하나님에 의해서 그리고 하나님을 위해서 자유를 얻었던 것이다.

그 다음 주일날 아침 나는 평상시처럼 커피를 끓이고 물을 데웠지만, 성경은 생략했다. 성경 대신에 내가 끼적거린 것(더블 스페이스로 약 250단어가 들어가 있는 종이 한 장)을 열네 장 복사해서 탁자 위에 펼쳐 놓았다. 그리고 나는 이렇게 읽었다.

저 바울과 이 곳에 있는 제 믿음의 동료들은 갈라디아 교회에 문안합니다. 제가 이 글을 쓰는 권위는 사람들의 그 어떤 대중적인 지지로도 주어진 것이 아니며, 높은 자리에 있는 어떤 사람의 임명을 통해서 주어진 것도 아닙니다. 그것은 메시아이신 예수님과 그분을 죽음에서 살리신 성부 하나님으로부터 직접 주어진 것입니다. 저는 하나님이 위임한 사람입니다. 따라서 저는 은혜와 평강이라는 위대한 말로 여러분에게 문안합니다. 저는 그 말의 의미를 압니다. 왜냐하면 예수 그리스도가 우리 죄를 위한 희생물로 자기 자신을 내어 주심으로써 우리가 살고 있는 이 악한 세상에서 우리를 구해 주셨기 때문입니다. 하나님의 계획은 우리 모두가 그렇게 구원받는 것입니다. 하나님께 영원토록 영광을! 참으로 그러하기를 바랍니다!

저는 여러분의 변덕스런 마음을 믿을 수가 없습니다. 여러분이 변종 메시지를 받아들임으로써, 그리스도의 은혜로 여러분을 부르신 그분을 얼마나 쉽게 배신했는지 모릅니다! 아시다시피 그것은 사소한 변종이 아닙니다. 그것은 완전히 다른, 이질적 메시지, 메시지도 아닌 메시지, 하나님에 대한 거짓말입니다. 여러분 사이에서 이러한 동요를 부추기는 사람들은 그리스도의 메시지를 거꾸로 뒤집고 있습니다. 제가 단도직입적으로 말하겠습니다. 우리 중 누군가가(심지어 하늘에서 내려온 천사라 하더라도!) 우리가 원래 설교한 것과는 다른 것을 설교한다면 그에게 저주가 있을 것입니다. 제가 한 번 말했지만, 다시 한 번 말하겠습니다. 그의 명성이나 신망에 상관없이 그 누구라도 여러분이 원래 받은 것과는 다른 것을 설교한다면, 그에게 저주가 있을 것입니다.

그런 식으로 계속되었다. 우리는 매주 진도를 나가면서, 바울의 헬라어를 그들이 교회 밖에서 쓰는 미국어, 직장에서 일할 때, 집에서 자녀들과 놀아 줄 때, 혹은 그냥 길거리에서 쓰는 단어와 문장으로 이해하려고 노력했다. 매주 나는 새로운 장을 들고 왔다. 우리는 미국 영어에 비추어서 은유와 어법을 분석해 보고, 고칠 부분들을 제안하고, 상투적인 말은 지워 버리면서, 바울의 언어에 있는 날카로운 모서리들을 우리의 자국어에서도 살리려 애를 썼다.

이 새로운 형식을 사용하고 나서 두 주가 지난 후, 우리가 공부하는 방을 정리하면서 보니 모든 1회용 컵에 반쯤 남은 커피가 차갑게 식어 있었다. 드디어 그들을 사로잡았다는 것을 나는 알았다. 손님들이 돌아간 자리를 그처럼 만족스럽게 치워 보기는 처음이었다. 차가운 커피를 다 하수구에 부어 버리고 쓰레기통에 컵들을 던져 넣으면서 말이다!

그 해 가을, 겨울 그리고 이듬해 봄까지 주일 아침마다 우리는 따끈따끈하게 복사된 번역 텍스트를 파고들었다. 9개월 만에 우리는 갈라디아서를 완파했다. 우리가 무슨 일을 하고 있는 것인지, 그리고 그 일이 우리 문화에 어떤 영향력을 행사하게 될지도 알지 못한 채, 우리는 한 무리의 번역가들, '하나님의 비서들'[12]의 대열에 끼게 된 것이다. 이어서 그 해 가을에 나는 똑같은 갈라디아서 텍스트를 9개월에 걸쳐서 예배를 위해 모인 회중에게 설교하기 시작했다. 그리고 이듬해 여름에는 글을 쓰기 시작했다. 그 2년 동안 갈라디아서를 가지고 대화하고 기도하며 예배하고 가르친 것을 책으로 만들고 싶었기 때문이다. 목사와 회중이 협력하여 성령이 쓰신 위대한 자유의 텍스트를 귀로 듣고, 하나님의 말씀에 우리 자신과 우리 문화를 굴복시키고 또한 그것을 회복시킨 그 2년의 세월을 책으로 담고 싶었다.

그 책이 출판되고 나서[13] 몇 년 후에 나는 어느 편집자로부터 편지를 받았다. "갈라디아서에 대해서 쓰신 그 책을 기억하십니까? 제가 성경 번역 부분만 복사해서 늘 들고 다니면서 반복해서 읽고 제 친구들에게도 읽어 주었습니다. 우리 모두가 이제는 갈라디아서가 좀 지루해지기 시작했는데, 신약 성경 전체를 번역하시는 것이 어떻겠습니까?"

나는 불가능한 일이라고 단언했다. 나는 목사였고, 신약 성경 중에서도 그나마 분량이 적은 책을 번역하는 데에도 2년이 걸렸다. 게다가 번역본이나 의역들은 이미 충분히 많지 않은가? 영어 성경의 가장 최근 역사에 대한 글에서 데이비드 다니엘(David Daniell)은 1945년에서 1990년 사이에 히브리어와 헬라어에서 영어로 번역된 책이 전체 번역과 부분 번역을 포함해서 1,200개가 넘는다고 추정한다. 그 중에서 35개는 성경 전체를 새로 번역한 것이고, 80개는 신약 성경만 새로 번역한 것이었다. "이것은 엄청나게 큰 숫자다"라고 한 그의 논평은 오히려 그것을 엄청나게 과소평가한 말이다.[14]

편집자는 계속해서 고집을 부렸다. 2년 동안 편지와 전화로 대화가 오고간 후에 '성령과 우리'(편집자와 출판사, 아내와 나)는 이것이 우리에게 주어진 일이라고 보는 것이 좋겠다는 결론을 내렸다. 나는 (29년 간 섬긴) 교회를 사임했고, 성경의 텍스트를 미국 영어라는 현지어로 번역하는 일에 착수했다.

내 공동체보다 더 큰 공동체를 위해서 히브리어와 헬라어 텍스트를 미국어로 번역하는 일에 착수해 보니, 그 일은 내가 35년 동안 목사로서 해 온 일과 크게 다르지 않아 보였다. 내가 받은 목사의 직분은, 내게 주어진 사람들에게 성경과 성례에 나타난 하나님의 말씀을 전하는 것이었다. 미국이라는 동네에서 가족을 이루고 생계를 위해 일하며 즐겁고 책임감 있는 삶을 사는 것과 관련된 모든 세세한 일들 속에서 성부 하나님을 예배하고, 성자 예수님을 따르고, 성령을 받는 삶을 살도록 말이다. 나는 목사로서 구체적인 동네에 민감해야 한다는 사실을 늘 의식하고 있었다. 일반적 원칙이나 '큰' 진리는 통하지 않았다. 내가 사는 동네는 미국이었다. 따라서 「메시지」(*The Message*)에서는 그 언어가 미국어일 수밖에 없었다. 나는 작업에 착수했다. 그 일은 10년이 걸렸다.

메시지

언어는 근본적으로 거룩하다. 언어의 기원은 하나님이시다. "태초에 말씀이 계시니라. 이 말씀이 하나님과 함께 계셨으니 이 말씀은 곧 하나님이시니라"(요 1:1). 하나님의 존재 그 자체에서 그리고 하나님이 일하시는 방식에서 제일 중요한 것은 언어(말씀 그리고 말씀이신 예수님)라는 점을 강조하면서 성 요한이 창세기를 다시 썼을 때, 그는 "말씀이 육신이 되어 우리 가운데 거하시매…"(요 1:14)라는 참으로 충격적인 발언을 했다. 그 발언과 함께 성 요한은 그 말씀이신 예수님, 자신이 누구인지(**하나님이 누구인지**) 드러내시는 예수님, 그리고 그렇게 하시기 위해서, 즉 하나님을 드러내기 위해서, 태초에 하나님이셨던 그 말씀을 드러내기 위해서 당시 그 지역의 일상어였던 아람어를 사용하시는 예수님에 대해서 자세하게 증언하기 시작했다. 요한은 자신의 증언 즉 자신의 복음서를 기록하면서, 자신이 아람어로 들었던 예수님의 말씀과 이야기를 헬라어로 번역했다. 이 말씀이신 예수님은 신성이 무엇인지에 대한 추상적인 강의를 하기 위해서, 하나님이 보시기에 합당한 행위의 규칙을 공개적으로 알리기 위해서, 혹은 우리의 본능적 호기심을 만족시키고 사물의 존재 방식을 설명하기 위해서 팔레스타인의 거리를 다니시고 도중에 마을에 잠시 들르시고 하신 것이 아니었다. 그분은 언어이시면서 동시에 언어를 사용하셨다. 그 언어는 밖으로부터가 아니라 안으로부터 하나님을 계시하는 언어, 하나님의 마음을 드러내 주는 언어, 성부, 성자, 성령으로서 우리와 인격적으로 함께 하시고 관계를 맺으시는 하나님의 포괄적인 방식을 드러내 주는 언어였다. 그리고 사람들은 그분의 말을 이해했다. "많은 사람들이 즐겁게 듣더라"(막 12:37). 예수님은 그들의 언어를 가지고 하나님의 언어를 말씀하셨다. 그분의 말을 받으면서 사람들은 그 말에 의해서 '새로운 피조물'로 **형성**되었다. 즉 그들은 '거듭났던' 것이다.

언어가 가지는 이와 같은 계시적 특질은, 인간이 계속해서 언어를 말하고 들을 때에도 그 신성한 창조와 구원의 핵심을 유지하는데, 특히 우리가 서로 자기 자신의 고유한 모습을 드러내기 위해서 언어를 사용할 때 더욱 그렇다. 우리는 단순히 정보를 교환하기 위해서, 그러니까 길을 건너가기 위해 방향을 묻거나 상품과 서비스를 구매하거나 제공할 때, 붉은 꼬리 매와 용담을 일컬을 때에만 말을 사용하는 것이 아니다. 우리는 언어를 통해서 **우리 자신을 드러낸다.** 우리의 희망과 꿈, 생각과 기도 등 우리가 영혼이라고 축약해 말하는 그 거대한 내면성, '하나님의 형상'으로서 우리가 지니고 있는 그 헤아릴 수 없는 신비를 드러낸다.

말로 하든 글로 쓰든, 언어의 이러한 신성함은 하향과 상향의 두 가지 방향에서 자칫 모독당하기가 쉽다. 하향의 모독은 모욕하고 더럽히기 위해서 사용되는 언어, 즉 독설의 형태를 취한다. 언어의 신성함은 무게를 달거나 치수를 잴 수 없는 것을 드러내는 능력, 신의 것이든 인간의 것이든 영을 드러내는 능력, 즉 내적 실재를 드러내는 능력에 내재한다. 언어가 위선적인 말이나 진부한 말 혹은 허위의 말로 타락하게 되면 언어는 인간의 혹은 하나님의 신성한 본질을 침해한다. 그럴 때 언어는, 인간이든 신이든, 그 실재를 그것보다 못한 비인격적인 무엇, 내가 조작하거나 이용할 수 있는 사물이나 이미지로 축소해 버린다. 그러한 언어는, 내가 언덕이라면 이 세상에 나보다 높은 산은 하나도 없어야 한다는 태도를 취한다.

상향의 모독은 언어가 추상적으로 부풀려지거나 레이스처럼 엮인 거미집처럼 비실체적인 것이 될 때 일어난다. 과장된 언어는 독설이나 위선의 말만큼이나 언어의 신성한 핵심을 침해한다. 이러한 현상은 우리가 남에게 아첨하거나 깊은 인상을 남기기 위해 언어를 사용할 때, 다른 사람들과의 관계로부터 스스로

거리를 두려고 말을 사용할 때 일어난다. 여기서 다른 사람들이란 삼위일체의 위격이나 우리의 부모, 지도자, 유명 인사, 친구들, 혹은 이웃들일 수 있다. 우리가 다른 사람들을 떠받들거나 그들을 어떤 역할에 고정시키기 위해서 언어를 사용하게 되면 우리는 더 이상 그들을 인격으로 대할 필요가 없게 되고 사상이나 대표적 유형 혹은 기능으로만 다룰 수 있게 된다. 그것은 마치 우리가 그들을 존경하는 것처럼 들리지만, 사실은 우리가 평범한 생활을 영위하고 있는 삶의 반경에 그들이 들어오지 못하게 하기 위해서 언어를 사용하는 것이다. 그렇게 되면 우리는 그들을 우리가 만들어 낸 도피주의적 환상 속에서 마음대로 대하거나, 우월한 자세로 그들을 비판하거나, 탐욕스러운 꿈을 꾸며 대하거나, 퉁명스럽게 그들을 쫓아 버리는 등 마음대로 할 수 있게 된다. 이것이 바로 언어에 대한 '상향'의 모독이다.

성경을 읽고 성경에 반응하는 문제에서라면 하향 모독보다는 상향 모독의 위험이 훨씬 더 큰데, 그 이유는 단순히 상향 모독이 간파하기 더 어렵기 때문이다. 화가 나서 "빌어먹을 하나님!" (God dammit!) 하고 내뱉는 말과 같은 공공연한 신성모독은, 예를 들어 떨리는 목소리로 "존귀하고 높으시며, 거룩하고 비길 데 없는 전능의 하나님…"이라고 읊조리는 아첨 떠는 경건보다 훨씬 더 이목을 끈다. 그러나 역설적이게도 후자가 오히려 전자보다 더 심하게 언어를 모독하는 것일 수 있다.

우리가 별로 생각해 보지 않는 사실이 하나 있는데, 조금만 상상력을 발휘해 보면 성경을 제일 처음으로 읽었던 사람들은 자신이 성경을 읽고 있다는 것을 몰랐음을 쉽게 알 수 있다. 그들은 단순히 자신의 선조들인 아브라함과 사무엘의 이야기를 들었거나, 종이 쪽지에 적힌 옛 설교문의 기록을 읽거나, 한 번도 본 적은 없지만 어떤 친구들이 가치가 있다고 말해 준 사람의 편지를 가지고 토론하거나 했을 뿐이다. 그 때 그런 말들은 아무런 외적 권위를 지니고 있지 않았다. 만약에 그 독자들이 '겉표지'로 책을 판단했다면 별다른 인상을 받지 못했거나 심지어 그것을 깔보기가 쉬웠을 것이다. 그들이 저지를 수 있는 위험은 하향 모독이었는데, 그들은 자신이 이해하지 못하는 것을 경멸해 버리거나 계시적인 친밀함을 최신의 종교적 잡담으로 축소시킬 수도 있었다. 그러나 그 말이 하나님에 대해서 자신들이 결코 알아낼 수 없는 어떤 것을 계시해 주고 있으며, 자신들의 마음으로부터 우러나오는 대답으로 적절하게 반응할 수 있는 언어를 주고 있다는 사실을 일부 사람들이 깨닫는 데에는 그리 오랜 시간이 걸리지 않았다. 그리하여 그 말은 수집되었고 존귀하게 다루어졌으며, 그리스도인들이 자신의 삶을 의지하여 살아가는 텍스트가 되었다. 그것은 매우 좋은 일이었다. 그렇게 해서 지금 우리가 가지고 있는 이 성경이 탄생했기 때문이다.

그러나 그러는 중에 모독의 위험이 하향에서 상향으로 이동하였다. 일단 성경이 존경받는 권위를 가지게 되자 그것을 하나의 사물로, 비인격적인 권위로 취급하는 것이 가능해진 것이다.

그러면 성경을 이용하여 다른 사람들을 규정하거나 매도하고, 인격적이고 관계적인 그리고 순종적인 방식으로 하나님의 말씀을 대하는 것을 회피할 수 있었다. 머지않아 사람들은 성경의 말을 받아들이고 하나님이 그들에게 개인적으로 주시는 말씀으로서 그 말에 반응하는 대신에, 성경을 존경하거나 언어의 유물로 찬양하고, 모든 도전에 맞서서 그것을 유일한 진리로 옹호하고, 하나의 고전이나 위대한 문학으로 취급함으로써 그것을 일종의 가리개나 은신처로 사용하기 시작했다. 그러나 성경의 말이 아무리 인상적이라 하더라도, 그것은 분류하거나 규정하거나 증명하는 말이 아니라, 의미하는 말, 계시하는 말, 영혼을 구현해 내는 말, 구원받은 생명들을 산출하는 말, 믿고 순종하는 삶들을 형성하는 말이다. 비인격적이고 완고하고 선전하고 조작하는 말은, 그것이 아무리 열정적이고 정확하다 하더라도 상향으로 부풀려진다. 마음에 뿌리를 두지 못한다. 인간의 일상성에 기초하지 못한다. 그런 말은 더 이상 말씀을 듣고 반응하는 데 유익을 주지 못한다. 여기서 말씀이란 하나님의 뜻과 임재를 드러내는 말, 그 안에서 기도와 찬양 그리고 순종과 사랑으로 우리도 그렇게 스스로를 드러낼 것을 요청하는 언어다. 성경을 **받아들이고, 거기에 굴복하고, 그것을 기도하는** 대신에 성경을 **소유하고, 옹호하고, 기리는** 것은 왜곡된 독서의 엄청난 세계를 은폐한다.

성경을 하나님의 말씀으로, 그리고 우리가 따라 살겠다고 선택한 권위 있는 텍스트로 진지하게 받아들이는 우리에게 번역은 상향 모독에 대항하는, 그러니까 우리의 평범한 삶을 표현하는 방식과 더 이상 맞지 않는 과장과 술책으로 언어가 부풀려지는 것에 대항하는 최우선 방어 중 하나다. 그리고 과장은 언제나 '틈을 노리며' 언어의 문 앞에 웅크리고 있기 때문에 번역가들은 그들의 언어가 우리가 자녀들이나 친구들과 이야기할 때 사용하는 일상어의 울림을 잃지 않도록 언제나 경계해야 한다. 특히 하나님이 우리에게 자신을 계시하기 위해서 사용하시는 언어인 성경의 경우, 거기에는 참으로 큰 위험이 따른다.

가장 널리 배포되었고 또한 영향력 있는 영어 번역 성경은 영국의 제임스 왕이 인증하고 1611년에 출판된 성경이다. 이 번역본은 지금도 그 왕의 이름을 달고 있는데, 킹제임스 흠정역(King James Version)으로 알려져 있다. 이 위대한 업적, 즉 '영국과 북미 청교도주의의 위대한 기념비'[1]는 일련의 개정을 거치는 혜택을 누렸는데, 이는 시기적으로 좀더 앞서고 좀더 정확한 사본의 복구에 기초해서 이루어진 것이었다.[2] 그러나 그러한 개정 작업들이 우리에게 감동적일 정도로 정확한 텍스트를 제공해 주기는 했지만, 성경의 언어와 우리가 일상 생활에서 사용하는 언어 사이의 간극이 계속해서 멀어지는 것을 막지는 못했다.

그러던 중 1897년과 1923년에 성경 번역에 새로운 피를 공급해 준 고고학적 발견이 있었다. 번역가들은 성경 텍스트를 가지고 작업에 들어갔고 그 결과는 놀라웠다. 이집트의 옥시린쿠스(Oxyrhynchus) 마을과 시리아의 고대 왕국인 우가리트(Ugarit)

가 그 현장이었는데, 이 발굴은 흠정역 이후 성경 번역의 세계에 완전히 새로운 영역을 열어 주었다. 이 두 지명이 성경 독자들에게 딱히 일상적인 용어는 아니지만 나는 그러해야 한다고 생각한다. 이 두 지명은 성경 번역의 혁명(결코 지나치지 않은 표현이라고 나는 생각한다)을 가져온 언어와 문화의 세계를 우리 눈앞에 펼쳐 주기 때문이다.

옥시린쿠스와 우가리트

옥시린쿠스는 이집트에 있다. 이집트는 예나 지금이나 고고학자들이 애지중지하는 곳으로, 고대 세계에 관심을 가진 사람이라면 사실상 누구나 동경하는 대상이다. 그 곳은 신비의 세계다. 기자의 피라미드, 불가사의한 스핑크스, 카르나크 성전, 거대한 조상들, 고급한 상형 문자. 놀라운 볼거리가 있고 풀어야 할 신비가 있는 곳이다. 그러나 이전의 모든 이집트의 경이와 신비를 다 합한 것보다도 훨씬 큰 영향을 기독교 지성에 미친 발견이, 카이로에서 남쪽으로 250킬로미터 정도 떨어진 곳에 있는 나일 강변의 옥시린쿠스라는 마을의 쓰레기장에서 있었다. 옥시린쿠스에는 자랑할 만한 성전도, 피라미드 무덤도, 호루스와 오시리스의 조상도 없었고, 사진을 찍을 만한 것이나 낙타를 타고 가서 볼 만한 것이라고는 하나도 없었다. 그저 쓰레기장이 하나 있을 뿐이었는데, 두 명의 남자가 그 마을의 그 쓰레기통에서 버려진 종이 쪽지 몇 개를 발굴해 냈다. 그들은 영국인 버나드 그렌펠(Bernard Grenfell)과 아서 헌트(Arthur Hunt)였고, 때는 1897년이었다. 그들이 그 쓰레기장에서 발굴한 종이 쪽지(파피루스 종이)에는 헬라어가 적혀 있었다. 그렌펠과 헌트는 그 버려진 쪽지에 적힌 단어 몇 개를 읽은 순간 자신이 대박을 터뜨렸다는, 정말로 **큰** 대박을 터뜨렸다는 것을 알았다. 미국의 루터파 사전 편찬자인 윌리엄 아른트(William Arndt)와 윌프레드 깅그리치(Wilfred Gingrich)가 이 발굴을 설명하며 사용한 '신기원을 연 사건'(Epoch-making)이라는 표현은 오히려 과소평가라는 점에서 잘못된 표현이라고 말할 수 있을 것이다.[3]

이미 지적한 바대로 우리가 가진 신약 성경을 구성하는 27개의 문서가 기록된 시대에 지배적이었던 언어는 헬라어였다. 페르시아 제국에서 아람어가 만국 공통어였던 것만큼이나, 헬라어는 헬라 제국 그리고 그 뒤를 이은 로마 제국의 통일된 언어였다. 당신이 모든 헬라적인 것의 위대한 전도사였던 알렉산더 대제가 선도하는 시대에 살았다면 당신의 모국어가 무엇이든, 그것이 이집트어이든, 라틴어이든, 시리아어이든, 아랍어이든 당신은 헬라어를 조금이라도 했을 것이다. 당시에 신문이 발행되었다면 그것도 헬라어로 되어 있었을 것이다. 사업도 헬라어로 이루어졌고, 정부의 법령도 헬라어로 반포되었고, 학교의 교과목도 헬

9. 메시지

라어로 배웠다. 물론 지방 언어가 계속 살아 있었기 때문에 모든 지역에서 헬라어가 사용된 것은 아니지만, 대부분의 지역에서 그러했다.

예수님이 베들레헴에 태어나신 시기에는 이미 헬라어가 고전어로 자리를 잡고 있었다. 인상적인 문학 저술군을 형성한 작품, 예를 들어 호메로스와 크세노폰, 핀다로스와 아이스킬로스, 사포와 유클리드, 헤라클레이토스와 파르메니데스, 플라톤과 아리스토텔레스, 위대한 서사시, 넋을 잃을 정도의 드라마, 예리한 역사, 서정시, 심오한 철학, 명민한 과학 등의 저술들이 차곡차곡 쌓여 온 지 최소한 1,000년은 되는 시기였다. 이 헬라어는 탄력 있고 우아하고 유연해서 매우 섬세한 표현이 가능했다.

주전 500년경에는 아테네 방언, 즉 아티카 헬라어가 그 지역을 지배하는 헬라어로 부상하여, 그리스 본토의 여러 방언들을 흡수해 버렸다. 이 언어가 공통 방언, 특히 사업상의 업무와 군사 원정에서 의사 소통의 공통적 도구가 되어 버린 것이다. 또한 고전 시대(주전 500년-323년)에 문학 언어로서 대단한 지위를 획득한 것도 이 아티카 헬라어였다. 그러나 그리스에서 인도 그리고 시리아에서 이집트에 이르는 모든 나라를 알렉산더 대제가 군사적·문화적으로 정복하던 시기에, 각종 언어의 집합장인 거대한 영토 전역에서 헬라어가 공통어로 정착되자 아티카 헬라어는 그 우아함을 상당 부분 상실했다. 군사, 상업, 외교 등의 국제적인 용도에 맞게 적응해 가면서 이 헬라어가 원래 유래하는 아티카 고전 문학에 보존된 헬라어와 그것이 대중적으로 정착하게 된 언어 사이의 간극은 상당히 커졌다. 아테네의 아티카 방언은 이렇게 헬레니즘 시대 그리고 신약 성경 시대의 '코이네'(*Koine*) 헬라어, 혹은 '일상'(common) 헬라어라고 우리가 관례적으로 일컫는 언어로 발전되었다. 반면에, 철학자와 시인, 극작가 그리고 역사가들은 계속해서 고전 헬라어, 즉 '바른'(proper) 헬라어로 글을 썼다. 모든 학생은 진지한 작가라면 비문학적 용도에만 적합한 일상('코이네') 언어는 반드시 피해야 한다고 배웠다.

그 결과 예수님의 시대 그리고 기독 교회가 형성된 시대 이전의 300년 동안 헬라어는 두 등급으로 나누어지게 되었다. 과거의 위대한 작가들이 대변하는 고전 헬라어와 일상의 모든 일과 관련하여 제국 전역에서 사용되던 일상 헬라어로 말이다. 당신이 역사나 철학이나 시를 쓰고자 한다면 당시에 현존하는 가장 좋은 헬라어 즉 고전 헬라어를 사용했을 것이다. 그러나 이웃과 대화를 하거나 시장에서 장을 보고 있다면 당신은 코이네 헬라어, 즉 일상 언어를 사용했을 것이다. 만약에 당신이 당신의 대화를 이따끔씩 글로서 보충했다면, 이 비문학적인 글은 휴지통으로 던져져 결국은 쓰레기장으로 가게 되어 있었다.

설명하자면 이렇다. 고전 헬라어로 기록된 것만이 살아 남았다. 도서관과 정부의 문서 보관소에, 혹은 기념비와 공식 비문에 정착한 글, 그러니까 전문 작가들, '진짜' 작가들이 쓴 글들만 살아 남게 된 것이다.

세월이 흘렀다. 우리가 가진 신약 성경을 구성하는 문서들이 수집되고 영예로운 자리를 차지하게 되었다. 마침내 이 신약 성경이 히브리어 성경의 헬라어 번역본(70인역)과 결합해서 기독교회의 텍스트가 되었다. 하나님의 말씀으로서 권위를 가지게 된 것이다. 그리고 로마 제국이 그 범위와 영향력을 확장해 나가면서 그 텍스트는 조금씩 라틴어로 번역되었다. 당연히 그 번역가들은 바울과 마가의 헬라어가 자신들이 학교에서 배운 헬라어와는 상당히 다르다는 것을 눈치챘다. 신약 성경의 헬라어는 교양 있는 사람들에게는 너무나 상스럽게 들려서 초기의 교회는 그것을 어떤 식으로든 변호할 수밖에 없었다. 여러 세기 동안 번역이 이루어지면서 고전 헬라어와 비교할 때 괴상하게 보이는 신약 성경의 헬라어를 설명하기 위해서 두 개의 이론이 부상했다. 한 부류의 사람들은 신약 성경의 헬라어가 원래의 히브리어 텍스트를 번역한 것이 분명하다고 생각했다. 이들이 '히브리주의자'(Hebraist)다. 그들은 그 문서의 헬라어가 헬라어답지 않은 이유는 그 이면에 있는 히브리어 원문 때문이라고 주장했다. '순결주의자'(purist)라고 불리는 다른 부류의 사람들은 신약 성경의 헬라어는 하나님의 계시라는 목적에 맞게 성령께서 만들어 내신 특별한 언어일 것이라고 추측했다. 고전 헬라어가 성령의 정련하시는 불로써 그 이교적 기원으로부터 정결하게 되었다는 것이다.

헬라어 신약 성경은 약 5,000개의 단어를 사용하고 있다. 그 중에서 약 500개가 신약 성경에만 고유하게 나오는 것으로 여겨졌는데, 그 당시까지 남아 있던 그 어떤 세속 헬라 문학에도 등장하지 않는 단어들이었다. '순결주의자'들은 이 통계에 집착하면서 성령께서 분명하게 구별되는 '성령'의 주형을 입히기 위해서 세속 헬라어를 수정하셨고, 계시의 언어로서 그것이 가지는 고귀한 지위를 확정하기 위해 새롭게 만든 '성령'의 단어들을 심어 놓으셨다고 주장했다. 성령께서 마가와 누가, 바울과 요한 등의 저자들에게 영감을 주신 것과 같이, 이 메시지의 유일무이함을 전달하는 데 필요한 특별한 단어들도 성령께서 공급해 주셨다는 것이다. 이 언어, '성경 헬라어'는 성경에만 나오는 것으로서 일상적 용도로 인해 조금도 더럽혀지지 않은 언어라고 그들은 주장했다. 독일의 신학자인 리처드 로테(Richard Rothe)는 그것을 '성령 언어'라고 부르기까지 했다.[4]

신약 성경의 헬라어가 고전 헬라어와 다르다는 것에는 결코 의문의 여지가 없었다. 그러나 그 차이를 어떻게 설명해야 하는가? '히브리주의자'들과 '순결주의자'들은, 각자 무척 다른 방식으로 그 해답을 제시하고자 최선을 다했다.

그러던 중 1897년 4월의 그 날, 버나드 그렌펠과 아서 헌트가 옥시린쿠스의 쓰레기 더미에서 그 첫 종이 쪽지를 건져 냈고, 그리고 이어서 몇 개의 종이 쪽지를 더 발견하게 되었다. 그것들을 읽으면서 두 사람은 고대 알렉산드리아의 진흙탕 길, 복잡한 시장, 시끌시끌한 운동장의 생활이 어떠했을지를 짜맞출 수 있었다. 일찌감치 그들은 그 종이에 적힌 많은 단어들이 신약 성경에 만 고유한 것으로 여겨졌던 500여 개의 성령의 단어들에 속한다는 것을 알아보았다. 이 사소한 파피루스 조각들에 적힌 글들을 계속 해독하고 읽어 나가면서 그들은 그 500개의 단어를 거의 모두 설명할 수 있었다. 그 단어들은 유언, 공식 보고서, 사업상 집을 떠나 있는 남편들이 아내에게 보낸 편지들, 군인이 된 아들이 부모에게 쓴 편지, 집을 떠나 있는 자녀들에게 아버지가 훈계하는 편지, 청원서, 계산서, 쇼핑 목록, 청구서와 영수증 등 결코 책으로 묶여 도서관 목록에 실리지 않을 글들에 사용된 것이었다. 자신의 역할만 다하면 그냥 버려지는 그런 글들이었다. 성경을 가지고 작업하는 학자들과 번역가들은 그 글들이 도서관 근처에도 오지 않았다는 아주 타당한 이유로 그러한 언어가 있는 지조차도 몰랐다. 이러한 격식 없는, '비문학적' 글들은 모두 쓰레기장에 묻혀 버렸던 것이다. 문서상으로는 그 어디에도 나타나지 않았던 그 특별한 단어들, 그 '성령'의 단어들은 그 때까지 어느 도시의 쓰레기장에 묻혀 이집트의 모래 밑에 보존되어 있었던 것이다. 모두 거리에서 쓰는 말이었고, 일터와 부엌에서 자연스럽게, 따로 배우지 않고도 쓸 수 있는 표현들이었다.

이제 이 소박한 종잇조각을 연구한 학자들은 성경 번역가들의 전제를 완전히 뒤집어 놓게 되었다. 젊은 독일인 교수인 아돌프 다이스만(Adolf Deissmann)이 그 선구자였다. 그는 새로운 단어 하나하나를 주의 깊게 평가하고 그 맥락을 연구하면서, 하나님이 자신을 우리에게 알리시면서 사용하시는 이러한 종류의 언어를 이해하고 규명하는 일을 해 나갔다.[5] 영국의 위대한 헬라어 학자인 제임스 호프 모울튼(James Hope Moulton)이 그 뒤를 따랐는데, 그는 그 종이 쪽지 즉 '파피루스'에서 얻은 새로운 증거를 가지고 곧바로 신약 성경 헬라어의 한정사 문법을 다시 쓰는 일에 착수했다. 자신이 하는 일의 영향력을 요약하면서 그는 이렇게 썼다.

> 신약 성경 저자들은 자신이 문학적인 글을 쓰고 있다는 생각은 별로 하지 않았다[그랬다면 그들은 문어체 헬라어로 글을 썼을 것이다]. 우리가 충분히 예상할 수 있는 것처럼 성령께서는 완전히 대중적인 언어로 말씀하셨다.…그 문법과 어휘들은, 성경을 '대중이 이해하는' 것과는 다른 어떤 형태로 제시하는 사람들에게 소리쳐 항의하고 있다.[6]

그로부터 반세기 후에 C. F. D. 모울(Moule)박사는 다음과 같이 평가했다. "이집트에서 발굴된 파피루스 조각들이 문헌학자의 책상 위에 놓임으로써 신약 성경 헬라어 연구의 새로운 영역이 열리게 되었다."[7]

성경 번역에 엄청난 혁명을 가져온 이러한 발굴이 이루어지기 한 세대 전에, 영국에서 가장 통찰력 있는 신약학자 중 한 사람인 라이트풋(Lightfoot) 주교가 강의하는 중에 여담으로 다음과 같은 예언의 말을 한 적이 있다. "문학적인 글을 쓴다는 생각이 전혀 없이 그냥 평범한 사람들이 서로 주고받은 편지들을 복구할 수만 있다면 신약 성경의 언어를 전반적으로 이해하는 데 가장 큰 도움을 받을 것이다."[8] 그런데 그 편지들이 발굴되었고, 그것은 정말로 큰 도움이 되었다!

이 발굴이 성경 번역과 성경 읽기에 가져온 변화는 아무리 강조해도 지나치지 않다. 사실 가만히 생각해 보면 성경에 사용된 언어가 이러한 종류의 언어였다는 것이 그렇게 놀랄 일은 아니다. 왜냐하면 예수님이 감싸 안으시고 사랑하신 사회는 바로 이와 같은 사회, 즉 아이들과 주변인들의 세계, 거친 말투의 노동자 계급과 가난하고 소외되고 착취당하는 사람들의 세계였다는 것을 우리가 알기 때문이다. 그런데도 그것은 여전히 놀라운 일이었다. 우리의 성경이 학자, 역사가, 철학자, 신학자들의 교양 있고 세련된 언어가 아니라, 어부와 매춘부, 가정주부와 목수들의 일상 언어로 쓰였다는 사실이 말이다. 물론 전체가 다 그런 것은 아니다. F. F. 브루스(Bruce)는 일상적 헬라어가 헬라어 신약 성경을 점령하는 정도를 과장하는 것을 경계한다. 히브리서나 베드로전서와 같은 진정한 문학 작품에서부터 평범한 사람들의 일상적 대화에 이르기까지 신약 성경 내에서도 문체의 차이는 큰 편이다. 바울의 글은 대략 그 중간 정도에 있다고 할 수 있겠다.[9] 어쨌든 이제는 우리 앞에 다 펼쳐졌으니 제대로 이해가 된다. 하나님의 계시를 우리에게 증언해 주는 사람들이라면 당연히 우리에게 가장 편한 언어를 사용하지 않겠는가. 모울튼 교수의 말이 옳았다. "우리가 충분히 예상할 수 있는 것처럼 성령께서는 완전히 대중적인 언어로 말씀하셨다."

대표적으로 두 개의 예를 들어 보겠다. 주기도문에 나오는 형용사 하나는 보통 '일용할'로 번역되는데, 고전 헬라어에서는 용례가 없는 단어다(마 6:11; 눅 11:3). 이 단어보다 더 인상적인 '성령'의 단어를 찾기는 힘들 것이다. "오늘날 우리에게 **일용할** 양식을 주옵소서." 여기에서 '일용할'은 헬라어로 '에피우시온'(*epiousion*)이다. 이것은 우리가 어떤 양식을 위해서 기도해야 한다는 것인가?

산상수훈에 주석을 단 어떤 사람은 주기도문의 네 번째 청원을 가장 중요한 핵심으로 꼽는다. "이것은 가장 논쟁적이고 가장 어려운 청원이다."[10] 대개 (그리고 바르게) '일용할 양식'으로 번역되는 '톤 아르톤 톤 에피우시온'(*ton arton ton epiousion*)을 제대로 번역하는 것은 참으로 중대한 문제다.

그렇다면 왜 이 청원이 핵심이 되는가? 이것이 잘못 번역되면 주기도문 전체의 근본이 흔들리거나, 아니라면 적어도 아주 심각한 왜곡이 일어나기 때문이다. 이 청원은 물질성을 다루는 유일한 청원이다. 주기도문에는 여섯 개의 청원이 있다. 처음 세 개는 하나님과 하나님의 일, 즉 그분의 거룩, 그분의 뜻, 그분 나라의 확장을 위해 기도한다. 거기에 대응하는 나머지 세 개의 기도는 인간의 필요에 대한 것 즉 음식, 용서, 구원에 대한 기도다. 이 두 종류의 기도는 '하늘에서 이루어진 것같이 땅에서도'라는 문구로 연결되는데, 이 말은 이 기도가 하늘, 말하자면 하나님의 고향에 근원을 두고 있지만 그 행위는 땅, 즉 **우리**의 고향에서 이루어진다는 것을 의미한다. '땅에' 굳건하게 기초를 두지 않은 기도는 주님이 우리에게 기도하라고 가르치신 기도가 아니다.

'땅에서도'라는 문구 바로 다음에 나오는 청원은 양식에 대한 것인데, 이것은 마치 이 기도 전체가 가지는 땅의 성질을 강조해 주는 것 같다. 양식은 우리가 기도하는 여섯 개의 목록 중에서도 독특한 것인데, 그것이 불가피하게 물리적이라는 것, 즉 물질적이며, 우리가 만지고 맛볼 수 있으며, 우리의 신체적 기능 안으로 들어오는 것이라는 점에서 그렇다. 나머지 목록(하나님의 거룩, 뜻, 그분의 나라, 죄 용서 그리고 악에서의 구원)은 '영적'이며 실험실에서 관찰할 수 있는 성질의 것이 아니다. 그렇기 때문에 그것들은 또한 '영화'(spiritualization)될 위험, 즉 땅과 상관없는 것으로 이해되고 해석될 위험이 있다. 그러나 양식은 그렇지 않다. 양식을 만들든 구입하든 먹든 우리는 양식과 물리적으로 연관되어 있다. 우리는 시장에 가서 하나님의 거룩, 뜻, 나라 혹은 우리의 용서나 구원을 살 수 없다. 그러나 양식은 그럴 수 있다. 양식은 완고하게 영화를 거부한다. 우리는 양식을 영화할 수 없다.

아니, 할 수도 있는 것일까?

마태복음과 누가복음을 읽는 대부분의 독자들은 이 네 번째 청원에 오면, '에피우시온'의 정확한 의미를 알지 못한다 하더라도 그냥 있는 그대로의 의미로 읽는다. **일용할** 양식, **그 날의** 양식, 충분히 먹을 양식. 그러나 상당수의 사람들은, 대체로 성경학자들과 신학자들은 그렇게 읽지 않았다. '에피우시온'은, 사전이나 다른 용법을 통해서는 정의될 수 없었기 때문에, 그냥 평범한 양식을 상당히 다른 무엇, 일종의 '영적'인 양식으로 재해석하는 것이 가능하다는 인상을 주었다. 무엇보다 '에피우시온'은 '성경 단어'의 하나가 아니던가. 게다가 주기도문 한복판에 자리잡고 있으니 나머지 다섯 개의 청원과 일관되는, 어쩌면 그 다섯 목록의 영성을 능가하는 더 깊은 '영적'인 의미, '성령'의 의미를 가지고 있는 것이 틀림없을 것이라고 그들은 가정했다.

경건한 학자들이 보기에 이 독특한 단어는 재해석하지 않을 수 없는 단어였고 따라서 그들은 엄청난 열의를 가지고 부리나케 작업에 착수해 다양한 방식으로 이 단어를 '영화'했다. 그러한 사례를 일찍이는 2세기에서도 볼 수 있다. 초대교회에서는 보통 그 청원을 실제적인 양식을 구하는 것으로 보지 못하도록 철저히 억압하였다. 유독 양식이라는 단어만 특별한 형용사의 꾸밈을 받고 있으니 그것은 굉장히 특별한 것임에 틀림없다고 그들은 생각했다. 어떤 사람들은 그것이 생명의 떡이라고 제안했고, 어떤 이들은 성만찬 혹은 기적의 만나, 혹은 메시아의 잔

치라고 했다. 흠정역 번역가들의 지도자였던 랜슬롯 앤드류스(Lancelot Andrews)는 시편 78:25에서 힌트를 얻어 이를 '천사의 음식'이라고도 했다. 3세기에 알렉산드리아의 저술가로 매우 박식한 학자이자 신학자였던 오리게네스는 그 중에서도 가장 '영적'인 제안을 했는데, 그는 그것을 **실체를 초월하는 떡**이라고 했다. 오리게네스는 워낙 자신의 신체를 불편하게 여기는 사람이기는 했다. 아무 방해도 받지 않고 하나님의 일에 정신을 집중하기 위해서 거세까지 했으니 말이다. 그는 주기도문 강해인 자신의 설교집 「기도에 관하여」(*On Prayer*)에서 장황하게 설명하는데, 우선 자신이 아는 다른 어떤 헬라어 저작에도 '에피우시온'이라는 단어가 나오지 않는다는 사실을 지적하며 그 단어는 매우 특별한 영적인 의미를 가지고 있는 것이 분명하다며 여러 가지 추측을 한다. 오리게네스와 같은 사고 구조를 가진 사람에게는, 예수님이 그저 우리에게 밀가루와 누룩으로 반죽해 구운 평범한 호밀빵 한 덩이를 위해서 기도하라고 가르치셨을 것이라는 생각이 별로 설득력이 없었다. 분명히 예수님은 단순한 떡 이상의 떡을 의미하셨을 것이라고 그는 생각했다. 오리게네스는 분명하게 강조해서 말했다. "우리가 구해야 하는 떡은 영적인 떡이다.… '하늘에서 내려오는 살아 있는 떡인 것이다.'"[11]

오리게네스의 시대로부터 1,700년이 흐른 후에 베른 대학의 교수였던 알버트 드브뤼너(Albert Debrunner)는 자신의 서재에서 옥시린쿠스의 휴지 조각들을 살펴보다가 바로 그 단어, '에피우시온'이라는 단어를 고대의 가계부에서 발견했는데, 거기에는 병아리콩과 짚 등이 장바구니 목록으로 기록되어 있었다.[12] 드브뤼너가 자신의 발견을 책으로 출판하기 11년 전인 1914년에 아돌프 다이스만은 특정한 증거가 없는 상태에서 '에피우시온'이 "사람들의 일상적인 거래와 매매에서 유래하는 단어의 모양새를 하고 있다"고 추측했다.[13] 그런데 드브뤼너는 옥시린쿠스의 종이 쪽지에서 그것을 직접 목격하고 그 사실을 확인했던 것이다.

그리고 그 의미는 변함이 없다. 어쩌면 예수님이 갈릴리의 어느 언덕에서 제자들에게 일용할 양식(arton epiousion, 혹은 그와 같은 뜻의 아람어)을 위해 기도하라고 가르치시던 바로 그때, 이집트에서는 어느 어머니가 자신의 십대 아들을 시장에 보내면서 구입 물품 목록을 적고 있었는지도 모른다. 빵은 반드시 신선한, **오늘 나온** 빵으로 사야 한다고 강조하면서 말이다. "빵집에 가서 곰팡내 나는 하루 묵은 빵을 사지 말고, 반드시 신선한(*epiousion*) 빵인지 확인하거라!"

돌이켜 생각해 볼 때 우리는 다음과 같은 시나리오를 재구성할 수 있을 것이다. 오늘날까지도 교회 역사상 가장 박식한 성경학자 중 한 사람으로 존경받고 있는 오리게네스가 주기도문의 네 번째 청원에 대한 자신의 해석을 기록해 나가고 있었다. 예수님이 우리에게 기도를 가르치실 때 우리가 아침에 토스트기에 구워서 버터를 발라 커피와 함께 먹는 그 빵과 조금이라도 비슷한 것을 위해서 기도하라고 가르치실 리가 없다고, 그는 여러 페이지에 걸쳐서(내가 가진 영어 번역본으로 아홉 쪽 반 분량이다) 증거를 정리하면서 증명해 나갔다. 그렇게 그가 책상 앞에 앉아서 열의를 가지고 박식하게 써 내려가는 동안, 그가 그토록 애써서 탈물질화하려 하던 그 단어가 그 곳에서 남쪽으로 불과 300 킬로미터 정도 떨어진 나일 강 바로 서편의 마을 쓰레기장에 파묻혀 있었던 것이다. 바로 그 곳에서, 이 겸손한 형용사는 자신의 모습을 드러내어 너무나 자주 간과되는 그 자명한 사실을 주장하게 될 날이 올 때까지 그렇게 조용히 기다리고 있었다. 갓 구워 낸, 누룩 내가 나는 바삭바삭한 껍데기의 빵이 바로 주기도문에서 중추가 되는 청원의 주제라는 자명한 사실, '하늘에서 이루어진 것같이 땅에서도'가 우리가 기도하며 순종으로 예수님을 따르는 데 굳건한 기초가 되도록 유지해 주는 중추라는 사실을 주장하게 될 날을 말이다.

한스 디터 베츠(Hans Dieter Betz)는 산상수훈에 대한 자신의 권위 있는 주석에서, 예수님이 우리에게 구하며 기도하라고 명령하신 양식을 영화하려는 모든 시도를 포괄적으로 검토하고 난 후 거기에 동의할 수 없음을 밝힌다. 오리게네스와 그의 여러 제자들의 권위에도 불구하고 말이다. 그의 결론은 이렇다. "[예수님이] 단순히 '영적'인 양식이 아니라 실제 양식을 언급하신다는 데에는 거의 아무런 의심의 여지가 없다.…"[14]

또 한 가지 예는 이렇다. 베드로전서 거의 끝 무렵에서 예수님은 우리 영혼의 "목자장"(5:4)으로 언급되신다. '목자장'이라는 단어는 세속적 용법으로는 전혀 알려진 바가 없는 그 500개의 '성경 단어' 중 하나로서, 마치 베드로가 특별히 예수님을 위해서 새로 조합한 말처럼 보이는 단어였다. 어쨌거나 예수님 자신이 스스로를 선한 목자(요 10:11)라고 언급하셨으니 말이다. 베드로가 '선한'을 그보다 더 높은 차원인 '장'(長)으로 격상시켰다고 보는 것보다 더 그럴듯한 생각이 어디 있겠는가. 목자장이라는 용어는 복합어로서, '장'이라는 뜻의 '아르케'(*archē*)와 목자라는 뜻의 '포이멘'(*poimēn*)이 결합해서 '아르키포이멘'(*archipoimēn*) 즉 목자장이 된 것이다. 베드로가 쓴 편지의 맥락에서 볼 때 이 단어를 고귀한 지위를 뜻하는 것으로 이해하는 데 아무런 문제가 없다. 예수님, 목자장, 목자 중의 목자, 즉 "만왕의 왕이요 만주의 주"(계 19:16)에서처럼 최상급의 표현으로 쓰였다고 보아도 무방한 것이다. 그러다가 이 단어가 이집트의 쓰레기장에서 발견되었는데, 이번에는 종이 쪽지가 아니라 이집트 미라의 목에 걸린 가느다란 나뭇가지에 그 단어가 적혀 있었다. 그것은 일종의 인식표로서 시체의 신원을 밝혀 주는 것이었다. 그 표에는 문법적인 오류가 있었는데, 이는 교육을 별로 받지 못한 누군가가 서둘러 기록했다는 증거였다. 그리고 그것이

9. 메시지

쓰레기장에서 발견되었다는 것은 죽은 자의 가족과 친구들이 제대로 매장을 시켜 줄 만한 경제적 여유가 없었다는 증거였다. 이 집트를 그토록 유명하게 만드는 부유한 피라미드 무덤과는 무척 거리가 먼 경우다! 망자는 그런 부자가 아니라, 두세 명의 목자들을 감독하는 농부, 즉 '아르키포이멘'이었는데, 오늘날 우리가 조감독, 혹은 잘해야 십장 정도로 부를 만한 사람이었다.[15] 예수님을 평범한 무리들보다 높이는 것과는 반대로 베드로는 예수님을 노동자 계급의 농부들 그리고 값싼 매장을 치르는 그러한 세계에 속한 사람으로 놓았다. 예수님이 '가난한 자 중의 가난한 자'들을 옹호하시고 멸시당하고 연약한 사람들과 자신을 동일시하셨다는 사실을 우리가 아는 이상, 다른 것을 기대할 수는 없을 것이다.

옥시린쿠스와 다른 이집트 현장에서 발굴된 것들은 우리가 가진 신약 성경의 언어가 무엇보다 길거리의 언어라는 사실을 입증하는 반박할 수 없는 증거다. 물론 앞에서도 지적한 것처럼 모두가 그런 것은 아니지만 말이다. 이 사실이 굳이 놀라울 이유는 없다. 그런데도 항상 사람들은 놀란다. 아우구스티누스는 처음 성경을 읽었을 때 매우 실망했다. 피터 브라운(Peter Brown)은 이렇게 설명한다.

그는 책이란 교양 있고 세련되어야 한다는 기대를 가지고 자랐다. 그가 주의 깊게 받은 가르침에 의하면, 그에게 용납된 유일한 방식은 고대 저자들을 모델로 하는 빈틈없이 정확한 라틴어를 가지고 지식인 남자들과 소통하는 것이었다. 그러한 사람에게 속어나 사투리는 혐오스러운 것이었다. 그런데 몇 세기 전에 비천하고 이름 없는 작가들이 번역한 아프리카의 라틴어 성경은 속어와 사투리로 가득했다. 게다가 아우구스티누스가 성경에서 읽은 내용은 키케로가 그에게 사랑하도록 가르친 드높은 영적 지혜와는 별 상관이 없는 것처럼 보였다. 성경에는 구약의 세속적이고 비도덕적인 이야기들이 어수선하게 흩어져 있었고, 심지어 신약 성경에서 마저도 지혜 그 자체인 그리스도가 길고도 모순되는 족보를 통해 소개되었던 것이다.[16]

그는 회심하고 난 후에야 비로소 이 하나님의 말씀은 철학자와 시인들이 '차원 높은 것들'에 대한 담론에 사용한 고상한 언어가 아니라, 일상의 한복판에 있는 사람들을 부르시는 성령께서 사용하신 언어임을 깨달았다.

우리도 아우구스티누스와 비슷하게, 거룩한 하나님과 거룩한 것들을 다루는 언어는 품위 있고 고상하고 격식을 갖추어야 한다고 별 생각 없이 가정하는 경우가 많다. 그러나 그러한 가정은 예수님을 한번 제대로 보기만 해도 금세 무너진다. 예수님은 가정적인 이야기들을 좋아하셨고, 평범한 사람들과 쉽게 어울리셨으며, 마구간에서 태어나시고 십자가에서 돌아가셨다. 예수님은 있는 모습 그대로의 우리 삶과 우리가 살고 있는 동네로 **내려오신** 하나님이시다. 우리는 하나님이 우리가 얼마나 열심히 노력하며 얼마나 공손하게 기도하는지를 보시고 인정해 주시기를 기대하면서 우리 삶이 그 하나님께로 **올라가기**를 바라지만 말이다.

그리고 시리아의 우가리트가 있다. 옥시린쿠스는 성경의 언어, 1세기의 사람들이 진지한 글에서는 결코 사용하지 않았을 거리의 언어, 우리가 자녀들에게 몹시 화가 났을 때 혹은 중고차를 살 때 쓰는 것과 똑같은 종류의 언어에 잠기게 해주었다. 반면 우가리트 발굴에서 찾은 것들은 그것과는 다른 영향을 미쳤다. 우가리트는 성경의 신앙이 형성된 문화에 잠기게 해주었다. 실로 그것은 대단한 문화였다! 하나님이 우리의 선조들을 이끌고 가신 약속의 땅은 '젖과 꿀이 흐르는 땅'으로 잘 알려진 곳이었다. 그러나 그 곳은 또한, 우가리트의 증거들이 보여 주는 것처럼, 폭력과 섹스와 주술이 흐르는 땅이었다.

이집트에서 옥시린쿠스의 쓰레기통이 파헤쳐지고 정리되고 난 지 30년 후에, 시리아에서 밭을 갈던 어떤 농부가 무덤을 하나 발견하게 되었다. 알고 보니 그 무덤은 빙산의 일각에 불과했는데, 그 빙산은 3,000년 동안 시리아의 모래 밑에 묻혀 있던 고대 우가리트 왕국이었다. 1, 2년 사이에 프랑스의 고고학자 한

팀은 수천 개의 구운 점토판을 거두어 들였는데, 거기에는 알 수 없는 설형문자 알파벳과 언어가 새겨져 있었다. 곧 그 글자와 언어는 해독되었고, 그 언어는 성경의 히브리어와 매우 흡사한 것으로 드러났다. 그 점토판들은 히브리인들이 이집트에서 오랜 기간의 노예 생활을 끝내고 가나안에 도착했을 때 맞닥뜨리고 이내 빠져든 문화에 대해서 자세한 설명을 해주고 있었다. 우가리트의 알파벳과 언어를 해석해 낸 사람 중 한 사람은 제1차 세계대전 기간의 몇 년 간 적군의 비밀 암호를 해독하면서 기술을 배운 사람이었다. 그야말로 고대와 현대의 흥미로운 대치 아닌가!

점토판을 하나씩 해석하면서 하나의 세계 전체가 서서히 드러나게 되었다. 그것은 히브리인들이 '약속의 땅'에 들어가서 거주하게 된 세계였다. 당시에 이스라엘은 여전히 형성 중인 민족이었다. 여러 가지 근본적인 측면에서 그들은 가나안의 문화와 정치에 '들어맞지' 않았다. 가나안은 도시 국가로 이루어져 있었고 각각의 도시 국가마다 왕이 있었다. 반면에 이스라엘은 지파들로 느슨하게 조직되어 있었고, 각 지파는 자기 나름의 전통과 정체성을 가지고 있었다. 필요할 때면 '사사'가 등장해서 백성들이 어떤 위기에 처하든 그것을 해결해 주었다. 느슨하게 조직되어 있었기에 그들은 서로 아주 잘 지내지는 못했다. 그들은 하나님의 백성으로서 형성되어 가고 있는 아직은 태아 단계인 하나님의 백성이었다. 그런데 이제 가나안과 가나안의 문화가 그들의 집이 되었고 앞으로도 몇 백 년 동안은 그럴 참이었다.

우가리트 왕국과 그 거대한 서고를 발견하기 전에는, 이스라엘이 거주하면서 예배를 드렸고, 믿기도 하고 반항하기도 했으며, 노래도 하고 설교도 했던 가나안이라는 나라를 단지 겉에서만 알 뿐이었다. 그러니까 가나안에 대한 지식은 히브리 성경에 적힌 암시와 언급을 통해서 알아낼 수 있는 것에 국한되어 있었다. 대체로 이스라엘의 성경은 가나안 문화를 적으로 묘사했다. 적대적이고, 이교적이고, 구원과 믿음의 삶으로부터 멀어지게 해서 가나안의 '다른 신들'을 좇아 '음행하게' 하는 강력하고 가차 없는 유혹의 근원이었다(여기에서 '음행하게'는 히브리 선지자들이 사용한 거칠지만 직설적이고 정확한 동사다). 가나안에는 그들이 선택할 수 있는 신들이 참으로 많고도 다양했던 것이다.

이와 같은 문화적 정보가 완전히 새로운 것은 아니었다. 메소포타미아와 이집트의 언어와 종교 그리고 정치에 대한 것들이 밝혀지면서 지난 200년 동안 학자들은 성경의 이야기가 형성된 세계에 대해서 상당히 많은 것을 배웠다. 히브리인들의 기원이 어디인지 우리는 알고 있었고, 그들 주변의 문화에 대해서도 상당히 많이 알고 있었다. 그러나 그들의 이웃, 그들이 하나님의 백성으로 형성되어 가는 중에 함께 부대끼며 살았던 사람들에 대해서는 별로 아는 바가 없었다. 우가리트는 바로 그러한 정보를 제공해 주었고, 이스라엘이 어떻게 가나안 문화 '속에 있되 거기에 속하지 않으면서' 살아 남아 자신들의 정체성을 지킬 수 있었는지에 대해서 더 잘 이해하고 받아들일 수 있게 해주었다.[17]

우가리트의 발굴에서 성경 번역과 관련해서 특별히 관심을 끄는 부분은 두 가지다. 하나는 이스라엘이 가나안의 언어와 문화에 제압당하지 않으면서 그것을 공유했다는 것이다. 또 하나는 그들이 가나안과 비슷한 문학 형식을 사용하기는 했지만 그 내용은 근본적으로 달랐다는 것이다. 이스라엘은 신들에 대한 화려한 신화를 만들어 낸 가나안 사람들과는 달리 자기 조상들의 가족 이야기를 성실하게 기록했다.

문화와 언어의 경우를 보자. 이스라엘은 가나안의 언어를 사용했고, 가나안의 문체와 리듬으로 시를 썼으며, 가나안에서 쓰는 신에 대한 용어를 사용했다. 그러나 그들은 가나안의 문화를 가져다가 독특하고 고유하게 그들만의 것을 만들었다. 이 말은 이스라엘의 문화가 순수한 상태, 즉 성과 종교가 결합된 가나안의 종교 관습에 전혀 오염되지 않은 문화로서 우리에게 전달된 것이 아니라는 뜻이다. 성경의 계시와 구원의 삶은 가나안이라는 이웃과 격리된 채 발전된 것이 아니다.

예를 들어, 신을 일컫는 가나안의 일반적인 용어인 '엘'(*El*)은 히브리인들도 자유롭게 사용했다. 가나안 사람들에게 '엘'은 신의 우두머리, 신들의 아버지였는데, 그 신은 자기 아내 아세라와 함께 엄청나게 많은 신과 여신을 낳았다. 히브리인들은 거리낌 없이 그 단어를(타락한 말이기는 했지만) 자기 이웃들과 공유했다. 마찬가지로 히브리인들은 가나안 사람들이 자기 신들에 관해서 사용한 화려한 표현들을 고대 신화로부터 취해서 그들의 하나님께 드리는 기도에 자유롭게 사용했다. 예를 들어, "구름을 타고 오시는 분"(참고. 시 68:4, 표준새번역)이라는 표현이나, "주께서 주의 능력으로 바다를 나누시고 물 가운데 용들의 머리를 깨뜨리셨으며 리워야단의 머리를 부수시고 그것을 사막에 사는 자에게 음식물로 주셨으며"(시 74:13-14) 등의 표현이 있다. 시편 29편과 그 외에 다른 시편들은 우가리트에서 발견된 가나안의 시와 밀접한 대응 관계를 보이는 용어를 사용하고 있다. 어떻게 보면 이스라엘이 가나안 사람들이 쓰는 신에 대한 용어와 문구들을 취했다는 사실보다 더 중요한 것은, 그들이 우가리트의 시 형식도 취했다는 사실일 것이다. 히브리 성경의 많은 부분이 시로 기록되어 있으며, 히브리인들은 위대한 시인들이었다. 설형문자가 새겨진 점토판이 점점 많이 번역되면서, 히브리인들이 가진 시적 기교는 상당 부분 자기 이웃인 가나안 사람들에게서 배운 것이라는 사실이 분명해졌다. 히브리 성경의 훌륭한 점 중 하나인, 하나님의 영광을 위해 기술적으로 사용된 시의 형식과 리듬의 용법은 이교도들의 나라인 가나안으로부터 물려받은 것이다.

그러나 기꺼이 능숙하게 가나안의 언어를 사용하고 그 형식을 차용한 히브리인들이 어떤 의미에서 아주 편안하게 가나안의 문화를 받아들이기는 했지만, 그들은 또한 분별의 훈련도 잘 되어 있었다. 그들은 필요한 경우 그 문화를 거부할 줄도 알았다. 이러한 사실은 많은 신들을 찬양하는 문화 속에서도 이스라엘이 지독하게 한 하나님께만 충성했다는 것을 생각해 보면 분명해진다. 이 하나님은 구약 성경 곳곳에 '질투하시는' 하나님으로 묘사되고 있다. "너를 위하여 새긴 우상을 만들지 말고"(출 20:4)라는 금지의 명령은 그 세계에서는 정말로 유일무이한 것이었다. 고대 중동의 어느 곳에서도 그러한 문화는 전혀 없었다. 가나안 사람들은 신의 형상물을 찍어 내는 공장을 운영한다고 할 정도였지만, 이스라엘 도시의 그 어느 파편 더미에서도 아직까지 남성 신의 상이 발견된 곳은 하나도 없다. 반면에 작은 어머니 신의 상들은 모든 이스라엘 집의 발굴 현장에서 많이 발견되고 있는데, 이 사실은 대중적인 차원에서는 이들이 다신주의 쪽으로 위험할 정도로 가까이 다가가는 경우가 흔했음을 시사한다. 그러나 이러한 고고학적 증거를 가장 잘 해석하는 사람 중 하나인 조지 어니스트 라이트(George Ernest Wright)는 사람들이 자기 집에 여신상을 가지고 있었던 것은 '신학적인 이유에서라기보다는 마술적인 이유에서, "행운"의 부적 같은 것으로 사용하기 위해서'였을 것이라고 추측한다.[18] 두 번째 계명을 어기는 것이라는 생각은 전혀 없이, 우리들 사이에서도 토끼발이나 성 크리스토퍼 메달이 아무렇지도 않게 등장하는 것처럼 말이다. 그리고 중요한 것은, 여신들에게 흠뻑 빠져 있던 문화 속에서도 히브리인들에게는 '여신'을 일컫는 단어조차 없었다는 것이다. 그들의 이웃은 여신을 가장 높이 평가했는데도 말이다. 그러나 이스라엘 사람들은 그것이 아무런 가치도 없다고 보았다. 심지어 그것을 일컫는 단어조차 없었다!

게다가 모든 주술적 행위에 대해서는 분명하게 선이 그어져 있었다. 가나안에는 남신과 여신을 조종하여 선의를 베풀게 하기 위해서 고안된 기술, 즉 주술이 정말로 많았다. 이스라엘은 주술적인 종교적 기술을 전부 완강하게 거부했다. 그런 냄새가 조금만 나도 말이다. 하나님이 우리를 섬기기 위해서 계신 것이 아니라 우리가 하나님을 섬기기 위해서 있기 때문이었다. 새끼 염소를 그 어미의 젖에 삶지 말라고 하는 모세의 명령(출 23:19; 34:26)은 아무런 맥락 없이 본문에 그대로 나오기 때문에 성경 독자들을 무척 당혹스럽게 했다. 이에 따라 유대교는 훗날 유제품과 육류를 엄격하게 구분할 것을 고집하는 정결한 섭식 체계를 발전시킴으로써 최선을 다해 이 본문을 진지하게 받아들였다. 그러나 이 본문은 주술적 행위의 낌새가 있는 것은 무엇이든 거부하라는 재치 있는 경구가 돌발적으로 등장한 것일 수도 있다(물론 확실한 것은 아니다). 우유를 가지고 주문을 거는 내용을 다루는 우가리트의 설형문자 판이 있는 것으로 미루어 볼 때, 모세가 내린 금지 명령의 요체는 "모든 가나안의 주술 주문과 의식을 멀리하라! 너희의 임무는 하나님을 예배하는 것이지, 감언이설로 하나님을 설득하는 것이 아니다"[19]라는 뜻일 수 있다.

그리고 이야기들이 있다. 우가리트의 발굴이 우리가 성경을 번역하고 읽는 방식을 조명하는 또 다른 면들은 가나안 사람들이 신화를 만드는 것을 무척 좋아하는 것과 연관이 있다. 신화는 이야기와는 달리 역사로부터 끊겨 있으며 우리가 살고 있는 세상에 뿌리를 두고 있지 않다. 신화는 우리를 배제한 배경 속에서 일어나는 신들의 이야기다. 우리는 기껏해야 관람객이며, 신들은 자기들만의 세계에서 활동한다. 모든 진정한 행위들은 남신과 여신들 사이에서만 일어난다. 그런데 알고 보면 그 행위라는 것이 대부분 싸움과 성관계에 관한 것들이다. 폭력과 섹스가 그들의 행위를 지속시켜 나간다. 이러한 측면에서 가나안의 신화도 그 세계 다른 모든 곳의 신화와 다르지 않다. 이러한 신화들이 이스라엘의 이웃들, 길 건너편에 사는 사람들 그리고 그들이 시장에서 옥신각신하며 흥정하는 상인들의 일반적인 태도라는 것은 우리에게 새롭게 다가오는 점이다. 가나안의 종교는 모두 신들과 그들의 모험에 대한 것이었다. 거기에 동참하기를 원하는 사람은 주술적 조작, 즉 비인격적이고 비관계적이며 탐욕적인 종교 기술을 이용했다. 가나안 이웃들이 멀리 북쪽 어딘가에 있는 자신들의 놀라운 하늘 신과 천둥 신 그리고 풍요의 신과 여신들의 신화를 정성들여 만들고 있을 때, 이스라엘 사람들은 이름을 알고 지금 자신들이 사는 그 땅에서 살았던 선조들의 이야기, 일상에서 임재하시며 인격적이셨던 하나님의 말씀을 듣고 그 하나님을 이해했던 선조들의 이야기를 들려주고 있었다. 하나님은 그들 가운데 임재하시고 활동하셨다. 전설적인 신화의 세계가 아니라 구체적인 지역에서 조상 대대로 내려오는 역사를 가지고 그들은 하나님을 대하는 법을 배웠다. 그들의 이야기는 자기 부모와 조부모의 가족사 속에 뿌리를 내리고 있었다. 자연스럽게 그들도 거기에 포함된 존재였다.

신화는 상상의 세계를 지어내어 신들을 가시화하고, 그들을 무대에 세워서 활동하는 것을 보고, 그 다음에는 주술적인 의식과 주문을 이용해서 그들이 우리를 위해서 일하게 만들어 보려는 방법이다. 그것은 전부 다 공개된 것이며 거기에는 신비가 없다. 그리고 인격적인 관계도 없다. 신들은 우리에게 아무런 관심도 없다. 우리가 취할 수 있는 유일한 길은 어떻게든 그들을 매수하거나 조종하는 것이다. 당신은 그 남신과 여신들의 이름을 알지 모르지만, 그들은 당신의 이름을 모른다. 그와는 반대로, 이야기는 억제한다. 하나님이 하나님 자신의 방식으로 일하시고 존재하시게 함으로써 하나님의 은둔성과 침묵을 존중하고, 하나님의 존재가 본질적으로 가지는 신비를 존중하고 우리 삶에 깃드는 하나님의 선함과 섭리를 신뢰한다.

바알은 가나안의 신화 중에서도 단연 최고로 화려한 신이며 가장 많은 주목을 받는다.[20] 그 신의 대부분의 행위가 보여 주는 특징은 피와 난동이다. 어떤 일화에서 바알은 자신과 경쟁하는 두 신인 바다의 신(얌, Yamm)과 강의 신(나하르, Nahar)과 싸움을 벌인다. 물건들을 만들어 내는 공예의 신(코타르, Kothar)이 바알을 돕기 위해서 그에게 추적자(야그루쉬, Yagrush)와 운전자(아야뮈르, Ayamur)라는 두 개의 마술 곤봉을 가져다준다. 그러나 싸움에서 추적자는 별 활약을 하지 못한다. 바다와 강이 많이 얻어맞기는 하는데 완전히 쓰러지지는 않는 것이다. 그러자 바알은 두 번째 곤봉인 운전자를 쥐어든다. 그제서야 주술이 작동해서 경쟁자들이 정복당한다. 바알이 막 그들을 해치우려는 순간 어머니 여신인 아세라(바알의 어머니 혹은 할머니일 가능성이 있다)가 나서서 그를 제지한다. "도대체 무슨 짓이냐? 너에게는 신들을 죽일 권한이 없어! 그렇게도 생각이 없니?"

이 신들은 마치 쉬는 시간에 운동장에 나와서 마구 치고받는 학생들 같다. 그러다 보면 학교의 교장, 즉 엄격하고 억센 여성이 나와서 난동을 제지하고 학생들의 귀를 잡아끌어 교장실로 데리고 가는 것이다.

그와 쌍을 이루는 또 다른 신화에서는 바알의 아내인 아나트(Anath)의 이야기를 다루고 있는데, 여기에서는 아나트가 바알의 큰 경쟁자인 죽음의 신(모트, Mot)의 심복들에게 광적인 복수를 벌인다. 이 대량 학살은 해안에서부터 해 뜨는 곳에까지 이르는 광대한 지역에서 일어난다. 땅에서는 머리들이 축구공처럼 굴러다니고, 잘려 나간 손들이 날아다니며 메뚜기 떼처럼 대기를 채운다. 자신의 가슴 사이와 그 주위로 머리들을 묶고, 손들을 허리에서부터 늘어뜨린 채 자신이 만들어 낸 대학살의 현장을 활보하는 아나트는 엉덩이까지 피에 잠겨 있다. 그리고 자신의 가슴은 피가 흐르는 해골로 빛나고 허리춤은 피가 흐르는 손들로 장식이 되어 있는데도 그것으로는 성에 차지 않는다는 듯, 어느 성 안에 남자들을 잔뜩 끌어다 놓고 문을 잠그고는 의자와 탁자와 발판을 던지며 그들을 폭행한다. 이내 아나트의 무릎까지 피가 차오른다. 아니 목까지 차오른다! "그의 간이 웃음으로 부풀어 오르고, 그의 심장이 기쁨으로 가득했다." 모든 살육이 끝나자 그는 다시 매우 여성적인 모습으로 돌아온다. 물을 한 대야 가져다가 '천국의 이슬'로 몸을 씻고, 화장품(아이새도와 립스틱)으로 아름답게 치장하고, 비싼 향수를 손수 붓는다. 얼마나 멋진 여신인가! 무엇보다 그는 사랑의 여신이라는 이름과 전쟁의 여신이라는 이름을 모두 가졌으니 말이다. 이집트 사람들과 중동의 포르노 작가들은 도발적인 나체로 말을 타고 달리며 방패와 창을 휘두르는 아나트의 모습을 그려서 원래의 전설에서 한 걸음 더 나아갔다.

이와 비슷한 신화는 그 밖에도 무척 많다. 터무니없는 것에서 지저분한 것에 이르기까지 이와 같은 신화들이 가나안 사람들의 상상력을 형성했고 또한 채우고 있었다(국가가 후원하는 우가리트의 성인용 텔레비전 방송이라 할 수 있겠다).

한편, 그와 똑같은 환경에 살고 같은 문화와 언어를 공유하면서도 히브리인들은 이야기를 말하고 있었다. 이야기는 신화와는 거리가 먼 내러티브 형식이다. 오직 인간만이 역사를 만드는데 히브리인들의 모든 역사는 지역에 근거한 가족사였다. 아브라함과 사라 그리고 세 명의 나그네 이야기가 대표적이다(창 18:1-15).

세 명의 나그네가 어느 날 아브라함의 장막에 나타나자 아브라함은 그들을 기쁘게 맞아들이고 대접했다. 사라가 떡을 새로 굽고, 아브라함은 서둘러 송아지를 잡아 하인들에게 그것을 구우라고 지시했다. 모든 음식이 준비되자 그는 우유와 버터를 곁들여 내놓았고 손님들이 떡갈나무 그늘 아래서 화려한 식사를 하는 동안 곁에서 시중을 들었다. 그리고 대화가 시작되었다. 나그네들이 아브라함에게 물었다. "당신의 아내 사라가 어디에 있습니까?" 그러자 "저 장막 안에 있습니다" 하고 아브라함이 대답했다. 손님 중 한 사람이 말했다. "내가 1년 후에 돌아올 것인데 그 무렵이면 사라가 아들을 낳을 것입니다." 사라는 장막 문 뒤에 숨어서 엿듣고 있었는데, 그 말을 듣자 자신을 주체 못하고 웃어버렸다. 자신은 80세나 된 노인이었고, 그 남편은 100세였다. 농담인 게 분명했다. 사라는 웃었다. 그러자 이 이야기의 화자는 아무런 예고도 없이 그 손님 중 한 사람이 하나님이라고 밝힌다. "여호와께서." 이어서 하나님은 사라의 경솔함을 준엄하게 받아치신다. "여호와께 능하지 못한 일이 있겠느냐?"

이런 식으로 약간 아쉬운 듯하게 삼가면서, 평범한 일상에 탄탄히 박힌 방식으로 신의 이야기를 말하는 방법을 히브리인들은 어디서 배운 것일까? 그들과 같은 문화를 공유했던 이웃들로부터 배운 것은 분명 아니었다. 이 이야기에서 하나님은 아브라함과 사라의 인생에 이름 없이, 드러나지 않게 들어오신다. 마므레의 상수리 수풀이라는 배경도 소박하다. 그 행위도 사막에서의 일상적인 손대접에 기초하고 있다. 대화는 꾸밈이 없고 단도직입적이다. 나중에 가서야 그분이 하나님이라는 것이 은근슬쩍 밝혀지지만, 그 손님 중 한 사람이 하는 말에 사라가 웃는 것은 당연하다고 우리는 생각하게 된다. 그리고 하나님이 아무런 수사학적 꾸밈이 없이 하시는 말씀(수태, 임신, 출산)은 평범한 생활과 관련된 것이다. 하나님이 하시는 말씀의 '불가능성'이 앞으로 일어날 일의 평범함 속에 흡수되는 것이다. 이스라엘이 하나님에 대해서 이야기를 말하는 방식은 하나님이라는 존재에 대해서 글을 쓰는 것이 아니라, 시간과 공간에 위치한 실제의 남녀들 사이에 임재하시는 하나님의 모습에 대한 것이었다. 이스라엘은 선조들이 물려준 역사 그리고 그들이 성장기를 보낸 도시와 계곡과 산이라는 시간과 공간 속에 사는 구체적인 사람들 속에서 종종 아무도 눈치 못 채게, 그리고 종종 신원도 밝히지 않은 채 임재하시는 하나님의 모습을 이야기했다.

이와 같은 종류의 이야기들은 그 외에도 많이 있다. 바로 이러한 이야기들이 이스라엘의 상상력을 형성했다. 요란하지 않고 일상적이고 초자연적인 것이 자연적인 것으로 위장하고 있으며, 우리가 일상에 접하는 사람들 사이에서 그리고 일상의 장소에서 하나님의 임재가 드러나는 그러한 이야기들 말이다. 성경 텍스트 전체가 우가리트의 신화와는 현격한 대조를 이루고 있다. 또한 종교 심리학, 자기 개발, 신비적 실험 그리고 피상적 경건이라고 하는 종교 장식품과도 마찬가지다. 사실 이러한 것들은 오늘날 참으로 많은 종교의 텍스트적 기초가 되고 있다.

많은 사람들은 가장 세련된 산문과 시로 번역된 성경을 갖고 싶어한다. 그 이유도 타당해 보인다. 거룩한 하나님, 거룩한 사상 그리고 거룩한 것들을 다루는 언어는 고상한 언어, 품위 있고 격식을 차린 언어여야 한다는 것이다. 그러한 사람들은 성경의 언어를 정제된 상태로 유지하고 싶어하고, 가능한 한 죄 많은 세상과 연계시키지 않고 분리하려고 한다. 그리고 그 언어가 성경 용지에 인쇄되어 가죽으로 멋있게 장정이 되기를 원한다. 그 이유 또한 타당하다. 하나님이 일하시는 문화는 소란스럽고 오염의 위험이 있는 세상으로부터 보호받아야 한다. 성경은 존경과 위엄의 문화를 반영해야 한다는 것이다.

그러나 성령은 그러한 생각에 별로 부응하지 않는 분이시다. 영감은 거칠고 울퉁불퉁하고 땅에 속한 언어로 주어지며, 그러한 언어로 우리가 가장 기대하지 않는 곳에서 하나님의 임재와 활동을 드러내 보여 준다. 우리가 자신이 속한 문화의 일상적 평범함 속에서 일에 몰두하고 있을 때(우가리트!), 또 영적인 사고를 할 겨를도 없을 때(옥시린쿠스!) 영감은 불현듯 우리를 사로잡는다. 그렇다고 우리 성경에 부적절하거나 경박한 것이 있다는 말은 아니다. 그리고 우리 성경에 뛰어난 저자가 없다는 말도 아니다. 이 성경에는 엄청난 경외와 존경이 자리잡고 있다. 온통 신비가 있다. 그분의 거룩함이 곳곳에 퍼져 있다. 그러나 그 주변 문화는 이교적이며 거기에 사용된 언어의 상당 부분이 길거리의 언어를 그대로 가져온 것이다.

성경을 영어로 옮긴 초기 번역가들 중에서 가장 위대한 인물이었던 윌리엄 틴데일(William Tyndale, 그가 번역한 신약 성경의 첫 인쇄본은 1526년에 발행되었다)은 옥시린쿠스의 파피루스 종이나 우가리트의 점토판이 발견되기 오래 전에 이미, 그 경위는 알 수 없지만 그 사실을 알고 있었다. 내 생각에는 그가 복음서가 어떻게 작용하는지를 알고 있었기 때문에, 메시지의 언어는 메시지를 전달하는 사람의 성품 및 생활 방식과 일관되어야 한다는 것을 알고 있었기 때문인 것 같다. 그는 '쟁기질을 하는 소년'도 성경을 읽을 수 있도록 하기 위해서 번역을 하고 있다고 말했다. 그는 복음을 아는 사람의 본능으로 그로부터 400년 후에 파피루스 종이와 점토판이 확인해 줄 그 사실을 알고 있었다. 즉 (제임스 호프 모울튼이 말했듯) "성경의 주제만이 독특한 것이 아니라 그 주제가 기록된 혹은 번역된 언어도 독특하다"[21]는 사실을 알고 있었던 것이다. 틴데일이 말한 독특함은, 한때 그렇게 여겨졌던 것처럼 성경이 특별한 '성령'의 언어로 기록되었기 때문에 독특한 것이 아니라, 성경이 구어체로, 일상의 언어로 기록되었기 때문에 독특하다는 것이었다. 그리고 틴데일과 동시대인이자 모든 개혁주의 번역가들의 할아버지 격인 마르틴 루터(그가 번역한 신약 성경은 1522년에 출판되었다)는 성경 텍스트를 번역하는 일을 할 때에는 "반드시 나가서 가정에 있는 어머니, 거리에 있는 아이들, 시장에 있는 평범한 남자에게 물어야 한다. 그들이 말할 때 움직이는 입을 보고 그대로 번역하라. 그러면 그들은 당신을 이해하고 당신이 그들에게 **독일어**로 말하고 있다는 것을 깨달을 것이다"라고 강력하게 주장했다.[22] 성경을 독일어로 옮긴 그의 번역의 힘은 그가 도서관에 앉아서 한 작업만큼이나 길거리에서 배운 것들로부터 나온 것이기도 했다. 예를 들어 모세의 율법에 나오는 희생 의식을 이해하기 위해서 그는 양의 내장을 연구하려고 동네 정육점 주인이 양을 해부하는 것을 지켜보았다.[23]

그러나 독일어로 옮긴 루터와 영어로 옮긴 틴데일의 선구적이고 혁신적인 구어체 번역에도 불구하고, 그와 대조적으로 매끄럽고 위엄 있는 울림을 가진 흠정역 성경이 거의 400년이 흐른 지금

9. 메시지 267

도 영어권에서는 여전히 가장 많이 판매되고 가장 널리 보급된 번역본이 되어 있다. 흠정역 성경은 성경이 처음 말해지고 들려지고 기록된 언어 형태를 가장 잘못 대변하는 영어 번역인데도 말이다. 흠정역 성경의 번역가들은 틴데일의 텍스트를 바탕으로 하여 작업했는데, 약 4분의 3정도를 근본적인 변화 없이 그대로 가져다 썼다.[24] 그러나 그들이 그렇게 표절한 텍스트를 가지고 해낸 일은 원래 텍스트의 침해에 가깝다. 그들은 말하자면 틴데일의 문장에 레이스 장식을 단 셈이다. 내가 앞에서 사용한 문구대로 표현하자면, 그들은 '상향의 모독'을 한 것이다. 그들은 틴데일이 사용한 언어의 어조를 바꾸어, 쟁기질 하는 소년의 거친 말투를 기술적으로 그리고 철저하게 왕실의 매끄러운 말투로 만들어 놓았다. 무엇보다 대부분의 번역가들이 제임스 왕과 '동창' 지간이었고, 그 중 많은 사람들이 그 시대의 엘리트 계층에서 편안하게 보호받는 삶을 산 주교들이었으니 그럴 법도 하다. 흠정역 성경의 번역가들을 빈틈없이 연구한 저자이자 그들의 업적을 무척 존경하는 아담 니콜슨(Adam Nicolson)은 다음과 같이 분명하게 말한다.

> 흠정역 성경은…그때나 지금이나 결코 길거리에서 들을 만한 그런 영어가 아니다.…그 학자들은 성경의 언어를 그들이 알고 있고 집에서 사용하는 영어로 옮긴 것이 아니다. 흠정역 성경은 외국어를 영어로 번역한 것이지만, 그에 못지않게 영어를 외국어의 조건

에 가깝게 밀어붙였다. 다시 말해서, 영어를 경건하게 만드는 것이 하나님의 말씀을 아무 영국 사람이나 쓸 법한 산문으로 만드는 것보다 더 중요했던 것이다.…틴데일은 중세 교회의 면전에서, 또 권력의 비호를 받는 교회 엘리트의 면전에서 모욕을 당할 단순하고 평범한 사람의 번역을 내놓았다.…[그는] 겹겹이 쌓인 중세 스콜라주의의 두텁고 무거운 층과 수세기 동안 쌓여 온 먼지를 털어버릴 직접성과 명확성을 성경에서 구하고 있었다.[25]

화려하게 실내 장식이 된 유명 대학과 왕실에서 일하면서 틴데일의 작업(그로부터 85년 전에 영국 왕을 피해 추적당하는 유배자로 살면서 혼자서 한 작업)에 많은 부분 의존한 47명의 흠정역 성경 번역가들은, 본질적으로 틴데일의 작업을 해체하여 그의 평범한 말투를 위엄 있고 웅장한 말투로 바꾸어 놓았다. 틴데일이 "주께서 요셉과 함께하시니 그는 운 좋은 사내(a luckie felawe)였다"라고 번역한 것을 흠정역 번역가들은 '상향' 번역해서 "주께서 요셉과 함께하시니 그가 번창했더라(a prosperous man)"(창 39:2)로 옮겼다. 흠정역 번역가들은 서구 세계에서 문학의 고전이 된 성경 번역본을 내놓았지만, 그것은 틴데일의 쟁기질 하는 소년을 희생시킨 결과였다.

세월이 지나 지금까지도 많은 사람들이 그 성경을 선택한다는 것은, 그들이 그것을 읽는지의 여부는 알 수 없지만, 참으로 큰 아이러니다.[26]

우가리트와 옥시린쿠스의 발견은 일상의 세계와 일상의 언어를 드러내 보여 줌으로써 성경의 독자들을 그들 자신의 일상으로 던져 주었다. 그것이 가져온 점증적 효과는 성경을 인격적·관계적으로 읽지 못하게 방해하는 거대한 바리케이드를 뒤집어엎는 것이었다. 그 바리케이드란 성경이 구별된 언어, 신성한 장소와 의식으로부터 나오는 종교의 언어, 경건한 어조로 말하는 혹은 속삭이는 언어로 기록되었다는 가정이다.

옥시린쿠스의 발굴에서 놀라운 것은 신약 성경이 기록된 언어다. 즉 성령께서 "혼과 영과 및 관절과 골수를 찔러 쪼개기"(히 4:12) 위해서 사용하시는 언어는 '성령'의 언어가 아니라 평범한 길거리의 언어라는 것이다.[27] 성경이 원래 기록된 종류의 언어로 번역되기만 한다면 사실상 그 누구라도 성경을 읽고 이해할 수 있다. 성경의 첫 독자들과 마찬가지로, 우리가 그것을 이해하기 위해서 똑똑해야 하거나 교육을 많이 받아야 하는 것은 아니다. 성경은 우리가 장 보러 갈 때, 게임을 할 때, 혹은 저녁 식사를 하면서 감자를 더 먹어도 되겠는지 물을 때 사용하는 언어와 똑같은 언어로 기록되어 있다. 그리고 그러한 똑같은 언어로 번역될 것을 요구한다.

우가리트의 발굴에서 놀라운 것은 문화 즉 우리의 히브리 선조들, 이스라엘의 자녀들이 살았고 거기에서 생을 마감했던 문화다. 우가리트의 발굴 이전에는 히브리 선조들이 살았던 가나안 문화에 대해서 아는 바가 거의 없었다. 정보가 부족했기에 우리는 히브리인들 즉 하나님의 구원받은 백성이, 이집트를 떠나 광야를 떠돌던 40년 동안 순종과 거룩의 삶을 살도록 훈련을 받아서, 온전히 그들 스스로 거룩한 문화를 만들어 낼 준비를 하고 무장하여 가나안에 들어갔다고 상상하기가 쉬웠다. 그러나 실상은 그렇지 않았다. 그리고 지금도 그렇지 않다.

옥시린쿠스와 우가리트의 발굴은, 텍스트의 정확성보다는 오히려 말의 어조와 훨씬 더 큰 연관이 있다. 물론 정확성도 때로 상관이 있지만 말이다. 그 발굴의 최고 효과는, 슬며시 나타나는 그리고 겉으로는 잘못을 알 수 없는 상향 모독에 반격하는 것이다. 모든 언어가 그러한 상향 모독에 취약하지만 그 중에서도 특히 성경의 언어는 더욱 취약하다. 그러한 상향 모독은 우리가 살고 있는 실제의 땅에 뿌리를 두고 있는 성경 텍스트가 은연중에 그 땅에서 벗어나게 만든다.

「메시지」가 특별히 두드러지는 면이 있다면, 그것은 아마도 일하는 목사의 손으로 그 텍스트를 만들었다는 사실일 것이다. 나는 성인기의 대부분을 함께하는 사람들의 삶 속에 성경의 메시지가 전달되도록 책임지는 일을 최우선으로 하고 살았다. 나는 설교단과 성경 낭독대 위에서, 가정 성경공부와 산 속 수양회에서, 병원과 요양소에서 나누는 대화 속에서, 부엌에서 커피를 마시면서 그리고 해변에서 산책을 하면서 그렇게 했다. 「메시지」는 35년 간의 목회 사역이라는 토양에서 자랐다. 단어와 문장을 선택해 가면서 이 일을 하는 동안 나는 내가 얼마나 철저하게 그 35년 간의 목회 생활로부터 영향을 받고 있는지를 종종 깨달았다. 나는 이 세상의 혼란과 난잡함 속에서 자신의 길을 찾으려고 애쓰는 성도들과 죄인들을 위해서 번역을 했다. 나는 성경의 첫 저자들 및 독자/청자들과 나 자신을 동일시했다. 그들의 최우선 관심사는 갈릴리와 유대의 진흙탕 거리를 걸으면서 그리고 고린도의 성적 문란을 이리저리 피해 가면서 그 와중에도 성삼위일체와 동행하는 삶을 사는 것이었다. 신학의 문제, 즉 우리 삶에서 하나님의 계시가 가지는 일관된 의미를 이해하는 문제는 그 다음 일이었다. 나는 지금 여기에서의 삶이 가지는 긴급함을 의식하고 있는 사람들을 위해서, 그리고 하나님을 위해서 그 일을 했다. 나는 "달려가면서도 읽을 수 있게"(합 2:2) 하기 위해서 번역했다.

그 임무를 수행하면서 나는 인간의 삶을 형성하고 변화시키도록 되어 있는 이 하나님의 말씀이 실제로 인간의 삶을 형성하고 변화시키는 것을 볼 수 있었다. 공동체라는 토양에 심긴 성경의 말씀 씨앗은 싹이 트고, 자라고, 영글어 갔다. 지금은 「메시지」로 선을 보인 그 작업에 착수할 때가 되었을 때, 나는 추수기에 과수원을 거닐면서 제대로 자란 사과와 복숭아와 자두를 풍성한 가지에서 따고 있다는 느낌을 종종 받았다. 성경의 그 어느 장에 나오는 내용도, 내가 돌보았던 사람, 성도들, 죄인들의 삶에서 어떤 방식으로든 살아내지 않은 것은 거의 없었다. 그리고 내 주위를 둘러보았을 때 나는 그것이 내 민족과 문화 속에서도 입증되는 것을 볼 수 있었다. 이미지를 바꾸어서 말하자면, 성경에 대한 열의와 일상 언어에 대한 열의가 충돌하면 불꽃이 튄다. 때로 그 불꽃은 번역된다. 나에게는 그랬다.

내가 처음부터 목회를 한 것은 아니다. 내 첫 직업은 교사였고, 몇 년 동안 나는 신학교에서 성경이 기록된 언어인 히브리어와 헬라어를 가르쳤다. 나는 내 평생을 교수이자 학자로서 가르치고, 글을 쓰고, 연구하면서 살 것이라고 생각했다. 그러다가 내 인생에 갑작스런 직업의 변화가 있었고 나는 한 교회의 목사가 되었다. 내 일터가 성도와 죄인들의 강의실에서 성도와 죄인들의 교회로 옮겨간 것이다.

나는 완전히 다른 세계에 와 있다는 것을 알게 되었다. 제일 먼저 눈에 띄는 차이는 아무도 성경에 대해서 별 관심이 없는 것처럼 보인다는 점이었다. 불과 얼마 전까지만 해도 사람들이 나에게 돈을 주면서 가르쳐 달라고 했던 그 성경을 말이다. 이제 내가 함께하게 된 많은 사람들은 성경에 대해서 사실상 아무것도 모르고 있었다. 한 번도 읽어 본 적이 없고 배우는 데에도 관심이 없었다. 또 다른 많은 사람들은 여러 해 동안 성경을 읽었지만 그것에 익숙해지면서 성경이 지루해졌고 이들에게 성경은 딱딱한 상투어들의 집합으로 축소되어 버렸다. 싫증이 난 그들은 그냥 포기해 버렸다. 이 두 부류의 중간에 있는 사람은 많지 않았다. 내가 맡은 최우선 임무의 본질적 요소라고 생각한 일 즉 성경의 말이 그들의 머리와 가슴에 박히게 하는 것, 그 메시지를 살도록 하는 것에 대해서 관심을 가진 사람은 거의 없었다. 신문이나 비디오 그리고 싸구려 소설이 그들의 취향에 더 맞았다.

한편 나는 바로 그러한 사람들이 그 책에 나오는 메시지를 듣도록, 정말로 듣도록 책임지는 일을 내 필생의 업으로 삼고 있었다. 그러니 그것은 정말로 나를 위해 준비된 일이었다.

우선 나는 신자들에게 성경을 설명하는 것으로 일을 시작했다. 성경 사전과 성구 사전부터 시작해서 공부할 책을 사도록 했다. 알아야 할 것이 너무 많았다! 그리고 나는 그들에게 해줄 말이 참으로 많았다!

그렇게 일을 진행하는 도중에 나는 최초로 성경을 듣거나 읽은 사람들은 용어 사전이나 성구 사전을 필요로 하지 않았다는 데 생각이 미쳤다. 이사야가 설교를 했을 때, 사람들은 그가 하는 말을 이해하기 위해서 세미나를 조직하고 교수를 고용할 필요가 없었다. 마가복음이 공동체에 등장했을 때, 그들은 수요일 저녁마다 열리는 6개월 연구 과정을 개설할 필요를 느끼지 못했다. 그 모든 책들은 사람들의 평범한 생활과 평범한 상식에서 나온 것이었다. 그 중 많은 이들이, 어쩌면 대부분이 문맹이었다. 그들이 무지했다는 것이 아니라, 학교 교육을 받지 못했다는 말이다. 그렇다면 왜 나는 내가 가진 성경에 **대한** 내 모든 지식을 그들에게 강요하고 있는가?

그래서 나는 가르치는 방식을 바꾸었다. 히브리어 텍스트를 조명해 주는 우가리트의 언어에 대해 알려 주는 대신에, 예수님의 이야기와 말씀을 전하는 공관복음들의 복잡한 차이점들을 살펴보는 대신에, 바울의 언어를 헬레니즘 철학과 신비주의 이교에 대비해서 분석해 보는 대신에, 나는 그냥 사람들을 모아서 우리에게 주어진 대로의 텍스트를 **읽었다**. 그들의 첫 반응은 거의 항상, "이해가 안 돼요. 무슨 뜻인지 알려 주세요. 신학교는 목사님이 다니셨잖아요"였다. 그러나 나는 계속 밀고 나갔다. 우리는 그저 함께 상상력을 가지고 기도하면서 읽었다. 우리에게 주어진 대로의 지면에 쓰인 말 속으로 들어가려고 노력했다. 때로 나는 거기에 있는 내용을 관찰하도록 조금씩 단서를 주고 안내하면서 질문을 던지기도 했다. 그러면서 그들이 자신감을 가지고 조간 신문을 읽을 때와 같은 종류의 독서법을 성경 텍스트에도 도입하도록 했다. 대부분의 경우 텍스트 한 장을 가지고 한 시간 정도 보내고 나면 그들은 주석서에서 발견할 수 있는 사실상 모든 내용을 간파했다. 가끔 그 작업에 양념과도 같은 흥미로운 어휘 지식이나 고고학 지식을 조금씩 가미하기도 했지만, 대체로 나는 그들이 텍스트를 그냥 읽도록 믿고 맡겼다.

이러한 모임을 통해서 분명해진 점을 일컫는 단어가 하나 있다. 그것은 바로 **명료함**(perspicuity)이다. 성경은 기본적으로 주어진 그대로 읽는 것이 가능하다는 확신이다. 그것은 학문적 엘리트만이 접근할 수 있는 비밀스런 지식의 집합체가 아니다. 성경은 평범한 사람들을 위해서 평범하게 기록되었다.

나는 두 개의 언어 세계에서 살았다. 하나는 성경의 세계이고 또 하나는 오늘날의 세계다. 나는 늘 그 둘이 같은 세계라고 생각했지만, 이 사람들은 그렇게 보지 않았다. 그래서 나는 필요에 의해서 번역가가 되었다. 나는 날마다 두 세계 사이에 서서, 하나님이 우리를 창조하고 구원하고 치유하고 복을 주고 심판하고 다스리기 위해 사용하시는 성경의 언어를, 우리가 수다를 떨고 이야기를 들려주고 길 안내를 하고 사업을 하고, 노래를 하고 자녀들에게 말을 할 때 사용하는 오늘날의 언어로 듣도록 그들을 돕고 있다.

그리고 언제나 그 옛 성경의 언어들, 그 강력하고 생생한 히브리어와 헬라어 원문들은 내가 하는 말의 저변에서 나름대로 자신의 일을 하고 있었다. 즉 단어와 문장을 날카롭게 해주고 거기에 활기를 불어넣으며, 내가 오늘날의 언어를 가지고 함께 일하는 사람들의 상상력을 확장시켜 주었던 것이다. 그 오늘날의 언어는 성경의 언어에서 캐낸 것이다.

번역 과정에서 상실되는 것들

아내와 나는 예루살렘에서 길을 잃은 적이 있다. 마침 그 날은 내가 오직 히브리어만을 사용하기로 결심한 날이었다. 내 히브리어는 온통 책에 나오는 히브리어, 교실에서 배운 히브리어, 그러니까 성경에서 쓰는 히브리어다. 나는 한 번도 히브리어를 살아 있는 언어로 접한 적이 없었다. 당시에 우리는 이스라엘에 온 지 2주 정도 되었고 그 날 아침에 잠을 깨면서 나는 이제 비로소 내게 기회가 왔다는 것을 깨달았다. 나는 내게 그토록 중요한 그 언어만을 사용해서 단 하루라도 버티어 낼 수 있는지 알고 싶었다. 그런데 늦은 저녁 시간으로 접어들 무렵 아내와 나는 길을 잃은 것이다. 우리는 추천을 받은 식당을 찾고 있었다. 주소가 있었지만 찾을 수가 없었다. 우리는 완전히 방향을 잃었다. 그러다가 우리를 향해 걸어오는, 유대인처럼 보이는 한 커플을 만났다. 서투른 히브리어로 더듬거리며 나는 도움을 청했다. 귀찮게 해서 미안하다고, 우리에게 방향만이라도 제대로 지시해 주시면 감사하겠다고 말했다. 그들은 끈기 있게 그리고 예의 바르게 들었다. 내가 말을 다 마치고 나자 그들은 활짝 웃으면서 말했다. "우리는 디트로이트에서 왔어요!" 그리고 우리가 가야 하는 방향을 가르쳐 주었다. 하지만 영어로 했다. 내 히브리어 회화를 들어 본 이상 그들이 말하는 히브리어를 듣고 내가 그 식당을 제대로 찾아갈 수 있을 것이라고 생각하지 않은 것이 분명했다.

"우리는 디트로이트에서 왔어요"는 자연스럽게 일상적으로 사용되는 언어지만, 문자적으로는 거의 사용되지 않는다. 번역을 문자적으로 하면 너무 많은 것을 잃게 된다. 그 커플은 능통한 히브리어를 사용해서 내 질문에 문자적으로 대답했을 수도 있다. 그리고 만약 그들이 아주 천천히 말하고 충분히 반복해서 말할 뜻만 있었다면, 나는 내게 필요했던 도움을 받았을 것이다. 그러나 우리는 훨씬 더 많은 것을 얻었다. 그들이 "우리는 디트로이트에서 왔어요"라고 한 것은 아주 다른 차원에서 언어를 사용한 것이었다. 그 말은 반가움, 우리를 도울 수 있다는 기쁨 그리고 나의 어색하고 부적절한 히브리어에 대해서 잘난 체 하는 태도가 전혀 없음을 전달해 주었다. 우리는 식당으로 가는 길 안내 이상의 것을 받았다. 우리는, 비록 아주 짧기는 했지만 우정이라는 선물을 받은 것이다. 이들은 단순한 정보 교환으로 축소된 언어를 사용하는 것에 만족하지 않았다. 그들은 길을 잃은 우리의 필요를 무시하지 않았고, 그러면서도 자신들에 대해서도 무엇인가를 드러내 보여 주었다. 우리와 공통된 인간성, 먼저 환대를 베풀고자 하는 뜻을 보여 주었다.

"우리는 디트로이트에서 왔어요"는 내게 번역이 작동하는 방식에 대해서 생각해 볼 수 있는 기준을 제시해 준다. 우선, 번역은 언어들 사이에서만 일어나는 것이 아니다. 언제 어디서든 언어가 사용되는 상황에는 늘 번역이 내포되어 있다. 그것은 예를 들어 독일어를 영어로 번역할 때 일어나는 일에만 국한되지 않는다. 내가 말하는 미국 영어가 당신이 듣는 미국 영어가 되는 과정에서 날마다 참으로 많은 번역이 일어난다. 나는 주일마다 강단에서 말을 했고 날마다 자녀들을 양육하면서 말을 했는데, 당연하게 여길 수 있는 것은 아무것도 없다는 것을 나는 곧 깨달았다. 우리는 모두 말을 다르게 사용한다. 그리고 우리는 자주 오해한다. 언어는 모호하다. 우리는 자주 반복해야 하고 끈기 있게 설명해야 한다. 우리 주변 사람들, 부모와 자녀, 선생과 학생, 정부 지도자와 시민, 목사와 교인, 코치와 선수, 남편과 아내의 말을 듣고 거기에 반응할 때 우리는 그 말을 바르게 이해하기 위해서 모든 수단을 사용해서 끊임없이 '번역'한다. 몸짓 언어, 목소리의 어조, 상대와 내 관계의 역사, 우리가 놓인 현재의 상황, 그리고 물론 그 말의 사전적 의미와 문장의 문법적 구조도 사용한다(하지만 그것만 독자적으로 사용하지는 않는다).

이 모든 것이 참으로 복잡하기에 문자적 번역은 거의 모든 경우 부적절하다는 결론을 얻을 수밖에 없다. 과학적 자료 번역이나 정보 전달을 제외하고는 말이다. 왜 그런가? 왜냐하면 문자적 번역은 언어가 사용될 때마다 작동하는 모든 비언어적 영역을 배제하기 때문이다. 그러한 번역은 또한 수용 언어에서는 아무런 맥락을 갖지 못하는 숙어, 은유, 문장 구조를 생각 없이 반복한다.

번역은 양극에 있는 두 질문 사이에서 일어나는 복합적인 활동이다. 한쪽 극에서 하는 질문은, "그가 무어라고 말했는가?" 이다. 다른 한쪽 극에서 하는 질문은 "그녀가 의미한 바가 무엇인가?"이다.

"그가 무어라고 말했는가?"라는 질문 자체에 대해서만 엄격하게 대답하면 문자적 번역이 나온다. 그 영어 단어와 대등한 독일어 단어만 찾으면 된다. 여기에서는 사전과 문법, 번역할 언어의 문학과 문화와의 친숙함이 요구된다.

"그녀가 의미한 바가 무엇인가?"는 독일어 텍스트의 '세계'를 미국 영어 텍스트의 '세계'로 가져오는 상상력, 종종 시적인 상상력을 요구한다. 그리고 여기에는 필연적으로 그 텍스트가 다른 언어로 재창조되는 과정이 포함된다. 이러한 번역을 하기 위해서는 사전과 문법보다 훨씬 더 많은 것이 요구된다. 물론 번역되는 '삶'과 친숙해야 하지만, 또한 번역하고자 하는 '삶'과도 친숙해야 한다. 세바스찬 브로크(Sebastian Brock)는, 번역에서는 "그가 의미한 바가 무엇인가?"가 무엇보다도 중요하다고 주장한다. "자유로운 번역의 경우 원문이 독자에게 다가간다고 말할 수 있다. 그러나 문자적 번역의 경우 독자가 원문으로 다가가도록 강요받는다. 다르게 표현하자면, 첫 번째의 경우에는 고정된 것은 독자이지만, 두 번째의 경우 고정된 것은 원문이다."[28] 각 언어는 복잡하게 얽히고 살아 있는 문화다. 말로 증류된, 그리고 언어로 펼쳐진 문화다. 우리가 번역하는 것이 사전적인 의미에 불과하다면, 번역에서 전체 문화는 상실된다. 19세기 미국의 위대한 시인이자 예일 대학교의 언어학 교수였던 헨리 워즈

워스 롱펠로우(Henry Wadsworth Longfellow)는 단테의 「신곡」을 영어로 옮겼다. 어떤 비평가는 그가 「신곡」을 영어가 아니라 영어 사전으로 번역해 놓았다고 불평을 했다.[29)] 우리가 능력이 닿는 한 번역해 내야 하는 것은 문화, 즉 살고 생각하는 방식, 믿고 행동하는 방식 그리고 가정과 암시다. "우리는 디트로이트에서 왔어요"처럼 말이다.

목사이자 작가, 선생이자 설교자로서 일하면서 나는 번역의 본질에 대한 관찰과 증언들을 수집하기 시작했다. 그러면서 나는 '문자적'인 것이 얼마나 불만족스러운 것인지 그리고 그것이 입으로 한 말이나 글로 쓰인 말의 명백한 의도를 회피하는 구실로서 얼마나 편리하게 사용되는지를 보았다. 그런데 우리는 대부분 부모 혹은 조부모로서 그러한 예를 보여 주는 가장 현저한 증거를 경험한다.

어느 날 저녁 우리 가족은 함께 모여서 저녁 식사를 했다. 손자들은 먼저 일어나서 놀아도 된다는 허락을 받았다. 잠시 후에 일곱 살짜리 한스가 경중경중 뛰면서 식당을 지나갔고 한스의 두 여동생이 뒤를 따랐다. 한스의 아버지가 "한스, 집에서는 뛰면 안 돼"라고 말하자, 한스는 보폭을 20센티미터 정도로 줄이더니 "뛰는 게 아니라 조깅하는 거예요"라고 말했다. 말의 의미를 회피하는 방식으로서 어린아이들에게 흔히 나타나는 문자주의의 사례 연구라고 할 만하다. 그러나 어른들이라고 예외인 것은 아니다.

번역에 대한 논의가 일어날 때면 등장하는 옛말이 "당신이 번역가라고? 당신은 반역자다!"(이탈리아어로, *Traduttore? traditore!*)라는 것이다. 번역은 배신이다. 모든 번역은 본질적으로 오역이다. 각각의 언어는 다 유일무이하다. 한 언어가 가지는 특별한 진수는 다른 언어로 전달될 수 없다. 이러한 기준에서 볼 때 모든 번역은 원문에 혼합물을 섞은 것, 희석시킨 것, 환원시킨 것이다. 따라서 만약에 번역되는 언어가 하나님의 말씀이라면, 그리고 번역이 본질적으로 곡해하는 것이라면, 그렇다면 번역을 하지 않는 것이 좋다.

정말 그런가?

흠정역 성경이 번역되던 당시에 실제로 이러한 입장이 지지를 받았다. 존 스미스(John Smyth)는 1608년에 암스테르담에 있는 제2영국교회의 분리 형제단(the Brethren of the Separation of the Second English Church)의 목사였다. 이들은 영국의 박해를 피해 망명한 청교도들인 링컨셔의 농부들로 구성된 회중이었다. 스미스와 그의 회중은, 모든 번역은 그것이 아무리 잘 되었다 하더라도 오류가 있을 수밖에 없으므로 번역하지 않는 것이 당연하다고 주장했다. 그들은 원문대로의 성경을 들어야만 했다. 만약에 하나님이 히브리어, 헬라어, 아람어로 말씀하셨다면 우리는 그 언어로 하나님의 말씀을 들어야 한다는 것이다. 그래서 그들의 모임에서 언제나 스미스는 히브리어, 아람어 그리고 헬라어의 성경 본문을 소리 내어 읽었는데, 그의 회중은 그 언어를 조금도 이해하지 못했다.[30]

'문자적 원문'을 그렇게 고집스럽게 주장하는 것은 물론 대부분의 사람들이 적절히 조절해서 받아들이는 것을 엉뚱하게 적용한 것이다. 그러나 '문자적'인 것은 여전히 많은 사람들의 생각 속에 이상적인 번역으로 그려진다.

문자적인 것에 대한 선호는 긴 생명력을 자랑하고 있다. 그러나 나는 그것은 무분별한 선호라고 믿게 되었다. 부모로서의 경험에다가 목사로서의 경험이 더해져서, 나는 문자적인 것이 위험한 이유는 모든 언어가 가지고 있는 본질적인 모호성을 무시하기 때문이라는 사실에 유념하게 되었다. 그것은 원문의 언어를 포로로 잡아서 쇠고랑과 사슬을 채워 살아 있는 그 누구도 사용하지 않는 영어를 향해 강제로 행진시키는 것과 같다. 그럴 때 언어는 그 언어의 진수를 부여해 주는 바로 그 성질, 그 언어가 아니었다면 결코 알지 못했을 어떤 것을 드러내 주는 능력을 없애 버리는 일종의 뇌신경 절제술을 받게 되는 것이다. 극단적 문자주의는 모든 단어를 고정된 부동의 위치에 강제로 끼워 맞출 것을 주장하며, 모든 문장에 구속복을 입힐 것을 주장한다. 나는 개혁주의 번역가의 할아버지격인 루터가 자신의 일상어 번역을 공격하는 비평가들에 대해 왜 비호의적이었는지를 이해하기 시작했다. 그는 그러한 비평가들을 '쥐새끼 같은 문자주의자들'이라고 불렀다.[31]

최근 윌리엄 그리핀(William Griffin)은 기독교의 라틴어 고전 몇 가지를 영어로 번역하는 일에 착수했다. 그는 자신이 그 일을 시작했을 때와 관련해 이렇게 기록하고 있다.

> 나는 당연히 문자적 번역을 하고자 했고, 물론 나보다 앞서 번역한 그 누구보다도 잘 하려고 했지만, 곧 망설여졌다. 문자적 번역의 미덕은 충실함이 유일한 것 같았다. 명문장은 그 어디에서도 찾아볼 수 없었다. 그러나 번역에서 명문장이 없는 충실함은 참으로 초라한 미덕이 될 수 있다.…나보다 앞선 많은 사람들이 그랬던 것처럼 나는 늘 의역은 미친 짓이라고 생각했다. 왜냐고? 나보다 지적으로 뛰어난 사람들이 내게 그렇게 말해 주었고, 나로서는 그것에 대해 반박할 이유가 없었기 때문이다. 그러나 그들이 그렇게 열심히 말하는 중에도 나에게 결코 알려 주지 않은 것은, 모든 번역이 참으로 오류투성이라는 것이었다. 머지않아 나는 내가 만약 오류를 범할 수밖에 없다면, 직역보다는 의역 쪽으로 편향하는 오류를 범하는 편이 낫겠다는 결론을 내렸다.[32]

그리핀은 이어서 의역에 대해서 참으로 유쾌한 그러나 진지하게 교훈적인 변호를 하기 시작한다. 그의 변호는 문자주의 쪽으로 기운 사람들이 흔히 우월감을 가지고 의역을 대하는 태도를 아예 제거하지는 못한다 해도 최소한 경감시키는 역할을 한다.

아프리카의 신학자인 크와미 베디아코(Kwame Bediako)는, 아프리카의 상황에서는 번역이 성경의 히브리어와 헬라어의 유일무이한 독특성을 보존하는 책임을 지기보다는 그것을 새롭고도 신선한 형식으로 즐겁게 풀어 낸다는 것을 보여 줌으로써 우리의 생각을 사로잡고 있는 문자주의의 손아귀를 좀더 느슨하게 풀어 준다. 내가 아는 그 누구보다도 많은 통찰과 지식을 가지고 번역에 대해서 글을 쓰는 조지 스타이너는, 번역이 "원문에 새로운 울림, 더 긴 생명력, 더 넓은 독자층을 제공하고, 역사와 문화에서 더 실질적인 자리를 차지하게 해준다"[33]라고 주장함으로써 베디아코의 타당성을 확인해 준다. 성경이 번역된 많은 아프리카 언어를 배경으로 글을 쓴 베디아코는 모든 아프리카 모국어가 그 나름의 유일무이한 구문론과 특징을 가지고 있기 때문에 하나님 말씀의 다할 수 없는 부요함을 더 충실하게 듣는 데 각자 나름대로 기여를 하고 있다고 지적한다. 각각의 새로운 번역은 하나님의 순수한 말씀을 희석하기보다는 오히려 그것을 더 잘 다듬어 주며, 새로운 무대와 맥락을 제공하고, 초월로 가는 또 다른 통로가 되는 은유들을 제공한다. 모든 번역은 '불멸의, 보이지 않는, 유일한 지혜이신 하나님'의 굴절을 만들어 내는데 이러한 굴절은 전 세계 성도와 교제하며 사는 우리의 공동체적 삶에 새로운 복음을 알려 주는 통찰과 예배의 저장고를 더 풍성하게 해준다. 베디아코는, 기독교의 성경이 참으로 많은 '모국어'로 쉽게 그리고 자주 번역된 것은 원래의 성경 저자들이 '신성한' 언어 사용을 거부했다는 사실을 설명하는 것으로 볼 수 있다고 지적한다. 기독교는 그 세를 확장하면서 '일상의 종교'로 발전한 것이 일반적이었다. 그는 아프리카의 경험을 그 증거 자료로 사용한다. "우리 아프리카인들이 예수 그리스도의 복음에 얼마나 친숙해졌는지 모른다. 자신의 모국어로 성경을 접할 수 있는 우리 모두는 하나님이 우리의 언어로 말씀하시는 것을 듣는다고 진정으로 주장할 수 있다!"[34] 자크 데리다(Jacques Derrida)는 매우 다른 관점에서 베디아코의 주장을 지지하는데, 그는 "번역은 원문이 성장하는 진정한 계기가 될 것인데, 그 원문은 자기 자신을 확장함**으로써** 완성될 것이다"라고 쓴다. 그는 번역을 '자식을 생산하고 그 자식의 씨가 역사와 성장을 가져올' 것을 약속하는 결혼 서약서라고 표현했다.[35]

번역은 해석이다. 늘 그렇다. 그것이 해석인 이유는, 단어는 언제나 사전이 부여하는 것보다 훨씬 더 많은 의미를 전달하기 때문이다. 말은 역사를 지니고, 감정과 연관되어 있고, 이야기의 영향을 받은 함축적 의미를 지닌다. 그리고 해석은, 어느 정도는 의역을 요구한다.

내가 처음으로 경험한 성경 의역은 J. B. 필립스(Phillips)의 「어린 교회에 보내는 편지」(*Letters to Young Churches*)였는데, 이것은 신약 성경의 서신서들을 의역으로 번역한 것이다. 나는 그 책이 영국에서 출판된 다음 해인 1948년에 그 책을 구했다. 당시에 나는 성실하고 부지런한 성경 독자였는데, 필립스의 의역을 통해서 나의 성경 읽기는 전과는 차원이 다른 개인적 깊이를 가지게 되었다. 그 전까지 내가 가지고 있던 유일한 성경은 스코필드 해설판(Scofield Reference Edition)의 흠정역 성경이었다. 당시 그 성경은 내게 장엄한 울림이 있는 영어로 성경 텍스트를 전해 주었을 뿐만 아니라, 내가 읽고 있는 것을 어떻게 해석해야 하는지를 알려 주는 상당량의 각주도 제공해 주었다. 나는 성경 본문만큼이나 혹은 그 이상의 주의를 기울여서 그 각주를 읽었다. 나는 영감을 얻으려고 혹은 내 친구들을 논박하거나 회심시키기 위한 논쟁에 필요한 정보를 얻으려고 스코필드 흠정역 성경을 **연구했다**. 내 경우 경건하게 성경을 읽는 것은 곧 생각 없이 읽는 것을 의미했다. 말하자면 나는 맹장 수술로 병원에 입원했을 때 영양 주사제를 흡수하는 것과 같은 수준으로 영감을 받은 그 말들을 받아들였다. 뇌를 거치지 않고 바로 혈관으로 들어간 그 주사 바늘처럼 말이다. 내가 훗날 내 인생을 형성한 하나님의 말씀으로 인정하고 존경하게 된 대부분의 것들, 즉 그 일상적 어조, 세상 모든 것을 포함하는 이야기, 이 땅에 속한 시, 인격적이고 신앙심 깊은 참여는 그 번역에서 상실되었다.

그러나 필립스는 나에게 **읽을 수 있는** 성경을 주었다. 나는 그것을 읽고, 읽고, 또 읽었다. 그는 내게 단지 성경의 말이 아니라 성경의 세계를 소개해 주었다. 그는 성경의 놀라운 문장 속에 나를 잠기게 했고, 은유의 힘을 느끼도록 도와주었다. 자신의 번역 경험을 설명하면서 그는 자신이 종종 "'주요 전원은 차단하지' 못하는 상태에서 오래된 집의 배선 공사를 하는 전기 기사와 같은 느낌을 받았다"라고 했다.[36] 훗날 나는 필립스의 번역을 읽은 첫 독자들은 그가 목회를 하던 런던 교구의 내 또래 청소년들이었다는 사실을 알게 되었다. 번역은 그에게 목회의 행위였는데, 자신이 사역하던 런던 청소년들이 사용하는 언어의 세계로 성경의 언어를 전달하고자 하는 그의 시도였다. 머지않아 그 번역은 대서양을 건너 서쪽에 있는 몬태나까지 와서 나와 내 친구들이 사는 언어의 세계 속으로 들어왔다. 그 후 필립스는 신약 성경의 나머지 부분과 구약 성경 첫 회분의 번역을 이어서 계속했는데, 나는 탐욕스러울 정도로 새로 나오는 번역들을 사서 읽었다. 각각의 번역본은 '성경적'인 것에 대한 내 감각과 참여를 확장시켜 주고 깊어지게 했다. 그 '성경적'인 것은 해독하고 풀어야 하는 외딴 세계가 아니라 그 안에서 살아갈 수 있는 가까운 세계였다.

나는 계속해서 읽었다. 몇 년 후 나는 히브리어와 헬라어로 성경을 읽고 있었고, 필립스가 소개해 준 직접성, 그 편안함이 성경이 처음 기록되고 읽힌 그 문체와 어조에서 확인된다는 것을 발견했다. 그리고 그 문체와 어조가 나와 동시대에 살고 있는 사람들에게 전달될 수 있는 유일한 방법은 의역을 통해서라는 것도 알게 되었다. 이 목사 번역가 덕분에 성경 텍스트는 나를 작고 비좁은 텍스트 '해독'의 세계에서 벗어나 텍스트가 증언하는 하나님의 계시라는 크고 거대한 세계로 들어가게 해주었다. 나에게 '성경적'이라는 말은 이 세상에서 살고, 상상하고, 믿고, 사랑하고, 대화하는 것을 의미하게 되었다. 즉 (길거리에서 쓰는 일상 언어로 말씀하신) 예수님 안에서 완전하게 표현되었고 내가 성경의 구약과 신약을 통해서 접근할 수 있게 된, 정확하게 드러나고 풍성하게 유기적인 상황 속에서 사는 것을 의미하게 되었다. 그것은 교의나 관습을 증명하거나 입증하기 위해서 본문을 끼워맞추는 것을 의미하지 않았다. '성경적'이라는 말은 더 이상 단순히 성경을 언급하거나 성경을 통해서 내 입장을 증명하는 것을 의미하지 않게 되었다. 그것은 하나의 세계, 즉 '성경 안에 있는 낯설고 새로운 세계'(바르트)를 일컫는 것이 되었다. 그 안에서 일어나는 대부분의 일이 눈에 보이지 않지만 눈에 보이는 효과를 나타내는 세계, 내가 전적으로 참여하는, **연루되어 있는** 세계 말이다.

돌이켜 생각해 보면, 필립스는 자신의 번역이라는 수단을 통해서 나를 하나님의 계시의 세계로 초대하고 그 안에서 편안한 느낌을 가지게 해주었을 뿐만 아니라, 그렇게 하는 방법도 보여 주었다는 것을 깨닫게 된다. 그로부터 60년 후 「메시지」라는 열매로 거두게 될 씨앗을 그가 뿌렸던 것이다.

나를 위해 이루어진 그 일을, 나도 다른 사람들을 위해서 하고 싶다는 생각이 들었다. 그러니까 성경을 **살아낼 수 있다**는 것, 즉 하나님의 말씀은 초대하고, 명령하고, 도전하고, 꾸짖고, 심판하고, 위로하고, 지시하는 인격적인 요청이라는 것을 사람들에게 보여 주기 위해서 내가 할 수 있는 것은 다 하고 싶었다. 그러나 성경은 강제적이지 않다. 강요하지 않는다. 이 성경의 지면 속에서 우리에게는 대답할 수 있는, 대화에 참여할 수 있는 공간과 자유가 주어졌다. 그 무엇보다도 성경은 하나님의 일과 언어에 참여하도록 우리를 초대한다.

나는 읽는 말씀과 사는 말씀 사이의 유기적인 연관성을 내 친구들이 보도록 돕고 싶었다. 나는 예루살렘의 길거리 언어("우리는 디트로이트에서 왔어요!")를 미국의 길거리로 가져오고 싶었다. 나는 미국 영어의 구문론과 어법이라는 수단을 통해서 이 책에 나오는 모든 것을 살아낼 수 있다는 것을 말하고 싶었다. 즉 가장 중요한 질문은 "그것이 무엇이라 말하는가?"가 아니라 "그것이 의미하는 바는 무엇이며 나는 어떻게 그것을 살 수 있는가?"라는 것임을 알리고 싶었다. 나는 비인격적으로가 아니라 인격적으로 읽는 사람, 단지 자신의 삶의 수준을 높이는 데 사용할 수 있는 정보를 얻기 위해서가 아니라 진정한 자기 자신을 살기 위해서 성경 읽기를 배우는 사람들의 무리를 모으고 싶었다. 나는 성경을 스스로 자기 자신의 신이 될 수 있는 종교적인 자료를 모으는 수단으로 이용하고, 하나님의 말씀을 듣고 순종할 준비가 된 태도를 저버리는 소비자의 방식에 대항하고 싶었다. 우리가 자기 자신에게만 몰두하는 것에서 벗어나 하나님이 이 세상의 구원을 이루어 가시는 그 광활한 자유로 들어가게 하고 싶었다. 나는 어떻게든 그 원래의 어조, 자신의 진짜 인생과 연결되게 해주는 아름다움과 소망에 대해 깨어 있도록 우리를 찔러 일깨우는 그 선지자적이고 복음적인 '음성'을 회복하고 싶었다.

   나는 우선은 나 자신을 위해서 그것을 바랐고, 그 다음에는 내 공동체와 「메시지」를 읽고 듣는 모든 사람을 위해서 그것을 바랐다. 그러나 나는 또한 나 홀로 그러한 일을 하고 있는 것이 아님을 의식하고 있다. 나보다 앞서서 많은, 정말로 많은 사람들이 그 일을 했다. 그리고 더 많은 사람들이 이 일을 계속해 나갈 것이다. 번역은 복합적인 차원에서 일어나는 일이다. 연구 성경, 참조 성경, 초기 번역의 개정, 공식 예배에 더 적합한 번역 등 공식적인 언어에서부터 구어체의 언어에 이르기까지 다양한 스펙트럼을 따라서 번역이 이루어진다. 모든 번역이, 아니 적어도 대부분의 번역이 읽고 예배하는 기독교 공동체에 유용하다. 「메시지」는 우리 미국 문화의 특수한 배경과 시대로부터 나온 것이며 현재 나와 있는 탁월한 번역본들을 대체하기보다는 그것들을 보충하기 위한 것이다. 나는 내가 거대한 무리의 번역가들 틈에 있음을 예민하게 의식하고 있다. 교실에서 가르치는 선생들, 설교단에서 설교하는 목사들, 저녁 식탁에 둘러앉은 부모들, 세계 곳

곳의 언어로 글을 쓰는 작가들, 일터에서 그리고 상상할 수 없이 다양한 사회적인 모임에서 활동하는 세례 받은 그리스도인들, 우리 모두가 똑같은 일을 하고 있다. 우리는 하나님의 말씀을 번역하는 일에 협력하는 사람들이며, 이 텍스트를 읽고 난 다음에는 그것을 살아내는, 그 책을 먹는 사람들이며, 그 다음에는 이 성경을 우리가 살고 있는 거리에서 듣는 있는 그대로의 언어로 옮기는 사람들이다.

부록
영적 독서에 대한 책을 쓴 작가들

우리 대부분이 책을 쉽게 읽기 때문에 독서가 가지고 있는 엄청난 어려움을 모른다. 우리는 보통 학교 교육을 시작하고 처음 3년에서 4년 안에 독서의 기초를 습득한다. 우리가 글을 읽을 줄 알아야 한다고 사회가 강력하게 주장하는 것이다. 우리 모두가 일찍부터 읽는 법을 확실히 터득시키기 위해서 선생님들 한 부대가 모집되고 유지되며, 학교가 세워지고 교실이 꾸며진다. 독서는 우리 자신을 위해서만 필요한 것이 아니다. 우리 민족을 위해서도 필요한 것이다. 적어도 이 문제에서만큼은 학부모와 정부가 모두 동의한다. 따라서 우리가 책임 있는 시민의 구실을 할 준비가 되도록 적절한 독서 기술이 일상적으로 가르쳐진다. 대부분의 사람들은 신문, 지침서, 도로 표지판, 4단 연재 만화, 최신 소설, 연애 편지, 송장, 컴퓨터 화면 등을 읽을 수 있으며, 그것만으로도 이 세상에서 제법 잘 살아간다.

그러나 우리에게 읽는 것을 가르치기 위해서 우리 사회가 들이는 돈과 시간에도 불구하고 **어떻게** 읽어야 하는지를 가르치는 것에 대해서는 아무도 별 관심도 가지지 않고 힘을 쏟지도 않는다. 우리 선조들에게 독서는 지혜를 추구하는 것, 성숙한 사람이 되는 것을 포함하는 행위였다. 우리의 경우 독서는 질문에 대답하거나 일을 처리하기 위한 정보를 얻어내는 수단이기가 쉽다. 영적 독서가 정보를 경멸하는 것은 아니지만, 그 목표는 지혜다. 즉, 단지 인생에 대한 어떤 사실들을 알거나 타이어 교체하는 법을 아는 것이 아니라 진실하고 선해**지는 것**이 그 목표다.

정보에 걸신 들린 우리 세계에서 영적인 독서는 거의 언급되지 않는다. 정보의 혹은 기능의 영역으로 축소되어 버린 말의 범람에 휩쓸려 질식당하는 것을 막기 위해서 나는 상당한 도움이 필요함을 자주 느낀다. 내가 믿을 만하고 건실한 동료라고 확신하게 된 일곱 명의 작가들을 여기에 소개한다.

칼 바르트, 「교회 교의학」(*Church Dogmatics*, 대한기독교서회 역간), 1권: **「하나님의 말씀에 관한 교리」**(*The Doctrine of the Word of God*), 1부.

그리스도인들은 성경을 단순히 도서관 서가에서 뽑아든 또 하나의 책이 아니라, 바로 계시로서, 그러니까 하나님이 우리에게 자신을 계시하신 것으로서 읽는다. 그러한 읽기는 우리가 읽는 방식에 대해 대대적으로 재검토하고 새롭게 상상할 것을 요구한다. 우리가 날마다 주고받는 대화에서 쓰는 것과 똑같은 말이 어떻게 하나님을 우리에게 계시해 주는 말로도 사용될 수 있단 말인가? 바르트가 훌륭하게 표현한 문장대로, 어떻게 "말의 주님께서 우리가 그 말을 듣는 것의 주님이 되시기도 한단 말인가?" 즉, 어떻게 하나님은 선지자와 사도들이 그 계시를 기록할 때처럼 우리가 그 계시를 읽을 때에도 활동하신단 말인가? 이 책은 두꺼운 책(560면)이기는 하지만, 적절한 것을 찾기 위해서 책을 읽도록 훈련받은 실용적이고 미국화된 방식을 하나님의 말씀을 받아들이는 독서법으로 바꾸기 위해서는 오랜 시간을 들여 여러 번 반복하고 다시 읽을 필요가 있다. 적어도 나의 경우는 그렇다(Edinburgh: T & T. Clark, 1936).

이반 일리히, 「텍스트의 포도원에서」(*In the Vineyard of the Text*).

영성 신학의 분야에서 매우 영향력 있는 인물 중 하나인 성 빅토르의 휴(Hugh of St. Victor)는 1150년경에 영적 독서의 기술에 대한 첫 번째 책을 썼는데(*the Didascalion*), 거기에서 그는 영적 독서를, 세밀하게 얽혀 있으면서 포괄적인 금욕의 훈련으로 다루었다. 그 책을 주해한 이반 일리히의 책은 영적 독서의 훈련에 깊숙이 박혀 있는 통찰, 조언, 그리고 긴급함에 관한 탁월한 보고다(Chicago: University of Chicago Press, 1996).

오스틴 패러, 「**비전의 유리**」(*The Glass of Vision*).

그리스도인들은 성경에 기록된 하나님의 계시가 어떻게든 성령의 영감을 받았다고 믿기 때문에 그것을 읽는다. 우리가 가진 성경은 단순히 하나님에 대한 정보만 전달해 주는 것이 아니라, 그것을 제대로 받기만 한다면, 우리 안에 초자연적으로 역사하시는 하나님의 말씀 자체가 된다. 하지만 그것은 정확하게 무엇을 의미하는가? 어떻게 그러한 일이 일어나는가? 영감에 대한 이론은 결코 부족하지 않다. 패러는 대부분의 사람들보다 더 많은 상상력을 가지고 그 '어떻게'를 조사해 가면서, 우리를 단순히 영감에 대해서 이야기하거나 그것을 따르는 사람들이 아니라 우리를 그 영감에 포함시키는 참여자의 이미지를 제공하면서 그 작업을 해 나간다(Westminster: Dacre, 1948).

노스롭 프라이, 「**성서와 문학**」(*The Great Code: The Bible and Literature*, 숭실대학교출판부).

성경이 기록된 **방식**, 즉 단어가 사용된 방식, 문장이 구성된 방식, 시가 지어진 방식은 기록된 **내용**에 못지않은 텍스트의 일부다. 이는 성경이 추상적인 진리가 아니라는 뜻이다. 삼위일체의 교리, 예수님 안에서 육신이 되신 말씀, 그리고 다윗의 생애는 뉘앙스와 아름다움, 놀람과 준엄함이 가득한 언어를 사용해서, 그리고 하나님의 계시를 증언하는 이 일에 연관된 증언과 상상력의 온갖 범주를 아우르는 언어를 사용해서 독특한 방식으로 기록이 되었다. 우리가 좇는 것이 다만 신학적 사상과 구원의 사실들뿐이라면, 우리는 성경의 모든 지면에 드러난 풍성함과 복합성을 놓치게 된다. 노스롭 프라이는 성경의 언어와 관련된 모든 문제에서 비길 데 없이 뛰어난 선생이며, '우리와 우리의 구원을 위해서' 그것이 기록된 방식을 더 깊이 이해하고 받아들이게 해준다(New York: Harcourt Brace Jovanovich, 1982).

폴 리쾨르, 「성경 해석에 대한 에세이」(*Essays on Biblical Interpretation*).

성경을 읽고 기도하고, 가르치고 설교하고, 이해하고 살기 시작하는 그 순간부터 우리는 매우 비호의적인 조건 속에 우리가 빠져들어 있음을 발견하게 된다. 과도한 칭송을 받는 우리의 커뮤니케이션 기술은 체계적으로 언어를 탈인격화하고 축소시킨다. 이 말은 그것이 끊임없이 문자로부터 영혼을 없애 버린다는 뜻이다. 그것은 우리 시대의 가장 두드러진 특징 중 하나다. 어떻게 해야 우리가 언어의 생명력을 되찾고, 그것이 원래 가지고 있는 정확하게 **계시적인** 성질, 영혼을 계시하고 하나님을 계시하는 성질에 대한 민감성을 회복할 수 있겠는가? 많은 이들에게 폴 리쾨르는 이 시대의 해로운 세속적 영혼에 대항해서 텍스트를 해석하는('해석학'이라는 분과) 힘겨운 작업의 최고 스승이다(Lewis S. Mudge 편집, Philadelphia: Fortress, 1980).

조지 스타이너, 「**진정한 임재**」(*Real Presences*).
우리는 언어가 얄팍하고 평면적인 주석 판처럼 납작하게 눌려진 채 모든 초월성이 짜내어져 버린 무자비할 정도로 세속화된 시대에 살고 있다. 말은 '단순히' 말일 뿐이며, 하나님은 고사하고 영혼과 임재도 전달하지 못하는 한 숨의 공기일 뿐이다. 만약에 우리 시대의 이러한 생각이 옳다면, 성경을 포함해서 우리가 읽는 그 어떤 것도 지면의 잉크를 넘어서는 의미를 전달하지 못한다. 스타이너는 그 반대의 것을 열렬하게 주장하는데, 즉 의미는 모든 언어에 내재하는 것이며, 언어는 하나님의 임재라는 가정하에서 쓰인다고 그는 주장한다. 이것이 우리가 듣고 읽는 방식에 대해서 암시하는 바는 엄청나다. **영적** 독서의 회복과 훈련은 모든 면에서 긴급한 것이지만 특히 우리의 성경 읽기에 더욱더 긴급하게 필요한 것이다(Chicago: University of Chicago Press, 1989).

C. S. 루이스, 「**비평에서의 실험**」(*An Experiment in Criticism*, 동문선).
루이스의 마지막 저술로서 그의 생애 말기에 출판된 이 책은, 나와 같은 세대의 참으로 많은 사람들에게 상상력을 가지고 정확하고도 진지하게 읽을 것을 가르쳐 준 저자가 할 법한 최후의 말이다. 루이스가 쓰고 읽은 사실상 모든 책이 그에게는 실재, 즉 인간의 실재와 하나님의 실재로 들어가는 길이었다. 평생의 독서를 통해 축적되었고 지혜로 추출된 그의 지성은 그가 우리에게 남긴 마지막 유산이다(Cambridge: Cambridge University Press, 1992, Canto edition; first published in 1961).

주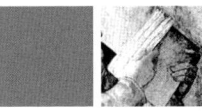

1 _ 험난한 영적 독서 훈련

1) A. Negoita, *Theological Dictionary of the Old Testament*, ed. G Johannes Botterweck and Helmer Ringgren (Grand Rapids: Eerdmans, 1978), vol. 3, p. 321.
2) Baron Friedrich von Hügel, *Selected Letters* (New York: E. P. Dutton, 1927), p. 229.
3) Rainer Maria Rilke, *The Notebooks of Malte Laurids Brigge*, trans. M. D. Herter (New York: W. W. Norton, 1954), p. 201. 「말테의 수기」.
4) George Steiner, *Grammars of Creation* (New Haven: Yale University Press, 2001), p. 269에 인용됨.
5) Karl Barth, *The Word of God and the Word of Man* [Gloucester, Mass.: Peter Smith, 1978(first published in 1928)], pp. 28-50.
6) Walker Percy, *The Message in the Bottle* (New York: Farrar, Straus and Giroux, 1975), pp. 119-149.

7) John Updike, *More Matter*(New York: Alfred A. Knopf, 1999), pp. 843, 851.

8) George Steiner, *Language and Silence*(New York: Atheneum, 1970), p. 67에 인용됨.

9) Wendell Berry, *Collected Poems 1957-1982*(San Francisco: North Point, 1985), p. 121.

10) Austin Farrer, *The Glass of Vision*(Westminster: Dacre, 1948), p. 36.

11) 이 '험난한' 훈련과 연관된 자세한 내용은 제2부에서 상세하게 설명할 것이다.

2 _ 성경을 먹는 거룩한 공동체

1) Ronald Knox, *Enthusiasm*[(New York: Oxford University Press, 1961(first published in 1950)]을 보라.

2) James Houston은 *The Act of Bible Reading*, ed. Elmer Dyck (Downers Grove, Ill.: InterVarsity, 1996), pp. 148-173에서 이 '에너지와 지성과 기도'에 대해 설명하고 있다.

3 _ 텍스트로서의 성경: 하나님이 계시하는 것 배우기

1) Karl Barth는 '존재 혹은 실존의 양태'라는 용어를 선호한다. "하나님은 성부, 성자, 성령이라는 세 가지 양태로 존재하는 한분이시다." 그의 *Church Dogmatics*, vol. 1: *The Doctrine of the Word of God* (Edinburgh: T. & T. Clark, 1936), part 1, p. 413를 보라.「교회 교의학」(대한기독교서회).

2) C. S. Lewis, *An Experiment in Criticism* (Cambridge: University Press, 1961), p. 88. Lewis는 또한 다음의 예를 제시하고 있다. "[수용하는] 사람은…마치 자신은 아직 한 번도 가 보지 못한 길을 아는 어떤

사람이 태워 주는 자전거를 타는 것과 같다. [사용하는] 사람은 자신의 자전거에다가 자그마한 모터를 하나 달고 자신에게 익숙한 길로 자전거를 타고 가는 것과 같다."

4 _ 형식으로서의 성경: 예수님의 방식 따르기

1) Wendell Berry, *Collected Poems* (San Francisco: North Point, 1985), pp. 190-191.
2) Erich Auerbach, *Mimesis* (Princeton, N. J.: Princeton University Press, 1953), p. 15. 「미메시스」(민음사).
3) Henry David Thoreau, *Walden* (New York: New American Library, 1960), p. 7. 「월든」(이레).
4) Hans Urs von Balthasar, *The Glory of the Lord*, vol. 1: *Seeing the Form*, trans. Erasmo Leiva-Merikakis (San Francisco: Ignatius, 1983), p. 151.
5) von Balthasar, *The Glory of the Lord*, p. 550.
6) Walter Brueggemann, *Theology of the Old testament* (Minneapolis: Fortress, 1997), p. 206. 「구약 신학」(CLC).
7) (3장에서 지적한 것처럼) 포괄적이고 통일성 있는 세 위격인 성삼위일체에서 비롯되는 임재와 우리가 성서에서 보게 되는 내러티브 형식에는 일관성이 있다. Dorothy Sayers는 *The Mind of the Maker* (San Francisco: Harper and Row, 1941)에서 이것에 대해 대단한 통찰력을 보여 주고 있다.
8) Northrop Frye, *The Great Code* (New York: Harcourt Brace Jovanovich, 1982), pp. 208-209. 「성서와 문학」(숭실대학교출판부).
9) *The Westminster Confession* I. vii. 「웨스트민스터 신앙고백서」(영음사).
10) Hans Urs Balthasar, *Prayer*, trans. A. V. Littledale (London: Geoffrey Chapman, 1963), p. 179.

11) Ellen Goodman, in *The Baltimore Sun*, June 15, 1979.
12) *Take and Read*(Grand Rapids: Eerdmans, 1996) 15장에서 내가 높이 평가하는 몇몇 주석서들을 제안했다.
13) Robert Browning, *The Poems and Plays* (New York: Modern Library, 1934), p. 169.
14) Marianne Moore, *The Complete Poems* (New York: Macmillan, 1967), p. 84.

5 _ 대본으로서의 성경: 성령 안에서 우리의 역할 해내기

1) G. K. Chesterton, *Orthodoxy* (New York: Image, 1959), p. 61. 「정통」(상상북스).
2) Artur Weiser의 평이 전형적이다. "여러 색채의 모자이크 같은 사고가 종종 지루하게 반복되고 있다." *The Psalms* (Philadelphia: Westminster, 1962), p. 739. 「시편」(한국신학연구소).
3) *Dietrich Bonhoeffer: Meditating on the Word*, ed. David McI. Grace(Cambridge, Mass.: Cowley, 1986), pp. 13-14.
4) Walter Brueggemann, *Theology of the Old Testament*(Minneapolis: Fortress, 1997), p.3.
5) Mark Coleridge, "Life in the Crypt or Why Bother with Biblical Studies", *Biblical Interpretation* 2(July 1994): 148.
6) Brueggemann, *Theology of the Old Testament*, p. 55.
7) Paul Ricoeur, *The Symbolism of Evil* (Boston: Beacon, 1967), p. 351. 「악의 상징」(문학과 지성사).
8) John Calvin, *Institutes of the Christian Religion*, ed. John T. McNeill, trans. Ford Lewis Battles (Philadelphia: Westminster, 1960), vol. 1, chap. 6, section 2. 「기독교 강요」(크리스챤다이제스트).
9) Frances Young, *Virtuoso Theology*(Cleveland: Pilgrim, 1993), p. 21.
10) Young, *Virtuoso Theology*, p.22. '연주'의 유비는 Nicholas Lash,

"Performing the Scriptures", in *Theology on the way to Emmaus* (London: SCM, 1986) 그리고 Brian Jenner, "Music to the Sinner's Ear?" *Epworth Review* 16 (1989): 35-38 에서도 효과적으로 사용되었다.

11) Alasdair MacIntyre, *After Virtue* (Notre Dame: University of Notre Dame Press, 1981), p. 216. 「덕의 상실」(문예).

6 _ '독자여, 주의하라'

1) AV, RSV, NIV 모두가 누가의 *pōs*를 문자 그대로 '어떻게'로 번역하고 있다. NRSV가 이것을 '무엇'으로 번역한 것은 유감인데, 그 번역이 내용의 본질을 모호하게 만들고 있다.

2) James Barr는 이 점을 열렬하게 주장하는데, 성경에서 우리에게 주어진 말은 기본적으로 구두의 성질을 가진다는 것을 개인적으로 깨달아야 한다고 강조한다. "우리가 '성경 시대'라고 부르는 시대에는 아직 성경이 없었다. 성경에 나오는 사람들은 결과적으로 성경이 탄생하는 과정에 참여하기는 했지만 정작 그들 자신은 성경이 없었다.…성경 시대는 성경이 아직 존재하지 않던 시대다.…" 그가 쓴 *Holy Scripture* (Philadelphia: Westminster, 1983), pp. 1-2.

3) Walter Ong, S. J., *The Presence of the Word* (New Haven: Yale University Press, 1967), p. 19.

7 _ "주께서 나를 위해 귀를 파셨으니"

1) 독서를 삶으로 형성하려는 의도를 가지고 1,000년 전부터 행해 온 이 '렉치오 디비나'라는 고전적 형식은 유럽의 수사 Guigo the Second가 12세기에 창안한 것이었다. 이 연습에 대한 그의 많은 묘사들 중에서도 다음이 특징적이다. "독서는 단단한 음식을 우리의 입 안에 집어넣고, 묵상은 그것을 씹어서 작게 만들고, 기도는 그 음식의 맛을 흡수하

고, 관상은 우리를 기쁘고 상쾌하게 해주는 그 달콤함 자체다." Simon Tugwell, O. P.가 *Ways of Imperfection* (Springfield, Ill.: Templegate, 1985), p. 94에 인용하고 주해함.

2) T. S. Eliot, "The Dry Salvages", *The Complete Poems and Plays* (New York: Harcourt, Brace, and Co., 1985), p. 136.

3) Sandra M. Schneiders, *The Revelatory Text* (San Francisco: HarperSanFrancisco, 1991), p. 29.

4) Denise Levertov, *The Stream and the Sapphire* (New York: New Directions, 1997), p. 31.

5) Northrop Frye는 *The Educated Imagination*(Bloomington: Indiana University Press, 1964), pp. 30-32에서 Stevens를 인용하고 그에 대해 논의하고 있다.

6) Wendell Berry, *A Continuous Harmony* (New York: Harcourt Brace Jovanovich, 1972), p. 12.

7) Ivan Illich and Barry Sanders, *The Alphabetization of the Popular Mind*(New York Vintage, 1988), p. 24.

8) "Phaedrus", in *The Dialogues of Plato*, trans. Benjamin Jowett (New York: Random House, 1937, first published 1892), vol. 1, pp. 277-282.

9) Northrop Frye, *The Great Code: The Bible and Literature* (New York: Harcourt Brace Jovanovich, 1982), p. 22.

10) J. Knox, "Sibyline Oracles", *Interpreter's Dictionary of the Bible* (New York: Abingdon, 1962), vol. 4, p. 343.

11) Warren Wiersbe, *Leadership Journal*(spring 1983): 23.

12) G. K. Chesterton, *The Father Brown Stories*(1929). 「브라운 신부」 (북하우스).

13) P. T. Forsyth, *The Soul of Prayer*(London: Independent Press, 1916), p. 46.「영혼의 기도」(복있는사람).

14) "성경에 나타난 하나님 이해의 모델은 지적인 과정이기보다는, 사람

들이 자신의 하나님과 씨름하거나 하나님을 놓고 서로 씨름한 개인적 갈등의 산물이었다. 구약의 용어로 그것은 *ribb* 혹은 논쟁이었는데, 그 논쟁은 사람들의 관심을 모아 그들에게 교훈을 주었다. 하나님에 대한 성경적 그림에 왜곡이 있다면, 그것은 부적절한 비전뿐만 아니라 하나님의 진리 혹은 다른 사람들이 얻은 통찰에 대한 인간의 저항 때문이기도 하다." James Barr, *The Bible in the Modern World* (London: SCM, 1973), p. 119.

15) Artur Weiser, *The Psalms* (Philadelphia: Westminster, 1962), pp. 19-20에 인용됨.

16) "우리는 말을 해석하는 문제를, 그것의 의미를 알고 어떤 합리적인 질서를 생각 속에서 그 의미들을 연결시키는 문제라고 생각하는 경우가 많다. 그러나 실제로는 그렇지가 않다. 그것은 심지어 우리가 그 말의 의미를 알 때조차도 그 말과 우리의 관계가 어떠해야 하는지를 매 순간에 결정하는 일이다." Denis Donoghue, *Ferocious Alphabets* (Boston: Little, Brown, 1976), p. 14.

17) Teresa of Ávila, *A Life of Prayer*, abridged and edited by James M. Houston (Portland: Multnomah Press, 1983), p. xxvii. 「기도의 삶」 (크리스챤다이제스트).

18) Julian Green, *Diaries* (New York: Macmillan, 1955), p. 101.

19) Hans Urs von Balthasar, *Prayer*, trans. A. V. Littledale (London: Geoffrey Chapman, 1963), p. 111.

20) Kathleen Norris, *The Quotidian Mysteries* (New York: Paulist, 1998), pp. 1, 70.

21) Denise Levertov, *The Poet in the World* (New York: New Directions, 1973), p. 8, 저자 강조.

22) 이러한 결심을 하는 사람은 나뿐만이 아니다. 말씀과 그것이 의미하는 모든 것을, 이 세상에서 차지하는 자리와 상관없이 모든 그리스도인이 접할 수 있는 것으로 만들고자 결심하는 사람들이 늘어나고 있다. 나의 경우, 가장 명백하고도 포괄적인 증언을 Hans Urs von

Balthasar로부터 얻고 있는데 그의 책 *Prayer*에서 그것을 확인할 수 있다.

23) Saul Bellow가 *It All Adds Up*(New York: Penguin, 1995), pp. 88-89에 나오는 자신의 1976년 Nobel Lecture에서 인용했다.

24) Rowan Williams, *Christian Spirituality*(Atlanta: John Knox, 1980), p. 134에 인용됨. 「기독교 영성 입문」(은성).

25) Denis Donoghue, *The Ordinary Universe*(New York: Macmillan, 1968), p. 182.

26) Andrew Louth, *The Origins of the Christian Mystical Tradition* (Oxford: Clarendon, 1981), p. 14.

27) Rowan Williams가 Augustine을 논의하면서 한 말. *Christian Spirituality*, p. 74.

28) 이것에 대한 정확하고 강력한 설명을 위해서는 Virginia Stem Owens, *The Total Image*(Grand Rapids: Eerdmans, 1980), 특히 pp. 39-61를 보라.

8 _ 하나님의 비서들

1) 신약 성경의 헬라어 텍스트와 그것의 많은 번역본들이 '히브리어'라고 언급할 때에는 히브리어의 자매어인 '아람어'를 일컫는 것이 거의 확실하다.

2) 예수님이 돈을 언급하며 사용하신 '맘몬'(*mammon*, '사람이 신뢰를 두는 대상'이라는 뜻으로서, '아멘'과 어원이 같다)도 아마 아람어일 것이다. 만약에 이 단어도 포함시킨다면 총 개수는 22개가 될 것이다.

3) Emil Schurer, *The History of the Jewish People in the Age of Jesus Christ*, revised by Geza Vermes, Fergus Millar, and Matthew Black (Edinburgh: T & T Clark, 1979), vol. 2, pp. 22-23.

4) 에스라-느헤미야의 연표에 대해서는 학자들이 많은 논쟁과 토론을 벌여 왔다. 우리는 대략 이 두 사람의 활동 시기를 주전 450년에서 425년

사이에 놓을 수 있을 것이다. 이것은 바벨론 유수에서 1차로 귀환한 사람들의 시대로부터 대략 100년 이후의 시기다. I . W. Provan, V. P. Long, 그리고 T. Longman III, *A Biblical History of Israel*(Louisville: Westminster/John knox, 2003), pp. 285-303를 보라.

5) 오늘날 이와 같은 복합적이고 포괄적인 해석 작업에 많은 관심이 모이고 있다. "해석학"이 바로 그 교과의 제목이다. 이것에 대한 충분한 설명을 위해서는 Anthony Thiselton, *The Two Horizons* (Grand Rapids: Eerdmans, 1980) 그리고 Paul Ricoeur, *Essays in Biblical Interpretation* (Philadelphia: Fortress, 1980)를 보라.「두 지평」(총신대학교출판부).

6) 아람어 번역은 여러 세기 동안 대체로 구두 번역에 머물러 있었다. 그러나 결국에는 문자로도 번역이 이루어졌다. 이 번역 과정의 절정은 주후 5세기에 바벨론에서 랍비의 공식 아람어 번역본 타르굼밈 (Targumim, '번역')이 탄생한 일이다. F. F. Bruce, *The Books and the Parchments*, revised ed. (London: Marshall Pickering, 1991), pp. 123-135를 보라.

7) *A Greek-English Lexicon of the New Testament and Other Early Christian Literature*, third English ed., revised and edited by Frederick William Danker (Chicago: University of Chicago Press, 2001), p. xxii.

8) 설형문자 비문인 고레스의 기둥(Cyrus Cylinder)에 놀랍도록 잘 기록되어 있다. 그 비문의 번역은 *Ancient Near Eastern Texts*, ed. James Pritchard (Princeton, N. J.: Princeton University Press, 1955), p. 316에 실려 있다.

9) Letter of Aristeas는 모세가 쓴 다섯 권의 책인 토라의 번역에 대해서만 언급하고 있다. 나머지 구약 성경은 그 후 100여 년에 걸쳐서 조금씩 이루어졌다. 그리하여 기독교 시대가 시작될 무렵에는 히브리어 성경 전체가 헬라어 번역으로 완성되어 있었다.

10) C. K. Barrett, ed., *The New Testament Background: Selected*

Documents, revised ed. (London: SPCK, 1987), p. 294에 인용됨.
11) George Steiner, *After Babel* (New York: Oxford University Press, 1975).
12) 1604년부터 1611년까지 7년 동안 흠정역 성경을 번역한 50여 명의 학자들과 목사들, 그 한 무리의 번역가들의 작업에 대한 Adam Nicolson의 책 제목이다(New York: HarperCollins, 2003).
13) *Traveling Light: Modern Meditations on St. Paul's Letter of Freedom* (Colorado Springs: Helmers and Howard, 1988; first published as *Traveling Light: Reflections on the Free Life*, by InterVarsity Press, 1982, 「자유」(한국 IVP).
14) David Daniell, *The Bible in English: Its History and Influence* (New Haven: Yale University Press, 2003), pp. 764-765.

9 _ 메시지

1) Adam Nicolson, *God's Secretaries* (New York: HarperCollins, 2003), p. 188.
2) 개정은 1881년(RV)과 1901년(ASV)에 이루어졌다. 1954년의 RSV와 1989년의 NRSV는 Tyndale-KJV의 전통을 유지했지만 또한 고대의 언어를 다루는 일에 더 많이 신경을 쓰면서 별도의 번역본으로 자기 이름을 가진, 갈수록 더 독립적인 번역본이 되기도 했다.
3) *A Greek-English Lexicon of the New Testament and Other Early Christian Literature*, third English ed., revised and edited by Frederick William Danker (Chicago: University of Chicago Press, 2001), p. v.
4) James Hope Moulton, *A Grammar of New Testament Greek*, 4 vols., third ed. (Edinburgh: T. & T. Clark, 1908), vol. 1 (Prolegomena), p. 3에서.
5) 그는 자신의 *Light from the Ancient East*, trans. Lionel Strachan,

fourth ed.(New York: George H. Doran, 1927: first ed., 1910)에서 이 이야기를 아주 자세하게 들려주고 있다.
6) Moulton, *Grammar*, p. 5.
7) C. F. D. Moule, *An Idiom-Book of New Testament Greek* (Cambridge: Cambridge University Press, 1959), p. 3
8) Moulton, *Grammar*, p. 242에 인용됨.
9) F. F. Bruce, *The Books of the Parchments*, revised ed. (London: Marshall Pickering, 1991), p. 55.
10) Dale C. Allison, *The Sermon on the Mount: Inspiring the Moral Imagination*(New York: Crossroad, 1999), p. 125.
11) *Origen: On Prayer*, trans. Rowan A. Greer(New York: Paulist, 1979), p. 141.
12) Werner Foerster in *Theological Dictionary of the New Testament*, ed. G Kittel, trans, G. W. Bromiley(Grand Rapids: Eerdmans, 1964), vol. 2, p. 591.
13) Deissmann, *Light from the Ancient East*, p. 78.
14) Hans Dieter Betz, *The Sermon on the Mount* (Minneapolis: Fortress, 1995), p. 399.
15) Deissmann, *Light From the Ancient East*, p. 100.
16) Peter Brown, *Augustine of Hippo* (Berkeley: University of California Press, 1969), p. 42. 「어거스틴 생애와 사상」(한국장로교출판사).
17) G. Ernest Wright, *The Old Testament against Its Environment* (Chicago: Alec R. Allenson, 1950)을 보라.
18) George Ernest Wright, *Biblical Archeology* (Philadelphia: Westminster, 1957), p. 117.
19) Gerhard von Rad, *Old Testament Theology*, vol. 1 (New York: Harper and Brothers, 1962), p. 27를 보라. 「구약 성서 신학」(분도).
20) James B. Pritchard, *Ancient Near Eastern Texts* (Princeton, N. J.:

Princeton University Press, 1955), pp. 129-142, 그리고 Theodor H. Gaster, Thespis: Ritual, Myth, and Drama in the Ancient Near East (Garden City, N. Y.: Anchor, 1961), pp. 153-244를 보라.
21) Moulton, *Grammar*, vol. 3(Syntax), p. 9.
22) Nicolson, *God's Secretaries*, p. 185에 인용됨.
23) Henry Zecher, "How One Man's Pen Changed the World", *Christianity Today*(October 2, 1983).
24) 컴퓨터에 기초한 실제 통계에 따르면, 신약 성경에서는 83퍼센트 그리고 구약 성경에서는 76퍼센트를 그대로 가져다 썼다. David Daniell, *The Bible in English: Its History and Influence* (New Haven: Yale University Press, 2003), p. 448.
25) Nicolson, *God's Secretaries*, pp. 211-212.
26) 교회와 이 세계는 성경을 '쟁기질 하는 소년'의 언어로 옮기는 Tyndale의 열정을 이어받을 번역가가 나오기까지 400년을 기다려야 했다. 스코틀랜드의 목사이자 교수인 James Moffatt은 최근에 발견된 파피루스에서 단서를 얻어 Tyndale 이후 처음으로 영어로 된 일상어 번역본을 우리 손에 쥐어 주었다. 신약 성경은 1913년에 나왔고, 성경 전체는 1926년에 나왔다.
27) 물론 그것이 전부 다 길거리에서 쓰는 일상 언어인 것은 아니다. 신약 성경의 히브리서는 우아하고 세련된 헬라어로 기록되어 있으며, 구약 성경의 이사야는 매우 절묘한 시로 기록되어 있다. 그 외에도 다른 많은 예외들이 있지만, 그것은 분명 **예외**이며, 대체로 성경은 보통 사람들의 언어로 기록되어 있다.
28) Sebastian Brock, "The Phenomenon of Biblical Translation in Antiquity", in *Studies in the Septuagint: Origins, Recensions, and Interpretations*, ed. Sidney Jellicoe (New York: KTAV, 1974).
29) John Ahern, "Vulgar Eloquence", *NY Times Review of Books* (January 1, 1995).
30) Nicolson, *God's Secretaries*, p. 181.

31) Nicolson, *God's Secretaries*, p. 195.
32) William Griffin, "In Praise of Paraphrase", *Books and Culture* 8, no. 5(Sept.-Oct. 2002).
33) Geroge Steiner, *Errata: An Examined Life* (New Haven: Yale University Press, 1997), p. 112.
34) Kwame Bediako, *Jesus in African Culture: A Ghanaian Perspective* (Accra: Presbyterian Press, 1990), pp. 43-44.
35) Joseph F. Graham, ed., *Difference in Translation* (Ithaca: Cornell University Press, 1985), pp. 188-202에 인용됨.
36) J. B. Phillips, *Letters to Young Churches: A Translation of the New Testament Epistles* (New York: Macmillan, 1953), p. ix.

인명 색인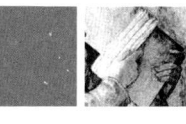

Agassiz, Louis 86
Alexander the Great 210, 211, 235, 236
Andrewes, Lancelot 246
Arndt, William 235
Augustine 250-251, 308, 311

Barr, James 305, 307
Barth, Karl 25-30, 121-122, 294-295
Bauer, Walter 209
Bediako, Kwame 285-286, 313
Ben-Moring, Alvin 115
Berry, Wendell 31, 75-76, 166, 302, 303, 306
Betz, Hans Dieter 248, 311
Bonaventure, St. 37

Bonhoeffer, Dietrich 117, 304
Brock, Sebastian 280, 312
Brown, Peter 250, 311
Browning, Robert 103, 304
Bruce, F. F. 242, 309, 311
Brueggemann, Walter 120, 303, 304

Calvin, John 126, 129, 130, 304
Chesterton, G. K. 114, 174, 304, 306
Conrad, Joseph 191, 310, 312

Daniell, David 224
Debrunner, Albert 246-247, 311
Deissmann, Adolf 240, 247
Derrida, Jacques 286

Donoghue, Denis 195, 307, 308
Dostoevsky, Fyodor 27

Eckhart, Meister 194
Eliot, George 103
Eliot, T. S. 25, 159, 306

Farrer, Austin 33, 153, 296, 302
Forsyth, P. T. 175, 306
Frye, Northrop 92, 169, 296-297, 303, 306

Gingrich, Wilfred 235
Goodman, Ellen 98
Green, Julian 185, 307
Grenfell, Bernard 235, 239
Griffin, William 284, 313
Guigo the Second 305

Heraclitus 171
Hunt, Arthur 235, 239, 306

Illich, Ivan 167, 295

Kafka, Franz 31, 32
Kraus, Karl 25

Levertov, Denise 164, 189, 306, 307
Lewis, C. S. 63, 298-299, 302
Lightfoot, Bishop 241
Longfellow, Henry Wadsworth 281

Luther, Martin 180, 221, 267, 283

MacIntyre, Alasdair 138, 305
Moffatt, James 312
Moore, Marianne 104-1005, 304
Moule, C. F. D. 241, 311
Moulton, James Hope 241, 266, 310

Nicolson, Adam 268, 310
Norris, Kathleen 188, 307

Ong, Walter 150, 305
Origen 246-248, 311

Paul, St. 30, 170, 194, 310
Percy, Walker 28, 301
Phillips, J. B. 286-289, 313
Philo of Alexandria 213
Plakados, Anthony 129
Plato 167, 168, 169, 236, 306
Ptolemy II 212-213

Ricoeur, Paul 125, 297, 304, 309
Rilke, Rainer Maria 24
Rosenzweig, Franz 199
Rothe, Richard 239

Sayers, Dorothy 303
Schneiders, Sandra 162, 306
Smyth, John 282-283
Steiner, George 214, 285, 298, 301, 302, 310, 313

Stevens, Wallace 165

Teresa of Ávila 184, 187, 307
Thoreau, Henry David 86, 303
Tyndale, William 266-267, 312

Updike, John 30, 302

Von Balthasar, Hans Urs 87, 89, 97, 187, 303, 307
Von Hügel, Baron Friedrich 22

Weiser, Artur 304, 307
Wiersbe, Warren 173, 306
Williams, William Carlos 195
Wittgenstein, Ludwig 139
Wright, George Ernest 257, 311

Young, Frances 137, 304

주제 색인

가나안 문화(Canaanite culture) 252-265
  신화의 형성(myth-making) 259-262
  어머니 신상(mother-goddess figurines) 257-258
  '엘'을 포함한 신의 이름(El and other god-words) 255-258
  주술적 행위(magical practices) 258
갈라디아서(Galatians, Paul's letter to the) 216-225
「거장의 신학」(Young, Virtuoso Theology) 137
계시(revelation). '텍스트로서의 성경'을 보라.
고레스(Cyrus) 202, 210

관상(contemplation, *contemplatio*) 186-197
  과 물질성/물리성(and the material/physical) 194-195
  관상의 삶 회복하기(rehabilitating the contemplative life) 186-193
  말씀과 관상하는 삶(the Word and life in) 193
기도(prayer, *oratio*) 175-186
  와 교사이신 예수님(and Jesus as teacher) 180-182
  와 시편(and the Psalms) 177-180
  와 하나님의 말씀(and the word of God) 175-177

느헤미야(Nehemiah) 204-208

대본으로서의 성경(scripture as script) 109-138
  거장의 영성과 성경 읽기/살기(virtuoso spirituality and reading/living the Scriptures) 137-138
  과 성경에 대한 문제 해결식 접근(and problem-solving approaches to the Bible) 119-121
  과 하나님의 말씀(and God's speech/language) 110-113
  과 해석학적 의심(and the "hermeneutics of suspicion") 124-125
  마음에 들지 않는 성경(and the uncongenial Bible) 115-121
  순종과 영적 독서(obedience and spiritual reading) 125-130
  예전적 읽기(reading liturgically) 130-137
  요한의 저작과 하나님의 말씀(the Johannine Scriptures and God's speech) 111-113
  자기 주권성에 대항하기(countering the self-sovereignty problem) 110
  참여적 독서(participatory reading) 121-125, 128
  책을 먹은 요한(and St. John's eating of the book) 116-121

「로마서 강해」(Barth, *Epistle to the Romans*) 26

묵상(meditation, *meditatio*) 167-175
  과 '하가'(and *hagah*) 21-22
  묵상의 정의(defining) 169-171
  시빌과 신탁(Sibyl and the Sibylline Oracles) 171-173
  쓰기와 기억(writing and memory) 167-169
"문법학자의 장례식"(Browning, A Grammarian's Funeral) 103
「미들마치」(Eliot, *Middlemarch*) 103

「바벨 이후」(*After Babel*) 214
바알과 가나안 신화(Baal and Canaanite mythology) 260-262

산상수훈(Sermon on the Mount) 243, 248
삼위일체(trinity)
  의 대체로서의 거룩한 주권적 자아(the divine sovereign self as replacement of) 64-70
  의 형성(formulation of) 55-60
  자기를 계시하시는 하나님의 인격적 음성으로서의 삼위일체(as personal voice of God

revealing himself) 55-60
'텍스트로서의 성경'도 보라.
성경 번역(translation of Scripture) 201-225, 227-292
  과 가나안 언어와 문화(and Canaanite language and culture) 252-265, 270-271
  과 문자적 원문(and the literal original) 282-286
  과 미국어(and American language) 214-225
  과 신성 모독의 위험(and the dangers of sacrilege) 229-231
  과 신약 시대의 헬라어(and Greek language in New Testament times) 235-239
  과 아람어(and Aramaic language) 202-208
  과 언어의 계시적 성격(and the revelatory quality of language) 227-228
  과 흠정역(and the King James Version) 233-234, 267-269
  과 히브리어에서 아람어로의 전환(and transition from Hebrew to Aramaic) 204-208
  과 히브리 성경의 헬라어 번역(and translation of the Hebrew Bible into greek) 208-214
  루터의 일상어 번역(Luther's colloquial German translation) 267
  베드로전서의 '목자장'("Chief shepherd" in First peter) 249-250
  옥시린쿠스 발굴이 성경 번역에 의미하는 바(Oxyrhynchus discoveries and implications for) 234-252, 370-371
  우가리트 발굴이 성경 번역에 의미하는 바(Ugarit discoveries and implications for) 255-265
  주기도문의 '에피우시온'(*epiousion* in the Lord's Prayer) 243-248
  틴데일의 일상어 번역(Tyndale's colloquial English translation) 266-267, 268-269
  해석으로서의 성경 번역(as interpretation/paraphrase) 286-289
「성경 안에 있는 낯선 신세계」(Barth, *The Strange New World within the Bible*) 27
성경에 나타난 은유(metaphor in Scripture) 160-167
성경의 명료함(perspicuity of Scripture) 96-97, 276
순종과 영적 독서(obedience and spiritual reading) 125-129
시빌과 신탁(Sibyl and the Sibylline Oracles) 171-172
시편(Psalms) 177-180
신성 모독(sacrilege) 229-231
"신앙의 시학"(Levertov, Poetics of

Faith) 164

아낫과 가나안 신화(Anath and Canaanite mythology) 261-262
아람어(Aramaic language) 202-208
「아리스테아스의 편지」(*The Letter of Aristeas*) 211-213
「어린 교회에 보내는 편지」(Phillips, *Letters to Young Churches*) 286-289
에스겔(Ezekiel) 49
에스라(Ezra) 204-208
'에피우시온'(*Epiousion*) 243-247
영적 독서(spiritual reading/lectio divina) 155-198
  쓰기와 구두 언어(writing and oral language) 167-169
  쓰기와 기억(writing and memory) 98-99
  와 관상(and contemplation) 186-197
  와 기도(and prayer) 175-186
  의 네 요소와 상호적 관계(the four elements and the relationship between them) 156-157
  와 묵상(and meditation) 167-175
  와 순종(and obedience) 125-129
  의 위험(dangers in) 141-154
  와 은유(and metaphor) 160-167
  와 읽기(and reading) 158-167
  의 정의(defining) 22-24
  와 책을 먹는 것(and eating a book) 32, 44-50, 73-74, 116-119
  와 훈련(and discipline) 19-35
  읽는/사는 방식으로서의 영적 독서(as a way of reading/living) 90-92, 197-198
  '형식으로서의 성경', '대본으로서의 성경', '텍스트로서의 성경' 도 보라.
영적 독서의 위험(dangers in spiritual reading, *Caveat Lector*) 141-154
  과 능동적 경청(and active listening) 147-153
  과 하나님 말씀의 구두성(and the orality of God's voice) 147-153
  "네가 어떻게 읽느냐?"(Jesus' question "How do you read?") 144-147
  맥락과 말의 모호성(context and the ambiguity of words) 148-151
예레미야(Jeremiah) 49
예전과 성경 읽기(liturgy and reading of Scripture) 130-137
'오라티오'(*oratio*, prayer) 175-186
옥시린쿠스 발굴과 성경 번역(Oxyrhynchus scraps and Scrip-

tural translation) 234-251, 270-271
고전 헬라어와 일상 헬라어(Attic/classical and Koine/common Greek) 236-237
과 '목자장'의 번역(and translation of "Chief shepherd") 249-250
과 신약 성경의 언어(and New Testament language) 238-251
과 '에피우시온'의 번역(and translation of *epiousion*) 243-248
요한과 요한의 저작(John, St., and the Johannine scriptures)
과 예전적 독서(and reading liturgically) 130-133
과 책을 먹는 독서(and reading as eating a book) 32, 45-50, 73-74, 116-119
과 하나님의 말씀(and God's speech) 110-112
요한계시록(St. John's Apocalypse) 112, 130-133
우가리트 점토판과 성경 번역(Ugarit clay tablets and Scriptural translation)
과 가나안의 언어와 문화(and Canaanite language and culture) 252-265, 270-271
우가리트 발굴 이야기(story of the discoveries) 252-255
이 성경 번역에 의미하는 바 (implications for biblical translation) 255-265
웨스트민스터 신앙고백(Westminster Confession) 96-97
이야기와 성경(story and Scripture) '형식으로서의 성경'을 보라
읽기(reading/lectio) 158-167 '형식으로서의 성경', '텍스트로서의 성경', '영적 독서'도 보라.

자기 주권적 영성(self-sovereign spiritualities) 40-42, 64-70, 110
"정상에서"(Berry, From the Crest) 75-78
주기도문(Lord's Prayer) 181-182, 243-248
주해(exegesis) 94-107
겸손의 행위로서의 주해(as act of sustained humility) 105-106
사랑의 행위로서의 주해(as act of love) 102
주석서 읽기(reading biblical commentaries) 100-103
"증기롤러에게"(Moore, To a Steamroller) 104-105

책을 먹는 것(eating a book) 32, 44-50, 73-75, 116-120

텍스트로서의 성경(scripture as text) 51-72
C. S. 루이스가 제시하는 두 가지 독서(Lewis on two kinds of

readings) 63
과 성경 형성 과정(and process of creating the Holy Scriptures) 53-54
과 자기 주권적 영성(and self-sovereign spiritualities) 64-70
과 하나님의 계시로서의 성경(and Scripture as God's revelation) 53-55
과 하나님의 인격적 음성으로서의 삼위일체(and the Trinity as personal voice of God) 55-60
비인격화된 독서(depersonalized readings) 60-64
삼위일체에 반하는 독서(non-Trinitarian readings) 60-70
실용적인 독서(practical readings) 1-6
영감을 위한 독서(inspirational readings) 61-62
영성과 개인의 존엄성(spirituality and personal dignity) 51-53
지성화된 독서(intellectualized readings) 60-62

'하가' (hagah) 21-22
「하나님의 말씀과 사람의 말」(Barth, *The Word of God and the Word of Man*) 30
해석학적 의심(hermeneutics of suspicion) 68-69
헬라어(Greek language)
고전 헬라어와 일상 헬라어(Attic/classical and Koine/common) 235-239
신약 성경과 고전 헬라어의 차이에 대한 번역가들의 견해(translators' original theories for differences between New Testament and classical Greek) 237-239
신약 시대 언어로서의 헬라어(as the language of New Testament times) 235-239
히브리 성경의 헬라어 번역(translation of the Hebrew Bible into) 209-214
형식으로서의 성경(scripture as form) 73-107
과 먹는 행위로서의 읽기에 대한 은유(and metaphor of reading as eating) 74-75
과 문장(and the Sentence) 93-103
과 성경의 명료함(and the perspicuity of Scripture) 96-97
과 언어의 신비와 변화 가능성(and the mystery/changeability of language) 94-96
과 이야기(and the story) 78-93, 106-107
과 주석서 읽기(reading biblical commentaries) 100-101
과 주해(and exegesis) 94-107
에 대한 폰 발타자르의 견해(von Balthasar on) 87, 89

정보와 이야기(information and story) 80-81
종교개혁가들의 성경 읽기(the Reformer's reading of Scripture) 96-97
하나님의 말씀으로 인도하는 구두적 수단으로서의 성경 이야기(the biblical story as the verbal means of bringing us God's word) 78-81
형식을 보존하는 법 배우기(learning to not obscure form) 87-88

훈련과 영적 독서(discipline and spiritual reading) 19-35
선전과 영적 독서의 차이(the difference between propaganda and spiritual reading) 34-35
영적 읽기와 쓰기의 정의(defining spiritual reading and writing) 22-25
와 바르트의 실례(and barth's demonstration) 25-30
'하가'와 묵상(hagah and meditation) 21-22

흠정역(King James Version)
과 번역가들(and translators) 233-234, 266-269
스코필드 해설판(Scofield Reference Edition) 287

히브리 성경(Hebrew Bible)
과 가나안의 언어와 문화(and Canaanite language and culture) 252-265
과 성경 형성의 과정(and process of creating the Holy Scriptures) 53-55
아브라함과 사라와 세 나그네의 이야기(story of Abraham, Sarah, and the three strangers) 263-264
의 헬라어 번역(translation into Greek) 208-214

성구 색인

창세기
18:1-15 *263*
31:47 *203*
39:2 *269*

출애굽기
15:3 *162*
20:4 *257*
23:19 *258*
34:26 *258*

레위기
19:18 *145*

신명기
6:5 *145*

에스라
4:8-6:18 *203*
7:12-26 *203*

느헤미야
8:7 *208*
8:8 *207*
8:9-12 *207*

시편
1 *21*
1:2 *112*
2:12 *203*
18:2 *162*
18:31 *162*
19:10 *112*

23:1 *162*
29 *256*
33 *110*
33:9 *110*
34:8 *22*
38:14 *22*
40:6 *157*
62:1 *176*
63:6 *21*
68:4 *256*
74:13-14 *256*
78:25 *246*
114:3-4 *163*
115:8 *35*
119 *117*
119:32 *112, 138*

119:103　*117*
139:14　*52*

아가
2:1　*162*

이사야
31:4　*20*
49:6　*204*

예레미야
10:11　*203*
15:16　*49*

에스겔
2:8-3:3　*49*

다니엘
2:4-7:22　*203*

하박국
2:2　*272*

마태복음
5:22　*203*
6:9-13　*181*
6:11　*243*
11:25　*181*
13:3-9　*151*
16:23　*203*
22:34-40　*145*
26:39　*181*
27:46　*181*

마가복음
4:3-9　*151*
5:41　*203*
7:34　*181, 203*
8:12　*181*
12:28-31　*145*
12:37　*228*
14:1　*203*
14:36　*203*
15:34　*203*

누가복음
4:12　*145*
5:16　*181*
6:12　*181*
8:5-8　*151*
9:18　*181*
9:28　*181*
10:26　*144*
11:1　*181*
11:2-4　*181*
11:3　*243*
11:4　*145*
22:31　*181*
22:41　*181*
22:44　*181*
23:46　*181*
23:56　*147*
24:27　*148*
24:30　*181*

요한복음
1:1　*111, 227*

1:3　*181*
1:14　*111, 227*
1:41　*203*
6:48-50　*37*
10:11　*249*
11:33　*181*
11:41　*181*
12:27-28　*181*
14:16　*33*
15:1　*162*
15:26　*33*
16:7-8　*33*
16:13-15　*33*
17　*181*
17:1-26　*181*
19:13　*203*
19:17　*203*
19:19-20　*201*
20:16　*203*

사도행전
1:19　*203*
2:8　*199*
2:11　*199*
17:10-12　*209*

로마서
8:15　*203*
8:22-23　*166*
8:26　*176*
11:33　*170*

고린도전서
2:9-10 *123*
16:22 *203*

고린도후서
3:6 *147*

골로새서
1:16 *181*
3:16 *176*

히브리서
1:1-2 *154*
2:1 *154*
4:12 *270*
4:16 *181*
5:7 *181*
7:25 *181*
12:1 *154*

베드로전서
5:4 *249*

요한계시록
1:2 *112*
1:12 *112*
2:7 *151*
2:11 *151*
2:17 *151*
2:29 *151*
3:6 *152*
3:13 *152*
3:22 *152*
10:9-10 *32, 45*
10:10 *117*
19:16 *249*

저자 인터뷰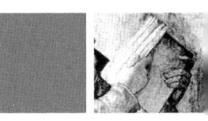

■ 다음은 이 책의 원출판사인 Eerdmans가 유진 피터슨의 영성 5부작 중 1권 출간에 즈음하여 저자와 가진 인터뷰 전문이다. '유진 피터슨의 영성 시리즈'를 이해하는 데 유익하다고 판단하여, 번역하여 싣는다.

1. 영성 신학이란 무엇입니까?

영성 신학이란 살아내야 하는 신학을 말합니다. 신학과 성경을 통해 진리를 표현한 후에는 그 진리를 반드시 살아야 합니다. 즉 그 진리가 세례 받은 그리스도인의 일상에서 구현되어야 하는 것입니다. 수천 년은 족히 넘는 기간 동안, 서구 교회에는 신학과 영성의 구별이 전혀 없었습니다. 그 둘은 동일한 것이었지요. 그러다 수도원과 대학이 그 둘을 분리하기 시작했습니다. 수도원은 삶과 기도를, 대학은 사고와 신학을 담당했지요(이러한 분리는 동방 정교회에서는 그렇게 심하게 나타나지 않았습니다). 그 이후로 두 진영 사이에서는 소통을 위한 노력이 계속 있어 왔습니다.

2. '영성의 미국화'란 무엇입니까?

'행복의 추구'라는 미국의 신조를 만족시키는 기술이나 도구로서 상업화된 영성을 말합니다. 자기 목적을 만족시키도록 돕는 기능적인 영성, 삼위일체를 주변부로 밀치고 자아가 중심을 차지하는 영성, 자신이 설정한 그 어떤 목적이든 성취해 낼 수 있도록 잘 조직된 영성 말입니다. 이 영성은 자신의 삶 속에서 일하시는 성령을 묘사하는 것이 아닌, 자신의 삶 그 자체를 묘사하는 수식어로 사용되고 있습니다.

3. 그렇다면 이런 주된 흐름에 반해서, 영성에 대해 어떤 작업을 하고 계십니까?

나는 소비, 성취, 경쟁, 심리학적 유형화 등으로 규정되는 삶이 아닌, 예수 그리스도 안에서 그리고 성경을 통해 계시된 성령의 삶을 존중하는 태도를 회복하고 싶습니다. 그리고 삼위일체의 활동이 충만히 머금고 있는 상상력을 회복하여, 영성이 단지 나와 타인의 삶을 경영하는 수단이라는 생각, 그리고 삶은 스스로 책임져야 하며 성령의 도움은 가끔 필요할 뿐이라는 생각에 저항하고 싶습니다. 그리고 인격적이고 구체적이고 관계적인 언어, 시와 비유와 은유의 언어, 신비를 포용하는 언어, 학교와 일터와 대중 매체 그리고 슬프게도 교회를 장악하고 있는 과장되고 선동적이며 상투적인 언어에 대항하는 언어를 창조해 내고 싶습니다.

4. 무엇을 믿느냐보다 어떻게 사느냐에 대해 말하는 것이 왜 더 어려울까요?

누구나 정형화된 사상이나 교리로서의 신념에 대해 이야기할 수 있습니다. 그것에 참여하지 않고도 말이죠. 누구나 어떤 행동을 취하지 않고도 그 행동에 대해 객관적으로 이야기할 수 있습니다. 그러나 실제적으로 삶을 사는 방식은 결코 객관화되거나 지성화될 수 없습니다. 우리 존재는 우리가 사는 바에 따라 규정되니까요. 유일하게 적합한 언어는 기도의 언어, 사랑의 언어, 관계적인 언어일 뿐입니다. 그리고 그 언어들은 우리 영혼의 참여를 필요로 합니다. 우리는 기도하거나 사랑하면서도 거짓과 허세를 부릴 수 있습니다. 그러나 그것은 설득력이 없습니다. 말을 하면서 생각에만 머물러 있기란 매우 쉽습니다. 그리고 사실 적어도 이 문화에서는, 굳이 기도와 사랑의 언어를 사용하여 고통과 오해를 감수하지 않고서도 매우 잘 살아갈 수 있습니다.

5. 스물여덟 권의 책을 쓰셨는데 그 중 대부분이 목회자를 대상으로 하고 있습니다. 특별한 이유가 있는지요?

처음 목회자가 되었을 때, 진정한 목회자가 되는 길에 대해 무척 알고 싶었습니다. 나는 목회자의 삶이 성부, 성자, 성령과 관계 맺을 뿐 아니라 귀한 영혼들과도 관계를 맺는 매우 복잡하고 어려운 삶이라고 생각했습니다. 그런데 수많은 미국의 목회자들이 시장과 기업('영혼'을 소비자로 비인격화하는)의 언어를 사용하고, 신학자가 아닌 사회학자와 심리학자의 가르침을 받아들이고 있는 듯 보였습니다. 그들은 목회자의 소명을 미국 문화가 규정하는 성공의 기준에 끼워 맞추고 있었습니다. 그래서 나는 성경적이고 신학적인 토대를 회복하여 그 위에서 온전한 목회자, 온전한 작가(사실 글쓰기는 내가 추구하는 것을 발견하고 소통할 수 있는 매우 좋은 방법입니다)가 되고 싶었습니다. 그 책들은 무엇보다 나 자신을 위한 것이었습니다. 2,000년에 걸쳐 선배 목회자들이 추구했던 바들을 이해하고 공동체 가운데 살아내기 위한 노력이 그 책들에 담겨 있습니다. 그 과정 속에서 동료 목회자들이 목회자의 소명을 발견할 수 있도록 돕는 일이 무척 시급한 일이며 내게 그들을 도울 책임이 있다는 사실을 깨닫게 되었죠.

6. 어떤 배경이나 경험을 통해, 그러한 설교와 가르침, 저술 작업이 가능하게 되었다고 보십니까?

나는 작은 마을에서 자랐고 작은 교회에 다녔습니다. 그런 환경에서는 모든 것이 협소하고 인격적이었으며, 성경에 나오는 모든 것은 실제로 살아내야 하는 것으로 여겨졌습니다. 믿는 바와 사는 바가 그토록 놀랍게 일치하는 환경에서 자란 것은 참으로 큰 축복입니다. 그리고 나는 일상적으로 이야기를 들려주는 그 곳의 문화 속에서, 관계적이고 시적인 대화체 언어인 내러티브와 은유에 대한 감각을 습득하게 되었습니다. 사실 학교 교육은 생각보다 그렇게 내 인생을 형성한 주요 수단이 아니었습니다. 물론 대학원에서 셈어를 공부한 것이 성경 연구에 학문적 기초를 놓기는 했지만 말입니다. 이후 결혼을 하고 자녀를 낳으면서, 이 땅에서의 그리스도인의 삶의 구체적 의미를 살아낼 수 있는 견고하고 안정된 환경을 얻을 수 있었습니다. 그리고 이후 30년 동안 적당한 크기의 교회 공동체에서 목회자로 살며 자유롭게 목회자의 소명을 배우고 확장시킬 수 있었습니다. 목회자라는 이름은 내가 행한 모든 일들에, 그리고 내 안에 형성된 전 인격에 스며 있습니다. 그리고 이 공동체는 그 모든 것들이 성숙할 수 있었던 소중한 토양이 되어 주었습니다.

7. 지난 수년 간 어떤 작가들에게 영향을 받아 오셨나요?

우선 칼 바르트(Karl Barth), 한스 우르스 폰 발타자르(Hans Urs von Balthasar), 오스틴 패러(Austin Farrer) 등의 신학자들과, 도스토예프스키, 조지 엘리엇(George Eliot), 월러스 스테그너(Wallace Stegner), 허먼 멜빌(Herman Melville) 등의 소설가들을 들고 싶네요. 그리고 제러드 맨리 홉킨스(Gerard Manley Hopkins), 조지 허버트(George Herbert), 윌리엄 칼로스 윌리엄스(William Carlos Williams), 에밀리 디킨슨(Emily Dickinson) 등의 시인이 있고, 그 외에 프리드리히 폰 위겔(Friedrich von Hügel), 웬델 베리(Wendell Berry), 존 헨리 뉴먼(John Henry Newman), 알렉산더 와이트(Alexander Whyte)와 같은 사람들에게 큰 영향을 받았습니다.

옮긴이 양혜원은 서울대학교 불어불문학과를 졸업하고 이화여자대학교에서 여성학으로 석사 과정을 공부했으며 미국 클레어몬트 대학원에서 종교학으로 석·박사 학위를 받았다. 일본 난잔종교문화연구소의 객원 연구원을 거쳐, 현재 이화여자대학교 한국여성연구원에서 연구 교수로 재직하고 있다. 지은 책으로 『유진 피터슨 읽기』『페미니즘 시대의 그리스도인』(공저, 이상 IVP)과 2021년 상반기 세종도서(교양 부문)에 선정된 『종교와 페미니즘, 서로를 알아 가다』를 비롯하여 『교회 언니의 페미니즘 수업』『교회 언니, 여성을 말하다』(이상 비아토르) 등이 있다. 옮긴 책으로 『사랑하는 친구에게』『인간의 번영』(이상 IVP), 『물총새에 불이 붙듯』『하나님의 진심』(이상 복있는사람) 등이 있다.

이 책을 먹으라

초판 발행_ 2006년 10월 10일
2판 발행_ 2018년 11월 8일
2판 6쇄_ 2025년 1월 15일

지은이_ 유진 피터슨
옮긴이_ 양혜원
펴낸이_ 정모세

펴낸곳_ 한국기독학생회출판부
등록번호_ 제2001-000198호(1978.6.1)
주소_ 04031 서울 마포구 동교로 156-10
대표 전화_ (02)337-2257 팩스_ (02)337-2258
영업 전화_ (02)338-2282 팩스_ (02)080-915-1515
홈페이지_ www.ivp.co.kr 이메일_ ivp@ivp.co.kr
ISBN 978-89-328-1655-5
　　　978-89-328-1659-3(세트)

ⓒ 한국기독학생회출판부 2018

책값은 뒤표지에 있습니다.
무단 전재와 복제를 금합니다.